王俊钟/著

漫漫
隐官道

东汉二百年政争与兵事 肆

华夏出版社
HUAXIA PUBLISHING HOUSE

图书在版编目（CIP）数据

汉阙漫漫隐官道：东汉二百年政争与兵事.四/王
俊钟著. -- 北京：华夏出版社有限公司，2024.6
ISBN 978-7-5222-0605-9

Ⅰ.①汉… Ⅱ.①王… Ⅲ.①中国历史—东汉时代—
通俗读物 Ⅳ.①K234.209

中国国家版本馆CIP数据核字（2023）第252382号

目　录

三国的雏形及其初步发展

1 曹操西伐南征，试图统一全国 ···························· **4**

一、曹操巡视合肥，把庐城打造成桥头堡 ················· 5

二、曹操三次发布"求贤令"，抢占人才高地 ··········· 9

　　蒋干 /9

　　（一）一发"求贤令" ································ 10

　　（二）二发"求贤令" ································ 15

　　（三）三发"求贤令" ································ 17

三、曹操发布《述志令》，对舆论围攻进行破解 ········· 25

四、西凉主要军阀发展过程及曹操首次率军西伐 ········· 31

　　傅燮 /32　　高柔 /37　　许褚 /40　　杨阜 /44

五、曹丕镇压田银、苏伯叛乱，马超、韩遂被击败 ······ 45

　　（一）曹操在立嗣上狐疑不决，考验各方的政治智慧 ··· 45

　　　　邢颙 /47

　　（二）在曹丕的指挥下，田银、苏伯造反被镇压 ········ 51

　　　　常林 /51

　　（三）马超袭夺凉州，杨阜、姜叙将其打败 ············ 54

　　　　赵昂 /58

　　（四）夏侯渊剿灭杂牌势力，击败西部军阀韩遂 ········ 61

六、首次"濡须之战"后，曹操着手建立魏国 ·········· 65

　　（一）汉献帝封曹操为"魏公"，曹魏便着手立国 ········ 67

1

（二）曹操正式组建国家机构，任命朝廷重要官员 ……………70

　　凉茂 /71

（三）献帝屡次提升曹操的政治地位 …………………………80

七、曹操二次西伐，收复张鲁所统治的汉中 ……………… 83

　　司马懿 /85

八、曹操晚年五战两败，历经三次内叛 ……………… 87

　　裴潜 /87　　曹彰 /89　　于禁 /92

九、曹操病逝，曹丕先当王后称帝，刘协退位 ……………… 98

　　贾逵 /99　　陈矫 /101

十、曹丕三路大军伐吴地，但见"归马识残旗" …………105

　　曹休 /107　　曹真 /108　　夏侯尚 /109

（一）东路"洞口之战"，曹军先胜后败 ………………… 110

（二）中路"濡须之战"，曹军大败亏输 ………………… 111

（三）西路"江陵之战"，曹军攻城未克 ………………… 113

（四）曹丕欲再次伐吴，因长江结冰而作罢 …………… 116

（五）曹丕去世，曹睿即位 ……………………………… 119

2 **官渡之战后，刘备开始发家** ………………………… **122**

一、刘备轻取荆南四郡，又找孙权借得荆州 …………122

　　庞统 /127

二、刘璋邀请刘备入蜀，刘备趁机拿下益州 …………129

（一）刘璋被张松忽悠，遣使迎接刘备入蜀 …………… 129

　　刘璋 /129　　法正 /132

（二）刘备率军占领葭萌，攻取多城后包围成都 ……… 135

（三）刘璋被围，献城投降 ……………………………… 141

　　张飞 /141　　简雍 /142

三、刘备多措并举，苦心经营益州 ······················144

（一）才尽其用，海纳百川 ·························· 144

董和 /145　黄忠 /146　孙乾 /147　伊籍 /147

吴懿 /148　李严 /149　费观 /149　黄权 /150

许靖 /150　庞羲 /151　刘巴 /151　彭羕 /152

霍峻 /153

（二）虚心纳谏，不侵民利 ·························· 155

（三）加强法治，严法治蜀 ·························· 155

四、张鲁献地降曹，刘备攻杀夏侯渊夺得汉中 ··········158

（一）曹操亲率大军攻打汉中，张鲁等军阀因惧而降 ····· 159

（二）刘备攻打汉中前期不顺，后击杀曹将夏侯渊 ····· 161

杨洪 /165　郭淮 /168

（三）曹操欲夺回汉中未能如愿，刘备将汉中收入囊中 ······ 170

五、关羽试图拿下樊城，孙权趁机占领南郡 ···········171

（一）吕蒙以和平手段夺得荆南三郡 ················· 171

（二）曹操攻打汉中，刘备向孙权求和 ················· 173

（三）关羽进攻樊城，斩杀庞德并"水淹七军" ··········· 175

（四）曹军解围樊城，吕蒙夺得南郡并斩杀关羽 ··········· 178

六、刘备再夺两郡，先在沔阳称王后在成都称帝 ··········180

（一）拓土两郡，鸡飞蛋打 ·························· 181

（二）刘备在沔阳自称汉中王，建立独立王国 ············· 183

魏延 /187

（三）刘备在成都称帝，建立蜀国 ···················· 188

费诗 /189

3 **东吴的南延与西扩** ···································· **192**

一、孙权两次围攻合肥皆不能克 ····················192

（一）刘馥打下良好群众基础，孙权首次攻庐不克············ 192

刘馥 /193　蒋济 /194　温恢 /196

（二）孙权二次伐庐，被张辽打得丢盔弃甲············ 197

二、孙权乘交州内乱派步骘控制五岭以南 ············360

步骘 /201　士燮 /202

三、再次平定山越叛乱，迁都建业并建设濡须坞 ···········205

（一）贺齐平定山越叛乱，彻底打掉作乱团伙············ 206

（二）迁都建业，以利西扩············ 207

（三）建设濡须坞，防范曹操攻吴············ 209

四、两次"濡须之战"，曹操均未攻入东吴 ············212

（一）首次"濡须之战"，曹军只攻破东吴江西大营 ···········212

（二）第二次"濡须之战"，曹操获得名义上的胜利 ·········· 214

蒋钦 /215

五、东吴在扬州和荆州的夺获 ····················219

（一）"皖城之战"，孙权从曹操手中夺回庐江郡············ 220

（二）消灭关羽，将刘备势力赶出荆州············ 222

陆逊 /225　孙皎 /229　潘璋 /235

六、孙权稳住魏国，魏文帝封孙权为吴王 ············239

七、吴蜀两国敲定地盘，刘备欲夺失地梦碎夷陵 ············246

孙桓 /253

八、孙权称帝，吴国的历史翻开了新的一页 ············259

全琮 /261

后记　汉阙漫漫隐官道 ····················265

三国的雏形及其初步发展

皇帝年表

魏

文帝 曹丕（187年—226年在世），220年—226年在位，共有1个年号
黄初（7年），220年—226年。黄初七年五月，文帝死，子叡即位，是为明帝。
明帝 曹叡（205年—239年在世），226年—239在位，共有3个年号
太和（7年），227年—233年
青龙（5年），233年—237年
景初（3年），237年—239年。景初三年正月，明帝死，八岁的儿子齐王芳即位。
齐王 曹芳（232年—274年在世），239年—253年在位，共有2个年号
正始（10年），240年—249年
嘉平（6年），249年—254年。嘉平六年，司马师废帝，立十四岁的文帝孙高贵乡公曹髦为帝。
高贵乡公 曹髦（241年—260年在世），254年—260年在位，共有2个年号
正元（3年），254年—256年
甘露（5年），256年—260年。甘露五年六月，十五岁的常道乡公曹璜（后改名奂）为帝，是为元帝。
元帝 曹奂（246年—302年在世），260年—264年在位，共2个年号
景元（5年），260年—263年
咸熙（2年），264年—265年。咸熙二年十二月，司马炎逼魏主禅位，废为陈留王。魏亡。

蜀

昭烈帝 刘备（161年—223年在世），221年—223年在位，共1个年号
章武（3年），221年—223年。章武三年四月，刘备死。五月，太子禅即位，是为后主。
后主 刘禅（207年—271年在世），223年—263年在位，共4个年号
建兴（15年），223年—237年
延熙（20年）238年—257年
景耀（6年），258年—262年
炎兴（1年），263年。后主降，蜀汉亡。

吴

大帝 孙权（182年—252年在世），222年—252年在位，共6个年号
黄武（8年），222年—228年
黄龙（3年），229年—231年
嘉禾（7年），232年—238年
赤乌（14年），238年—251年
太元（2年），251年—252年
神凤（1年），252年。神凤元年四月，孙权死，十岁的太子亮即位。
会稽王 孙亮（243年—260年在世），252年—258年在位，共3个年号
建兴（2年），252年—253年
五凤（3年），254年—256年
太平（3年），256年—258年。太平三年，孙綝废帝为会稽王，立琅玡王休为帝，是为景帝。
景帝 孙休（235年—264年在世），258年—264年在位，共1个年号
永安（7年），258年—264年。永安七年，景帝死，立皓为帝。
乌程侯 孙皓（242年—283年在世），264年—280年在位，共8个年号
元兴（2年），264年—265年
甘露（2年），265年—266年
宝鼎（4年），266年—269年
建衡（3年），269年—271年
凤凰（3年），272年—274年
天册（2年），275年—276年
天玺（1年），276年—277年
天纪（1年），277年—280年。天纪元年三月，皓降晋，吴亡。皓被封为归命侯。

东汉末期，朝廷内部的政治斗争异常尖锐复杂。随着斗争形势的发展变化，那些持有相同政治立场的政治人物往往聚集在一起，形成这样或那样的政治集团。因此，政治斗争方式也由个人之间的相互攻防，升级为政治集团之间的相互斗争。当政治集团之间的相互斗争发展到一定阶段之后，必然要各自发展军事力量，形成不同规模的军事集团。于是，政治集团之间的政治斗争就升级为军事集团之间的武力较量。因此，军阀混战、天下大乱的局面便出现了。又经过一定时期"大鱼吃小鱼"式的军阀混战，几个大的军事集团逐步形成。再经过一定时期互不服气的大规模战争，数量更少、规模更大的军事集团形成。最后，这些军事集团又都转化为以军事实力为支撑的政治集团。这就是东汉后期到三国初期的政治、军事斗争发展轨迹。军阀混战的战争时代，也是英雄和人才辈出的时代。经过长期的战火淬炼和战争环境的大浪淘沙，能够生存并发展壮大的，只有以曹操为首的曹魏集团、以刘备为首的蜀汉集团和以孙权为首的孙吴集团。

1

曹操西伐南征，试图统一全国

曹操在《短歌行》中说："慨当以慷，忧思难忘。何以解忧？唯有杜康。""明明如月，何时可掇？忧从中来，不可断绝。""山不厌高，海不厌深。周公吐哺，天下归心。"统一天下时遇到重大挫折和打击的曹操，虽然"忧思难忘"，但并没有心灰意懒，萎靡不振，依然以统一天下为己任，决心像周公那样礼贤下士，广招人才，希望天下的人才都归附于他，为他所用。曹操在《却东西门行》中说："戎马不解鞍，铠甲不离傍。冉冉老将至，何时返故乡？"这首诗表达了他虽然征战不息，奋斗不止，但不知不觉"冉冉老将至"，曹操唯恐自己的愿望不能实现，思乡之情油然而生。

赤壁之战后的两三年内，曹操着重抓休养生息，恢复元气，基本上没有主动出兵打仗。在他的大战略中有三大块：第一块，要把内部的事情办好，包括加强朝政建设、巩固曹氏集团的统治地位、大力发展农业生产、建造船只、招募和训练士兵等。但是就在曹操休养生息期间，南方的孙权、刘备却抓住机遇，迅速扩大地盘，发展壮大了各自的军事实力，等曹操缓过劲来再征伐他们时，已经非常困难了。第二块，要在恢复实力的基础上，征伐孙权，攻击东吴。孙权还很年轻，其发展势头强劲，曹操在有生之年征服不了孙权，就会给儿孙后代留下巨大祸患。只要打垮孙权，占领了江南，就可以利用江南的资源去消灭刘备，进而统一全国。第三块，铲除西部割据势力，重点是拿下盘踞汉中的张鲁和西部的马超、韩遂等，只要消灭或收降他们，平定了西部，就可以利用其地理优势和资源优势，再攻击和消灭盘踞在益州的刘备，最后灭掉东吴。也就是说，攻击和消灭刘备的战略途径有两条，既可以先灭掉东吴，后灭掉刘备；也可以先扫平西部军阀，后攻伐成都的刘备，最后取吴。曹操总结赤壁兵败的深刻教训后认识到，建设一支精干、强悍的水军，对于打垮东吴、实现全国统一这一大战略极其重要且必要。于是，建安十四年（公元 209 年）春，曹操率军去了谯县（今安徽省亳州市），他在那里考察了船只制造和水军操练。可是，曹操前脚刚走，孙权后脚就率军包围了合肥。（据《三国志·魏书·武帝纪》）

一、曹操巡视合肥，把庐城打造成桥头堡

在孙权首次围攻合肥期间，由于赤壁兵败和遭遇瘟疫，曹操的军事实力遭受了重创，他已无力派出大军救援，"唯遣将军张喜单将千骑，过领汝南兵以解围"。由于张喜迟迟不到，扬州别驾蒋济诈称收到张喜来信，说"步骑四万已到雩娄（今河南信阳市固始县）"。孙权信而不疑，遂撤军，合肥得以解围。合肥战略地位的重要性、孙权对庐城的垂涎以及曹军守庐力量的薄弱，一直是曹操放心不下的问题。第一次合肥之战之后，曹操打算亲率水军，在丰水期走水路去合肥，实地考察合肥的工作，把合肥的事情办好，以确

保其固若金汤。

合肥是南北交通的关键节点，陆路、水路四通八达。孙吴可以从濡须口入巢湖，经江淮运河，过寿春（今安徽淮南市寿县），转涡水，直击中原腹地，威胁曹操北方的安全；曹魏也可以利用夏季丰水期顺流南下，去饮马长江，西可进取武昌，东可威压建业。因此，合肥对曹操来说，具有桥头堡的地位和前沿阵地的作用，在和平相处时期，东可对孙权形成制约，西也对川蜀构成牵制，一旦曹操发起消灭东吴或刘备的战争，这里又是兵马储备和后勤保障的基地。因此，绝对不能让孙权把合肥夺走。于是，建安十四年（公元209年）农历七月，曹操率领水军开赴合肥。他自涡水进入淮河，在肥水（今淝河）登岸，屯驻合肥。曹操在合肥待了五个多月，办了四件实事。

第一件事，重新整修芍陂（今名安丰塘）的水利设施。芍陂位于今安徽淮南市寿县之南，是中国最古老、最著名的水利工程，曾被誉为"水利之冠"。建安五年（公元200年），曹操所任命的扬州刺史刘馥上任后，积极贯彻曹操关于在统治区内大力推广屯田的政策，"兴治芍陂及茹陂、七门、吴塘诸堨以溉稻田"，实现了"官民有蓄"。曹操亲临合肥后，在刘馥兴治芍陂的基础上，又提出进一步整修芍陂水利设施的意见，继续改善农业生产条件。这次重修对淮河以南地区的农田灌溉、航运、屯田济军等起到了很大作用，深受当地老百姓的欢迎。该水利工程至今仍在使用。

第二件事，命令驻军部队和扬州地方官吏组织开展屯田工作，努力实现军需自给。建安元年（公元196年），曹操大力推广许下屯田经验，有效解决了"丰足军用"、保障供给的问题。曹操认为，合肥的战略地位极为重要，驻军较多，由于战乱和路途遥远，单靠从北方运送粮食风险系数很高，必须自己解决守城将士的长期吃饭问题。因此，曹操在重新整修芍陂水利工程的同时，要求驻军部队和地方官吏组织百姓在周边地区大搞屯田，务必把农业生产搞上去，确保粮食安全。

第三件事，扩大合肥驻军规模。曹操巡视合肥后，调集著名将领张辽、乐进、李典等率领总计七千余人的部队屯驻合肥，进一步增强合肥的防卫力量，以防备孙权再次攻击。当时，张辽率领一批刚刚从北方地区招募的新兵，屯驻于颍川郡长社县（治所在今河南许昌市代管长葛市），以防备孙刘联军北攻。由于驻守合肥的军事力量薄弱，亟须充实，曹操不得不下令张辽移师合肥。乐进曾屯军于阳翟。由于合肥防务需要，曹操便把乐进及其部队调往合肥。在赤壁之战前，李典将居住在乘氏县（山东菏泽市）的族人三千多户、一万三千多口人迁移到魏郡（治所在邺县，今河北邯郸市临漳县）之郊，以防备四方事件。接到曹操的军令之后，李典迅速率军抵达合肥驻守。张辽、乐进、李典被调到合肥之后，增加了合肥的防务力量，为后来抵御孙权大军进攻合肥储备了精兵良将，使得孙权第二次攻打合肥时大败而归。

第四件事，平定陈兰、梅成在六县、灊县的武装叛乱。这两个县都属庐江郡，六县为庐江郡治所，在今安徽六安市城北，灊县治所在今安徽六安市霍山县东北。陈兰原为袁术的属将，在袁术败亡后落草为寇，同江淮豪强梅成等人纠集在一起，聚众数万人在江淮地区掳掠，并对合肥构成威胁。曹操从合肥率军返回途中，获知陈兰、梅成正在灊县叛乱闹事。为防止他们继续祸害百姓、威胁合肥和日后投靠孙权，曹操决定进行讨伐。他命令虎威将军于禁、威虎将军臧霸等讨伐梅成，派荡寇将军张辽督领平狄将军张郃、将军牛盖等讨伐陈兰。

臧霸原为徐州牧陶谦麾下的骑都尉，曾拥兵驻屯于琅邪都城开阳（今山东临沂市鄅古城）。陶谦死后，他率部“单干”。建安二年（公元 197 年），臧霸领兵击败琅邪相萧建，占领了莒城（今山东日照市莒县老城区）。吕布发兵攻击臧霸，但由于城池坚固而没有攻破。不久，臧霸与吕布和解，并在下邳之战前为吕布提供兵力支持。吕布战败后，臧霸与孙观等都投降了曹操，曹操任命臧霸为琅邪相。后来，曹操又委托臧霸负责管理青、徐两州事务。官渡之战时，曹操拿出主力部队与袁绍对峙，而臧霸数以精兵投入青州，征暴伐虐，清除了渤海至泰山一带的贼寇，确保了东方稳定，未给曹操添乱。战后臧霸因功被曹操任命为威虏将军，封都亭侯。建安十二年（公元 207 年），臧霸与夏侯渊打败了黄巾军余部，再加上以前讨伐昌霸（一名昌豨）的功劳，被曹操提拔为徐州刺史。

进攻开始后，梅成率领部众三千余人向于禁诈降，于禁中计，引军回营。于禁走后，梅成立即带领部众与陈兰会合。陈兰、梅成经过商议后决定率军转移到天柱山（位于今安徽安庆市代管潜山市境内），并在上面筑起营垒。天柱山周边有众多山峰，地势险要，易守难攻。张辽打算强攻天柱山，先在山下扎营，而后向匪众发起攻击。张辽的军队与敌众相持一段时间后，由于运输困难，军粮告急。于禁率军为张辽的军队背运粮食，前后相接，犹如蚂蚁搬家，有力支持了张辽继续率军强攻，终于打赢了天柱山之战，将陈兰、梅成斩首，尽虏其众。

曹操在合肥抓的这四项工作，不仅激励了将士，还赢得了民心，对于巩固合肥在南方的桥头堡地位，抵抗今后孙权多次对合肥的进攻，具有十分重要的战略意义。（据《资治通鉴》第六六卷，《三国志·魏书·刘司马梁张温贾传》《三国志·魏书·二李臧文吕许典二庞阎传》《三国志·魏书·张乐于张徐传》《三国志·魏书·武帝纪》《三国志·魏书·程郭董刘蒋刘传》）

二、曹操三次发布"求贤令"，抢占人才高地

曹操在赤壁兵败后考虑最多的问题就是人才。曹操说，大业之本，首在英才。他认为，孙权赢在人才上，尤其是赢在有周瑜这员大将上。因此，曹操很想去挖孙权的"墙脚"，把孙权的首席谋士周瑜挖过来为己所用。

"赤壁之战"后的第二年，曹操手下一位名叫蒋干的谋士，向曹操毛遂自荐，请求过江到东吴，去劝降老同学周瑜。曹操非常高兴，亲自设宴为蒋干送行。

蒋干，字子翼，九江（今安徽淮南市寿县）人。蒋干是个美男子，以才辩独步于江淮之间，与周瑜曾经同窗读书。在出行前，蒋干换上平民的布衣，戴上葛布制成的头巾，渡过长江去"看望"周瑜。周瑜听说蒋干来访，立马就猜出了他的来意，所以出来迎接他时，拍手叫着他的表字说：蒋子翼，你好辛苦啊！涉水远道而来，

是为曹操当说客的吧？蒋干尚未开口，周瑜就一针见血地挑明了蒋干的意图，这让蒋干无法再提让周瑜归附曹操的事了。周瑜还引领蒋干参观了军营、仓库、军用物资和武器装备，实际上也是向曹操阵营展示和宣传东吴军事实力的一次机会。参观结束后，周瑜设宴招待蒋干。酒席间，周瑜又让蒋干观看自己的侍女，之后还向蒋干展示自己的服装、饰物以及所收藏的珍品宝物，他冲着正在观赏这些物品的蒋干说：大丈夫活在世上，遇到知己的君主，外表上看是君臣关系，而内心深处却是情同骨肉，有福同享，有难同当，因此，没有什么人能够撼动我的政治立场。蒋干只是笑，对于私人关系之外的话一句不提。蒋干回去之后向曹操报告说，周瑜胸怀宽广，志向远大，我的劝降工作无法奏效，白跑一趟。

曹操未能把周瑜挖过来，于是就把招揽人才的重点放在了内部。为此，他曾先后三次发布"求贤令"。（据《资治通鉴》第六六卷，《三国志·吴书·周瑜鲁肃吕蒙传》裴注引《江表传》）

（一）一发"求贤令"

建安十五年（公元 210 年）春，曹操在首次《求贤令》中说，自古以来，凡是开国和中兴之君，无不得到了贤人君子的辅佐来治理天下。君主得到贤才时往往足不出巷，这岂能是侥幸相遇的事儿？只有上层的人物主动寻求人才，才能得到而已。如今天下尚未平定，正是急需贤才之时。曹操接着引用孔子在《论语·宪问》中的话："孟公绰（春秋时期鲁国人）为赵、魏老则优，不可以为滕、薛大夫。"

孟公绰是孔子所尊敬的鲁国大夫，他廉静寡欲，颇有学问。孔子时常以孟公绰的德行来教育弟子。曹操引用《论语·宪问》中孔子所说的这句话，意思是说孔圣人说过，孟公绰在晋国即使担任譬如赵氏、魏氏家臣那样的职务，也是相当荣耀、令人羡慕的。即使在如滕国^①、薛国^②这样的小国做卿之下的大夫，也不如在大国当家臣有光彩。曹操为了争夺人才，把孔老夫子的认识论都搬出来了，目的就是要告诉那些人才，即使在我曹丞相手下当个小官，也比在其他军阀里做个大官荣耀。

曹操继续说："若必廉士而后可用，则齐桓其何以霸世！"他这句话的意思是说，如果齐桓公一定要用清廉之士，那齐国岂能称霸天下！

齐桓公是齐国第十六位国君，周庄王十二年（公元前685年）至周襄王九年（前643年）在位。起初，齐桓公打败公子纠，控制了齐国局势，开始治国理政。他欲重用鲍叔牙为齐国大夫，但鲍叔牙拒绝了，鲍叔牙向他推荐了管仲。鲍叔牙与管仲很熟，年轻时两人一起搭伙做买卖，每次赚了钱，管仲都要多拿一部分"利金"。鲍叔牙认为管仲家里很穷，没必要过于在意此事。后来管仲辅佐公子纠，而公子纠在与齐桓公争夺天下的斗争中失败，受这一事件的影响，管仲也被逮捕关押。鲍叔牙并没有因此而鄙视管仲，他认为管仲只是运气不好而已。鲍叔牙劝谏齐桓公说，如果您想成就霸

① 周朝分封的诸侯小国，存在于公元前1046至前296年，位于今山东枣庄市代管的滕州市境内。

② 薛国故城在今滕州市官桥镇南。

业，管仲是最合适的大夫人选，管仲到哪个国家，哪个国家就能强盛，切不可失去他。齐桓公听从了鲍叔牙的建议，任命管仲为大夫。管仲上任后，辅佐齐桓公对内大兴改革、富国强兵，对外尊王攘夷、九合诸侯，使齐国很快成为春秋五霸之首。

曹操用这个历史案例来说明，在用人上要看才能，不要求全责备，要像鲍叔牙那样唯才是举，像齐桓公那样唯才是用。

曹操最后说："今天下得无有被褐怀玉而钓于渭滨者乎？又得无盗嫂受金而未遇无知者乎？二三子其佐我明扬仄陋，唯才是举，吾得而用之。"为理解曹操这句话的含义，这里分别简要介绍一下吕尚和陈平的故事。

吕尚是齐太公姜子牙的本名。姜子牙出生时，其家境已经衰败，因此他年轻时当过屠夫，还贩卖过酒。他一边挣钱养家糊口，一边博览群书。姜子牙对天文地理、军事谋略、治国安邦之道等都有深入学习和研究，颇有见地，他想将来靠自己的知识和能力走向政坛。可是，他直到70岁时依然功名无望。一天，姜子牙身穿破旧的衣服，垂钓于渭水磻溪（今陕西省宝鸡市之东南），恰好遇到打猎的周文王，于是两人交谈起来。周文王非常高兴，他对姜子牙说：先君太公说过，会有圣人来周，周因此而强盛。他说的就是您这位圣人吧？周文王因太公非常盼望姜子牙来周，所以就管姜子牙叫"太公望"。于是周文王将姜子牙带回都城，拜为"太师"。姜子牙向周文王贡献了很多计策，辅佐周文王建立了霸业，使天下三分之二的诸侯都归心于周。周文王去世后，其次子周武王姬发继位。姬发子承父志，重用姜子牙、周公旦、召公奭等人治理国家。武王将姜子牙尊称为"师尚父"，让他作为军事上的最高统帅。姜子牙辅佐周武王推翻了商纣王，建立周朝。姜子牙被封为齐侯，定都于营丘（今山东淄博市临淄区之北）。周武王封吕尚于齐，并在此地建立齐都，使其成为吕氏齐国的缔造者。姜子牙还力挺周公旦摄政，帮助周公旦平定了内乱，促成了西周历史上著名的"成康之治"。（据《史记·齐太公世家》）

陈平系阳武县（今河南新乡市原阳县）人。其家境贫寒，但喜好读书，在家乡颇有人缘。当时，各诸侯国反叛秦朝，陈平跑到魏王那里做了掌君王御马、传达王命的太仆。他屡向魏王献计，但魏王不听，有人还趁机在魏王面前诽谤他。于是陈平逃离魏王，投奔了项羽，项羽封他为卿一级的官员。后来陈平因功被项羽提拔为都尉，并赏赐他黄金二十镒（约四百八十两）。不久，刘邦攻占了殷（今河南安阳市殷都区西郊乡）。项羽对失去殷怒不可遏，打算杀死那些以前守殷的将领，理由是这些将领没有做好布防工作，为刘邦攻破该城留下了隐患。陈平听说后非常恐惧，立即把项羽赏赐给他的黄金和官印包好，派人送还给项羽，然后在好朋友大梁（今河南开封市）人魏无知的引荐下投奔了刘邦。刘邦见到陈平非常高兴，任命他为都尉，让他负责监督各部将领。刘邦手下的那些文臣武将对此意见很大，将军周勃、中大夫灌婴等对刘邦说：陈平虽美如冠玉，未必有真才实学，我们听说陈平在家时曾与嫂子私通，在魏王手下做事时因不被容纳而投奔楚，在楚没干好又来降汉，就这么一个人，您却把他当宝贝，授予他很高的官职，还让他来监督我们这些老将。陈平平时收受诸将礼金，金多者得善处，金少者得恶处，他就是个反复无常的乱臣贼子，伏祈大王明察！刘邦闻听此言，对陈平起了疑心，立即把引荐陈平的魏无知召来责问。魏无知说，我推荐陈平时，说的是他的才能，而您所责问的是他的品行，二者不是一个概念。如今楚汉相争，我举荐人，只考虑他的计谋对您的大业是否有利，至于他盗嫂受金，与您成就大业有什么关系呢？刘邦一琢磨，觉得也是，于是没有再埋怨魏无知。随后刘邦召见陈平并责问他：你事奉魏王时因意不相投，就去事奉楚王，没干多久又离开了他，如今你来与我共事；听说你收受将领们的钱财，讲信用的人能这样干吗？陈平回答说，我事奉魏王，魏王却不采纳我的计策，所以我才离开他去为项王服务。而项王只信任他的项姓本家人，其他人即使有好的计谋，他也不采纳。我听说汉王您善于用人，因此才来投奔您。但我身无分文，不收点钱就无法应付日常开支。我呈献的计策如果您认为有采纳的价值，那么您便采纳；如果毫无价值，不值得采纳，那么金钱还在这里，请让我封好后送到官府主管官员那里，并请求辞去官职。刘邦闻听此言，赶紧向陈平道歉，并加大对他的赏赐，又任命他为护军中尉，监督全军的将领。从此，刘邦的"诸将乃不敢复言"。后来，陈平参加了楚汉战争和平定异姓王之乱，多次为刘邦献计献策，为西汉王朝的立国、建设和稳定作出了重要贡献。（据《资治通鉴》第九卷）

综上，曹操的意思是说，现在天下有没有像吕尚那样富有才华却身穿布衣在渭水边垂钓的人呢？还有没有像陈平那样因与嫂子私通、接受贿赂而备受非议，却又有奇才的人呢？希望各位明察举荐那些出身低微的有才之士。唯才是举，我得而用之。

（二）二发"求贤令"

建安十九年（公元 214 年）冬，曹操发布题为《敕有司取士勿废偏短令》的"求贤令"。该题目的意思是，诏令主管部门选取士人不要废旧偏颇的短令。曹操在令中说，有德之士未必能够有所作为，有所作为之士未必全都有德。陈平难道有德吗？苏秦难道守信吗？但陈平为建立汉朝大业作出了重大贡献，苏秦辅佐弱小的燕国渡过了难关。

苏秦是战国时期著名的纵横家和谋略家，早年他跟随鬼谷子学习纵横术。纵横术是一种思维方式和思想方法，也就是纵向思维、横向思维、系统思维和综合思维的立体、交叉式的灵活运用，通常用于游说君主，以辩才陈述利害，从趋利避害的角度，劝导相关利益体搞横向联合，从纵向抵御或攻击强敌，抱团取暖，相互受益。苏秦结束向鬼谷子的求学生涯后，又自学了《周书阴符》（又称《太公阴符》），而后向秦国君王进献"兼天下之术"，但"秦王不用其言"。于是苏秦离开秦国，去游说燕国，劝说燕国"与赵从亲，天下为一，则燕国必无患矣"。燕文公"从之"，并资助他车马盘缠，让他去游说赵国君主赵肃侯。苏秦到赵国游说一番后，赵肃侯"大悦，厚待苏秦"，让他去做其他诸侯国的工作。当时，秦国已将魏国打败，活捉了魏将龙贾，正在引兵东进。苏秦担心一旦秦兵攻击赵国，他的游说成果就会泡汤，因此他打算派人到秦国，用计使秦国退兵。于是，他劝说老同学张仪去秦国。张仪走后，苏秦马不停蹄，先后面见游说了韩宣惠王、魏王、齐王，最后又去楚国做楚威王的工作。这些国君都听从了苏秦的劝说，同意结盟，于是建立了燕、赵、韩、魏、齐、楚六国联盟。苏秦成为六国联盟的"盟长"，并兼任了六国的国相，派人把六国结盟的盟约送到了秦国。秦王看到盟约之后觉得六国抱团不易对付，从此多年不敢攻击六国中的任何一国。后来秦惠王用计，派犀首①公孙衍逼迫齐、魏两国出兵攻伐赵国，有意破坏六国联盟。赵国的一些人因赵国遭到齐、魏两国军队的联合攻击，便诋毁苏秦，说他是个两面三刀、不讲信用的小人，以后必会祸乱赵国。赵王肃侯也责备苏秦的六国盟约只是一纸空文。苏秦因此害怕，请求出使燕国，六国联盟瓦解。后赵国掘开黄河，以河水冲淹齐、魏两国军队，两国这才撤军。

　　苏秦到燕国时，正赶上燕后文公去世，其子燕易王继位。齐宣王趁燕国治丧之机出兵攻打燕国，夺取了燕国的十座城邑，燕国遇到了严重危机。燕易王埋怨苏秦说，以前您到燕国来，先王资助您去见赵王，这才约定六国结盟。现在齐国率先攻打赵国，接着又攻打我燕国，就是因为您的缘故，才使燕国遭到天下人的耻笑，您能为燕国收复那十座被齐国侵占的城邑吗？苏秦惭愧地说，请让我替大王收回失地。于是苏秦前往齐国，拜见齐王，先行贺礼，接着行哀悼礼。齐王不解，问他为什么这样。苏秦说，人再饥饿也不会去吃附子（一种中药），吃得越多，死得越快。燕国和秦国是盟国，齐国侵占燕国的城邑等于饥饿之人大吃附子，很快就要大难临头了。齐王大惊，急忙讨教解危对策。苏秦建议他归还掠夺的燕国的十座

----

　　① 战国时有此官。《韩非子·外储说右上》曰："犀首，天下之善将也，梁王之臣也。"

城邑，就能转祸为福。齐王认为苏秦是为了齐国的利益，于是将侵夺的燕城全部归还。后来，燕易王的母亲与苏秦私通，燕易王得知此事后更加厚待苏秦。苏秦害怕被杀，便对燕易王说，我留在燕国，不能使燕国变得强大，而我要是到了齐国，就可以变相增强燕国的力量。燕易王同意了，于是苏秦便假装与燕国闹掰，去往齐国。齐宣王任命苏秦为客卿。苏秦利用职务之便，鼓动齐宣王改造宫殿、扩建林园，以显示齐宣王的威风，而实质上苏秦是在替燕国办事，帮助燕国削弱齐国的财力，将齐国整垮。（据《史记·苏秦列传》《史记·张仪列传》《史记·燕召公世家》，《资治通鉴》第一至三卷）

曹操引用苏秦和陈平的事例就想说明一个问题，那就是选人用人是否有德没关系，被人骂为两面三刀、不讲信用也没关系，被人议论"盗嫂受金"更没关系，只要有才，能帮助自己干成大事就行。曹操认为，才智之士如果存在缺点和不足，难道就不能重用了吗？用人者要明思其义，不能求全责备，这样有才之人才不至于被遗漏，为官者也不至于事业无成。他还说，刑罚关系着人们的生命，如果军队中主管刑狱的官员不懂法、不守法，滥用执法权，而用人者又把掌管三军将士生死荣辱的大权交给他，情况就会很糟糕。应该选用通晓法律的人主持刑罚。因此，曹操在军中专门设置了通晓法律的理曹掾属。

（三）三发"求贤令"

建安二十二年（公元 217 年）秋，曹操发布"求贤令"的题目是《举贤勿拘品行令》，他还是先例举历史上那些出身卑微、起初形象及名声不太正面，但才能突出、被最高统治者起用之后立下大功的历史人物，以众多的史例来支撑其"举贤勿拘品行"这一观点的正确性。该令分上下两个部分。在上半部分，曹操一口气列出八位历史人物。

曹操说："昔伊挚、傅说出于贱人，管仲，桓公贼也，皆用之以兴。"

伊挚（伊尹）于雍己元年（公元前 1649 年）出生于奴隶之家，老爸是个会烹调手艺的贵族家奴，老妈是采桑养蚕奴隶。伊挚聪明善悟，勤奋好学，少年时跟着老爸学厨艺，长大后一边"耕于有莘（今山东菏泽市曹县北九公里莘冢集一带）之野"，一边学习和研究尧舜禹之道。当时，商汤是个有抱负、有作为的君主，他以马、帛、玉、皮为聘礼，前往有莘国聘请伊挚。由于有莘王不肯放伊挚走，商汤便娶了有莘王的女儿为妃，伊挚便以陪嫁奴隶的身份来到商汤身边。后来，经过商汤三次提拔，伊挚成为左右相之一。他辅佐商汤抓好内部治理，鼓励属地百姓安心农耕、饲养牲畜，同时团结和安抚其他诸侯国。很快，归附商的诸侯达到四十来个，最终商汤打败了夏桀，建立了商朝。伊挚先后辅佐成汤、外丙、仲壬、太甲、沃丁五任君主，辅政长达五十多年，为商朝的建立和发展立下汗马功劳。

傅说约生于小乙十八年（公元前 1335 年），他原本是个奴隶，在傅岩（今山西运城市平陆县一带）筑路做苦役，虽有才华，但无从施展。商朝第二十二任君王武丁是一位贤君，他励精图治，四方求贤，得到奴隶出身的优秀人才傅说。傅说辅佐武丁治理朝政，有力地推动了商朝的复兴，出现了"武丁盛世"。（据《史记·殷本纪》）

管仲是周穆王的后代，春秋时齐国著名的政治家、思想家。齐襄公统治期间，齐国出现了严重的政治混乱局面。管仲等保护公子纠（齐僖公之子、小白之兄）逃到了鲁国，鲍叔牙等保护小白（齐僖公第三子、齐襄公之幼弟）逃到莒国①。齐襄公十二年（公元前686年），齐襄公的堂兄弟公孙无知将齐襄公杀死，自立为国君。次年，公孙无知出游，到了一个名叫雍林（今山东淄博市西北部区域）的地方，雍林人对公孙无知杀害齐襄公极为愤恨，便把公孙无知杀了，然后讨论重立国君之事。齐国的高、国两姓贵族暗地里通知小白回齐。鲁国听说后，也护送小白的哥哥公子纠回齐，并派管仲带兵在从莒国到齐国的道路上截击小白。管仲一箭射中小白的衣带钩，小白倒地装死，后躲在帐篷车里逃回齐国。管仲以为小白死了，于是派人回鲁国报捷。鲁国人得知没人与公子纠竞争，于是不慌不忙地送公子纠回齐，六天后才到。而这时，小白已在国、高两家贵族势力的力挺下，成为齐国国君，是为齐桓公。齐桓公上任后，本来要杀死管仲，但经鲍叔牙的劝说和力荐，齐桓公不仅没有杀管仲，而且还将其任命为国相。管仲上任后辅佐齐桓公对内政和外交政策进行了全面的改革，制定了一系列富国强兵的方针政策，使齐国在春秋几霸中鹤立鸡群。（据《史记·齐世家》《史记·管晏子列传》）

曹操接着说："萧何、曹参，县吏也；韩信、陈平负侮辱之名，有见笑之耻，卒能成就王业，声著千载。"

---

① 西周时分封己姓（一说曹姓）小国。开国君主是兹舆期，都计斤（一作介根，今山东胶州市西南），春秋初迁都莒（今山东日照市莒县），辖有今山东安丘、诸城、沂水、莒县、日照等市县。公元前431年为楚所灭。

萧何出生于东周赧王五十八年（公元前 257 年）。最初，他入仕秦朝，担任沛县掌管人事的主吏掾，属于"基层干部"，后跟随沛公刘邦起义。攻克咸阳后，萧何主动收集秦朝律令、图书、资料等，掌握了全国山川险要、郡县户口等，为日后刘邦制定战略战术和政策措施发挥了重要作用。他积极为刘邦分忧解难，招纳贤才、保举韩信，有力地推进了刘邦统一全国的进程。楚汉之争时，萧何留守关中主持后方工作，他坚持与民休息，推动生产发展，及时向前线输送了大量兵马粮草，为刘邦最终战胜项羽、建立汉朝发挥了不可或缺的作用。西汉建立后，萧何担任相国，名列功臣第一。

曹参也是一位"基层干部"，最初在沛县担任管理监狱的狱掾，走上反秦灭楚的道路之后，身经百战，屡建战功，曾攻下两个侯国和一百二十个县。刘邦定都长安后，进行论功行赏，曹参功居第二，获封平阳侯，出任齐国相。（据《汉书·萧何曹参传》）

韩信本为一个穷小子，母亲死后，他连办丧事的钱都没有。后来接连数月他都在南昌亭长家里蹭饭吃，亭长的老婆厌恶他，不给他做饭。无奈之下，韩信离开亭长家。他在城下钓鱼，有位老太太漂洗丝棉，见韩信饿了，就给他食物吃。韩信非常感激，他说，今后我一定重重地报答您老人家。老太太生气地说：大丈夫不能养活自己，我是可怜你才给你饭吃，难道我是想得到你的报答吗！淮阴屠户家有个年轻人侮辱韩信说，你虽然长得高高大大，喜欢佩戴刀剑，其实是个胆小鬼。又当众侮辱他说，你要是不怕死，就拿剑来刺我；如果怕死，你就从我的胯下爬过去。韩信打量了他一番，低下身去，从他的胯下爬了过去。满街的人都笑话韩信，说他是个胆小鬼。秦末大乱时，韩信投奔了项梁、项羽，由于没有得到重用，又投奔了刘邦，当了一个管理仓库的小史。后来韩信等十三人违法当斩，当轮到韩信时，韩信举目仰视，可怜巴巴地看着滕公夏侯婴说，汉王难道不打算得到天下吗？为什么要杀掉壮士？夏侯婴觉得此人话语不凡，相貌威武，就放了他，同他交谈后很欣赏他，于是就向刘邦进言。刘邦赦免韩信，并给了他一个管理粮饷的官职，不久又任命他为治粟都尉，掌领农业和盐铁等事。后来，萧何保举韩信为大将。楚汉战争期间，刘邦采纳韩信的建议攻占关中。刘邦、项羽在荥阳相持时，韩信率军袭击项羽侧翼，占据黄河下游地区，后被刘邦封为齐王，成为西汉开国功臣。（据《汉书·韩信传》）

曹操继续说：“吴起贪将，杀妻自信，散金求官，母死不归，然在魏秦人不敢东向，在楚则‘三晋不敢南谋’。”

吴起出生于卫敬公十一年（公元前 440 年）卫国一个富豪家庭。长大后，为了谋个一官半职，他到处拉关系、走门子，花了很多钱财，连个“芝麻官”也没弄到，遭到乡人的讥讽。吴起气急败坏，杀死了嘲笑他的三十多位乡亲，然后逃跑了。在逃跑前，他对母亲发誓说：不当卿相，誓不回乡。吴起先去曾申门下学习儒学。母亲病逝后，吴起没有回家奔丧守孝。曾申认为吴起背离儒家孝道，将其开除。吴起只好弃儒从军，加入了鲁国军队。鲁元公十九年（公元前 412 年），齐国发兵攻打鲁国，鲁元公想起用吴起为将，率军御敌，但因吴起的老婆是齐国人而不敢用他。吴起为了当将军，将老婆杀死，以示清白。鲁元公这才放下心来，任命吴起为将。吴起率领鲁军与齐军交战，打败齐军。后来，鲁元公对吴起再起疑心，免去了他的官职。吴起离开鲁国投奔魏国。魏文侯三十八年（公元前409年），魏文侯任命吴起为将，派他率军攻打秦国。吴起攻拔了秦国河西地区的临晋（今陕西渭南市大荔县东朝镇一带），又攻占了元里（今陕西渭南市澄城县南部），并在此筑城固守。第二年，吴起再次率军攻打秦国，一直打到郑县（今陕西渭南市华县一带），秦国退至洛水。吴起沿河修筑防御工事固守。这样，加上以前占领的繁庞（今陕西渭南市韩城县东南），魏国占有原本属于秦国的河西地区，并在此设立西河郡，吴起担任郡太守。魏武侯八年（公元前389年），秦惠公出兵五十万攻打魏国的阴晋（今陕西渭南华阴市）。吴起率领五万士卒，外加战车五百辆、骑兵三千人，迎战秦军，将秦军打败。魏武侯十年（公元前387年），魏武侯任命吴起为将，率军讨伐齐国至灵丘（今山东枣庄州市），同时吴起遭到谗言的陷害，于是他离开魏国，向南投奔楚国。在吴起投奔楚国之前的周安王十一年（公元前391年），楚国受到"三晋"联军攻打，楚军败于大梁（今河南开封市西北）、榆关（今河南郑州新郑市东北）。楚军失去这两处战略要地后，楚悼王遣使"厚赂秦"，请求秦国出兵救援。秦国派兵攻占了韩国的六个城邑，于是"三晋"调转枪头而应对秦国，从而使楚国减轻了军事压力。可是，"三晋"与楚国的矛盾更加白热化，楚国面临严重的军事威胁。当楚悼王热切盼望优秀人才时，吴起来到了楚国，这对楚悼王来说，犹如喜从天降。因此，楚悼王用隆重的礼节和最高的规格接待了吴起，并任命他为宛城（今河南南阳市一带）太守，以抵御"三晋"南侵。一年后，吴起升任掌管全国军政大权的令尹，终于实现了他的政治抱负。吴起担任令尹后，在楚国进行了大刀阔斧的改革，楚国国力大增，不仅"三晋不敢南谋"，而且还向南攻打百越，将楚国的疆域扩展到洞庭湖、苍梧郡一带。（据《史记·孙子吴起列传》《史记·楚世家》）

曹操在《举贤勿拘品行令》中点出的这八位历史人物中，有两位出身卑贱，一位是用人者以前的敌人，两位是基层官员，两位被人诟病，还有一名是贪将。但他们后来都做了大官，干了一些载入史册的大事。

《举贤勿拘品行令》的下半部分充分表达了曹操求贤若渴、迫不及待的心情。他明确要求下属，对那些流落在民间、勇猛善战、奋勇杀敌之人，普通文墨但具有高才异质、适合做将军或郡守的人，背负着侮辱之名甚至被人讥笑或被指责为不仁不孝但具有治国用兵才能的人，都要"各举所知，勿有所遗"。（曹操的三次"求贤令"均出自《三国志·魏书·武帝纪》）

曹操在"求贤令"中一再强调唯才是举，不要求全责备，敢于把那些出身低微和即便有一些毛病、缺点的优秀人才选拔上来，目的就是为了完成统一全国的大业。在曹操看来，无论是官宦之家、名门望族，还是版筑饭牛、草屋寒门，无论是品德高尚、操履无玷，还是偷鸡摸狗、不务正业，只要具有"治国用兵之术"，只要愿意为曹魏政权贡献才智，都可以提拔重用。

曹操发布这三道"求贤令"令时，正逢军阀混战、你争我夺的乱世之秋，人才资源极度匮乏。当时，曹操、孙权、刘备在争夺地盘的同时，也展开了"人才大战"，谁攻占了人才高地，赢得了数量众多的高素质人才，谁就能赢得天下。所以，曹操为网尽天下人才而降格以求，不过他对"才"的标准倒是没怎么降低，只是把"德"的标准降下来了，甚至归零了。曹操这一用人理念的推出，改变了皇亲国戚、豪门贵胄垄断国家和地方政权的局面，使社会中下层的庶族地主中的优秀分子也能进入官吏队伍，成为国家治理体系中的一员。从当时来看，确实取得了短期效应，吸引了一大批来自于社会各个层面，特别是中下层具有国家和地方治理能力和领兵打仗本领的优秀人才，但是一些所谓的"歪才""怪才""假才"也混入了队伍，使得人才队伍变得鱼龙混杂、牛骥同皂了。所以，曹操这种选人用人思想可用于一时，但不能用于一世，否则，曹操提拔重用的人也极有可能把曹操干掉。

《资治通鉴》作者司马光总结了几千年来选人用人上的经验教训和利弊得失，他在记述和评价春秋末期晋国才能出众、智谋超人的政治人物智瑶时，讲了一段非常精辟的话。他说，智族之所以灭亡，就是因为智瑶的"才"胜过了"德"。他认为，"正直中和之谓德"，所谓"德"，是指公正无私、刚直坦率、内外有度、操守严明、待人平和；"聪察强毅之谓才"，所谓"才"，是指聪明善悟、明察事理、博闻强志、刚毅果断。司马光接着说：德者，才之帅也；才者，德之资也。德才兼备谓之圣人；无德无才谓之愚人。德胜过才谓之君子；才胜过德谓之小人。在选人用人上，如果说既找不到圣人，也找不到君子的话，宁可用愚人也不能用小人。因为君子持有才干就会把它用在干好事上，能够做到处处行善；而小人持有才干就会把它用在干坏事上，那就是无恶不作了。愚人尽管想作恶，因其智慧不济、能力不足，好像是乳狗咬人，被咬的人还能够制服它；而小人则不然，他既有足够的阴谋诡计来舍正从邪，又有足够的负能量去逞凶肆虐，如果提拔任用这样的人，并为其提供平台，那就等于为虎傅翼，助桀为虐，其危害岂不是更大吗！司马光最后说："爱者易亲，严者易疏，是以察者多蔽于才而遗于德。自古昔以来，国之乱臣，家之败子，才有余而德不足，以至于颠覆者多矣。"（据《资治通鉴》第一卷）

三、曹操发布《述志令》，对舆论围攻进行破解

自从曹操迎接汉献帝到许都以来，朝廷和民间，特别是孙权阵营和刘备阵营，对曹操都颇有非议，说他"托名汉相，其实汉贼""欲废汉自立"。特别是官渡之战前，袁绍让陈琳撰写讨伐曹操的檄文，把曹操整得人不人、鬼不鬼。由于曹操一直忙于战事，无暇反击袁绍的舆论攻击，其负面舆情仍在发酵。随着曹操的地盘不断扩大，军事实力日益增强，谴责和诟骂曹操的负面舆论已甚嚣尘上。对此，曹操也感到恐惧，他担心在这样的舆论环境下有人算计他、暗杀他。曹操认为不能老是被动挨骂，应该让各级官吏知道自己的志向，免得他们人云亦云、众口铄金。于是，建安十五年（公元210年），曹操亲自撰写了《让县自明本志令》（简称《述志令》），由手下的吏卒散发到全国各个郡县。

《述志令》分前后两部分：前半部分侧重叙事，详尽地叙述了自己的经历与心迹；后半部分侧重明志，生动地展示了他的伟大抱负、宏大胸怀和远大志向。

曹操在令文中说：我最初被推举为孝廉时还很年轻，当时我想，自己不是什么名人，恐怕被别人看作是平庸之辈，所以想当一名郡太守，打算搞好政治，抓好教化，以建立起自己的威信，让世人都能了解我。我在济南做国相时，大胆铲除宦官延伸到封国的邪恶势力，公平、公正地选拔和使用人才。由于工作力度大，得罪了朝廷宦官权贵和豪门强族，我害怕遭到他们的打击报复，给家人带来灾祸，所以就借口有病回到家乡。当时我的年龄还不大，回头看看，与我同年推举为孝廉的人，有的已五十多岁了，但没有人把他们视为年老。那个时候我心里盘算，再过二十年，等到天下安定、太平无事了，我才跟那些五十多岁而被举为孝廉的人年龄持平。所以，我返回家乡之后，整年也不出门，在谯县以东五十里的地方修建了书房，打算夏秋两季读书，冬春两季打猎，只是希望得到一点儿瘠薄的土地，想老于荒野而不被人知，产生了断绝与宾客交往的念头。可是，这个愿望未能实现。我被朝廷征召做了都尉，不久又调任典军校尉。于是，我就改变了主意，想为国家讨贼立功，希望得到封侯，当个征西将军，将来墓前的石碑上可以刻上"汉故征西将军曹侯之墓"。这就是我当时最高的理想和志愿。然而，后来遇到董卓之乱，各地纷纷起兵讨伐，我也兴起了义兵。按说我完全有条件招募更多的兵马，然而我却自行裁减，不愿扩充。之所以这样做，就是因为我担心兵马多了意气骄盛，定要同强敌抗争，那就有可能引起祸端。所以，在汴水之战时，我手下的部众只有几千人，后来再去扬州募兵，也没有超过三千人。那时为什么自己的势力没有壮大，究其原因就是自己的志向有限。后来，我担任了兖州刺史，将黄巾军击败，收降和整编了他们三十多万人。不久，又遇到袁术在九江盗用帝号，其部属也都向他称臣，把城门改称为建号门，衣冠服饰完全比照帝制，他的两个老婆还抢着当皇后。袁术称帝的计划已定，有人劝他说赶紧登基，向天下人公开宣布。袁术却回答说，曹公尚在，目前还不能这样做。对此，我出兵讨伐，擒拿了袁术四员大将，俘获了大量部众，致使袁术势力穷尽，土崩瓦解，最后因病而死。袁绍占据黄河以北时，其兵马强盛，我估计自己的力量实在不能和他匹敌，但转念一想，这是为国献身，为正义而战，足以后世留名，所以，我就不畏强敌，与他交战。幸而我打败了袁绍，还斩杀了他的两个儿子。刘表自以为与皇室同族，包藏奸心，忽进忽退，观察形势，占据荆州（治所在今湖北襄阳市），我又把他平定了，才使天下太平。我当上了丞相，作为一个臣子已经显贵到极点，远远超过我原来的愿望了。

曹操在《述志令》的下半部分接着说：我现在说这些，似乎是显摆自己，实际上是想消除人们对我的非议，所以我才无所隐讳，实话实说而已。假如国家没有我，还不知道会有多少人称帝、多少人称王呢！可能有人看到我的势力强盛，又生性不相信天命，就随便猜测说我有篡位野心，每每想到这些，我心中就感到不安。所以，向你们诉说的这些话，都是我的肺腑之言。

接着，曹操以习惯性写法引用历史案例：齐桓公、晋文公之所以以良好的名声传颂至今，就是因为他们的兵势虽然强大，仍能够尊重周朝天子。

曹操之所以把坚决拥护和支持周朝天子领导的齐桓公、晋文公搬出来，就是暗喻自己也像齐桓公、晋文公那样，虽然兵强马壮、实力强大，但仍然一如既往地尊重和维护汉献帝的领导。齐桓公、晋文公能够留下美好的名声传颂至今，难道曹操就不能留下美名、传颂后世吗？！

曹操还引述孔子的话说：《论语》云，"三分天下有其二，以服事殷，周之德可谓至德矣"，夫能以大事小也。曹操以此来引导人们去想——而今，曹操兵多将广，实力强大，仍然无怨无悔地侍奉手无寸铁、弱不禁风、一点儿实力都没有的汉献帝，难道人家曹操就不高尚、不伟大了吗？！曹操已经占有了全国五分之四的土地，比周文王的三分之二还多呢，但他始终没有自立为王的想法，而是辅佐汉献帝，难道曹操不比周文王更"至德"吗？！

接着，曹操引用历史典故说，从前，燕国的乐毅投奔赵国，赵王想与他图谋攻打燕国。乐毅跪伏在地上哭着说：我侍奉燕昭王，就像侍奉赵王，我如果获罪，被放逐到别国，直到死了为止，也不忍心去做谋害赵国的事情，何况燕国是我故土呢？

曹操把自己比作乐毅，并以委婉的方式向汉献帝和文武百官表明：你们中有些人虽然像燕惠王及其左右之人那样，对我进行无端猜忌和背后指责，但我像乐毅不会背叛燕国那样，也绝不会背叛汉朝。汉献帝一旦失去我曹操，就如同燕惠王失去乐毅一样，已经取得的胜利成果也会丧失殆尽。

曹操继续用典说：秦二世胡亥要杀蒙恬的时候，蒙恬说，从他的祖父、父亲到他，长期受到秦国的信任和重用，已经三代了。现在他领兵三十多万，按实力足以背叛朝廷，但是他自知就是死也要恪守君臣之义的原因，是不敢辱没先辈的教诲，而忘记先王的恩德。乐毅和蒙恬两人的故事感人肺腑，我每次阅读无不悲伤流泪。

曹操用蒙恬这个史例就是要说明，自己手头掌握着数十万兵马，比蒙恬还多，完全有条件背叛朝廷，但他就是要像蒙恬那样死守君臣之义，牢记先辈的教导，不敢忘记皇上的恩德。

曹操接着说：从我的祖父、父亲一直到我，都是皇帝的重臣，可以说都是被信任的，到我的下一代曹丕兄弟，已经超过三代了。我不仅对诸位诉说这些，还常常将这些告诉妻妾，让她们都深知我的心意。我告诉她们说，待到我死去之后，她们都应当改嫁，希望要转述我的心愿，使人们都知道。我这些话都是肺腑之言。我之所以不胜其烦地叙说这些心里话，就是看到周公有金縢①之书可以表明自己的心迹，恐怕别人不相信的缘故。

曹操引用这个典故，就是要说明自己对汉献帝的忠诚，如同周公对待周武王那样，沥胆披肝，以身许国，绝不是一些人所猜测的那样所谓"欲废汉自立"。

曹操在《述志令》中说：但是，如果想让我现在放弃所统领的军队，把军权交还给朝廷，回到我的封地武平侯国去，这实在是不可能的，因为我确实害怕自己一旦离开军队，就会被人谋害。我这样做，既是为我的子孙考虑，也意识到我一旦失败，国家将有颠覆的危险。因此，我不能追求虚名，而使自己遭受实际的灾祸。这实在是不得已而为之啊。先前，朝廷恩封我的三个儿子为侯，我坚决

---

① 指收藏书契的柜子。曹操在这里说的是周公向祖宗祈祷，甘愿以身代周武王的策书。

推辞不予接受，现在我改变主意，打算接受它。这不是为了曹家的荣誉，而是考虑可将他们作为外援，从而确保朝廷和自己的安全。

曹操接着说：每当我读到介子推逃避晋义公的封爵、申包胥逃避楚昭王的赏赐时，都会放下书本而感叹，对标他们而反省自己。我仰仗着天子的威望，代表国家出征，多次以弱胜强、以少胜多。想要办到的事做起来无不如意，心里考虑的事实行起来无不成功。就这样基本上扫平了天下，没有辜负君主的使命。这可说是上天在扶助汉家皇室，不是人力所能企及的。

曹操举出介子推、申包胥这两个历史上的典型人物，表示自己要学习和效仿前贤的高风亮节，居功不傲，坚决退回部分封赏，给人以谦恭礼让、顾全大局的深刻印象。

曹操在《述志令》的最后说：我的封地共有四个县，享有收取三万户百姓租税的权利，我的品德怎么能配得上这么多呢？天下尚未安定，我现在还不能打退堂鼓，辞去官位，但封地是可以退让的。我决定，把阳夏（古县名，今河南周口市太康县）、枳县（古县名，今河南商丘市柘城县）、苦县（古县名，今河南周口市代管鹿邑县）三个县的二万户封地归还给国家，只享受武平县的一万户百姓的赋税，姑且以此来减少对我的诽谤议论，同时也稍微减轻我的压力。（据《三国志·魏书·武帝纪》《资治通鉴》第六六卷）

曹操这篇文章写得非常大气、深刻、实在、感人，颇具说服力和感染力。曹操搬出了那么多的古人为自己站台说话，古为今用，古为我用，令人心服口服。大凡不是曹操的政治对手或军事敌人的话，读了它一定会对曹操有一个公正的认识，起码也不会人云亦云、以讹传讹了。

四、西凉主要军阀发展过程及曹操首次率军西伐

西凉军阀是伴随着黄巾起义的爆发而兴起的。中平元年（公元184年），已经归附朝廷的"湟中义从胡"反叛。所谓"湟中义从胡"，就是东汉时居住在今青海、甘肃湟水流域的小月氏人和卢水胡人中已归附朝廷的那部分少数民族。早在章和二年（公元88年），东汉朝廷就派遣邓训担任护羌校尉。邓训上任后，为了吸引那些少数民族及其后代归附朝廷，就采取收养湟中月氏、卢水诸胡中的少年勇健者为"义从"的政策，管他们吃穿，教育他们为汉朝效力。他们非常高兴，都向邓训叩头，并表示"唯使君所命"。从那时起，这一政策保持了若干年，后来习惯上将那些已接受东汉地方官府管理的少数民族称为"湟中义从胡"。受黄巾起义的影响，湟中义从胡反叛，首领北宫伯玉、李文侯被拥立为将军。他们率领叛众杀死了护羌校尉泠征，还将凉州督军从事边允和佐吏从事掾韩约劫为人质。金城（今甘肃兰州市）太守陈懿出面营救，却遭叛军杀害。叛军威逼边允、韩约入伙，二人投降，且都被北宫伯玉、李文侯等推举为首领。

朝廷获悉边允、韩约作为朝廷命官却向反叛势力投降、成为叛军首领的消息之后，发布通缉令予以捕拿，于是边允改名为边章，韩约也改名为韩遂。从此，边章、韩遂走上了与朝廷对抗的军阀之路。中平二年（公元185年）春，边章、韩遂率领数万名叛众打着诛杀宦官的旗号，侵扰"三辅"地区和皇家陵园。汉灵帝命令左车

骑将军皇甫嵩和中郎将董卓前去征讨，皆不能克。边章、韩遂的势
力不断坐大，时间不长就拥有十万多人，天下为之骚动。这期间，
朝廷先后任命左昌、宋枭、杨雍为凉州刺史，但他们都因平叛不力
而被免官。中平四年，朝廷又任命耿鄙为凉州刺史。耿鄙非常宠信
手下的治中从事程球，而程球为人奸诈贪财，凉州士人都非常怨恨
他，因而也怨恨重用程球的耿鄙。此时，已被提拔为汉阳郡太守的
盖勋是一位很有头脑的官员，他判断耿鄙必败无疑，于是弃官回
乡。盖勋辞职之后，朝廷提拔傅燮为汉阳太守。

　　韩遂在西凉叛军中的领导地位确立之后，想把那些元老级的首
领统统除掉，以便于自己独掌军权。于是，韩遂突然发动兵变，杀
死了北宫伯玉、李文侯和边章等人，将十余万叛军牢牢控制在自己
的手中，成为凉州一带势力最为强大的割据军阀。随后，韩遂便向
朝廷新任命的凉州刺史耿鄙发起攻击。

　　面对韩遂叛军的进犯，凉州刺史耿鄙征调六郡官兵予以讨伐。
傅燮知道耿鄙不得人心，出战必败，于是竭力劝阻，但耿鄙不听，
坚持率军出战。当耿鄙的军队抵达陇西郡狄道县（今甘肃定西市临
洮县）时，军中发生内讧。凉州别驾从事（姓名不载）和陇西郡太
守李参反叛，他们发动突然袭击，将凉州刺史耿鄙和治中从事程球
杀死。耿鄙死后，他手下的军司马马腾和自称合众将军的王国率
其部众投奔了韩遂。韩遂和叛军非常高兴，他们共同拥立王国为
主帅，韩遂和马腾为首领，准备围攻汉阳郡，该郡太守傅燮率军
抵抗。

　　傅燮，字南容，本字幼起，北地郡灵州（今宁夏吴忠市）人。

他"身长八尺，有威容"，是西汉著名外交家傅介子之后。汉昭帝时，龟兹、楼兰联合匈奴袭杀汉朝使官，劫掠财物。傅介子主动要求出使大宛，以汉帝诏令责问楼兰、龟兹，并杀死匈奴使者，被朝廷任命为平乐监。元凤四年（公元前77年），傅介子又奉命携带黄金锦绣至楼兰，在宴会上斩杀楼兰王安归，另立在汉的楼兰质子为王，因功被封义阳侯。受家风家教的影响，傅燮年少时入洛阳求学，师从太尉刘宽，被举荐为孝廉。黄巾起义爆发后，朝廷在全国征召有领兵作战才能的人，随军出征。傅燮应召进京，被朝廷任命为护军司马，并受命随左中郎将皇甫嵩征伐汝南等地的黄巾军。在出征前，傅燮上疏灵帝，对黄巾之乱的根源作了深刻分析，并认为皇帝身边所宠信的宦官是祸乱之源。对此，中常侍"宦者赵忠见而忿恶"，怀恨在心。在镇压黄巾军战场上，傅燮生擒卜巳、张伯、梁仲宁三名黄巾军渠帅。傅燮"功多当封"，而赵忠却从中作梗，汉灵帝对傅燮印象深刻，"得不加罪，竟亦不封"，打发他到治所在临泾县（今甘肃庆阳市镇原县）的安定郡担任都尉。傅燮因病请辞。后来，朝廷征召他入朝担任议郎。这期间，韩遂、边章领导叛军祸乱凉州，朝廷遣将未能平定，于汉灵帝刘宏诏令百官在朝会上讨论应对之策。司徒崔烈（字威考，冀州博陵郡安平县人，今河北衡水市安平县人）主张放弃凉州，议郎傅燮站出来表示坚决反对，并说："斩司徒，天下乃安！"尚书郎杨赞弹劾傅燮在朝堂上侮辱大臣。傅燮与崔烈、杨赞进行针锋相对的斗争，得到多数大臣的支持，最后灵帝也认同傅燮的见解。从此，朝廷文武百官都非常敬重傅燮无私无畏和敢于斗争的精神，每当公卿职位出现空缺时，大家都不约而同地推举傅燮。然而，由于傅燮与宦官势力水火不容，再加上他不肯出钱买官，所以一直不得升迁。由于傅燮身正功高，威望素著，赵忠等宦官"惮其名，不敢害"，于是就把他排挤出去，外调到治所在冀县（今甘肃天水市甘谷县）的汉阳郡做太守。

后来，王国、韩遂、马腾率领凉州叛军大举进攻汉阳郡冀县，汉阳太守傅燮因城中兵少粮尽，坚守不出。当时，城外有傅燮家乡所在郡的匈奴骑兵数千人，这些人都知道傅燮为人正直、口碑好，于是都在城外叩头，"求送燮归乡里"。当时，傅燮十三岁的儿子傅干"从在官舍"，他知道父亲"性刚，有高义，恐不能屈志以免"，于是便劝谏说，"国家昏乱，遂令大人不容于朝。今天下已叛，而兵不足自守，乡里羌胡先被恩德，欲令弃郡而归，愿必许之"，不如暂时先返回家乡，而后再征募勇士，"见有道而辅之，以济天下"。傅燮说：乱世不能培养出浩然之志，我拿着朝廷的俸禄又岂能逃避国家的危难？既然我官至此位，就一定要死在此地。你有才智，一定要努力！傅干"哽咽不能复言，左右皆泣下"。王国派前任酒泉太守黄衍进城劝降，傅燮手按住佩剑斥责他说：亏你还曾是朝廷命官，反而为逆贼做说客！黄衍退出后，傅燮率领左右之人进兵迎战，但由于兵少，终于战死疆场。

汉阳郡被叛军攻破之后，王国等率领叛众于中平五年（公元188年）底攻掠"三辅"地区，并包围了位于今宝鸡市的陈仓（今陕西宝鸡市东渭水北岸），灵帝派皇甫嵩督前将军董卓各率两万人前往救援。王国围困陈仓近三个月，但因城池坚固，一直无法攻破。皇甫嵩率军到达后与叛军交战，大获全胜，斩首一万多级。叛军失败后，其内部将领废掉了王国，韩遂和马腾控制了叛军。从此，东汉王朝基本上丧失了对凉州的控制权，以韩遂、马腾（后为马腾的儿子马超）为首领的军阀割据了凉州。

初平元年（公元 190 年），董卓将国都从洛阳迁至长安后，韩遂、马腾接受了董卓的招安。董卓被杀死后不久，其凉州老乡李傕等人把持了朝政。李傕任命韩遂为镇西将军，遣还金城；马腾为征西将军，屯兵于郿地（今陕西宝鸡市眉县渭河北岸）。

兴平元年（公元 194 年），马腾因私事有求于李傕，而李傕没有给他办，马腾大怒，率兵攻击李傕，屯兵金城的韩遂也出兵相助，与马腾联合起来进攻李傕。李傕派遣郭汜、樊稠以及侄子李利率军出击，将韩、马打败，连杀带俘一万多人，韩、马败退，逃回凉州。不久，李傕又与马腾、韩遂议和，并结为异姓兄弟，双方军队也实现了联合。于是，朝廷改任韩遂为安降将军，马腾为安狄将军。后来，因双方下属之间发生矛盾，韩遂与马腾再次闹掰，并杀死了马腾的老婆。从此，二人长年交战。建安十三年（公元 208 年），曹操派钟繇等前去安抚，劝说马腾入朝为官。马腾开始犹豫不决，但最终答应，并前往邺城。曹操上表献帝，任命马腾为卫尉，任命他的儿子马超为偏将军，还任命马腾的另外两个儿子马休为奉车都尉、马铁为骑都尉。随后，他们一家都迁居邺城，实际上都成了曹操的人质。卫尉马腾把军队交由儿子马超统领。马超统领军队后又与韩遂和解。在马腾一家归附朝廷的影响之下，建安十四年（公元 209 年），韩遂也以属将阎行为使者拜谒曹操。阎行对韩遂忠心耿耿，以前韩遂与马腾发生冲突时，阎行曾经用矛刺杀马腾的儿子马超，矛折断了，阎行用断矛击打马超脖子，差一点将马超打死。所以，韩遂对阎行非常信任，将他视为心腹。阎行代表韩遂拜谒曹操，曹操非常高兴，对阎行予以厚待，上表献帝任命他为犍为太守。阎行主动请求让他的父亲搬到京城，实际上就是主动把父亲送做人质，以示对曹操的忠心不会改变。阎行这样做深得曹操的心意。阎行回去后向韩遂转达了曹操的意见：你起兵的情况有迫不得已之处，我已知道，应当早来归顺，共同辅佐朝廷。阎行又劝谏韩遂说：将军起兵已达三十年，军队和百姓都已疲惫，所占据的地方又偏僻，应该及早找到可依靠的人。所以在邺城的时候，我已经禀报曹操，我会让我的父亲去京师，希望将军也能派遣一个儿子前去，以表示对曹操的忠诚。韩遂回答说，再观望几年再说！不过，韩遂很快同意了遣子。所以阎行将自己的父母和韩遂的儿子一并送往京师做人质。这样，从表面上看，韩遂和马腾都归附了曹操。

西凉的军阀问题一直是曹操的心头之患。由于这些年他一直忙于统一北方，赤壁兵败之后需要恢复元气，平定西凉军阀的问题始终没有排上日程。经过三年的休养生息，曹操的经济和军事实力得到了恢复和发展。建安十六年（公元211年）春，曹操打算率先讨伐割据汉中的军阀张鲁。

开始曹操并未亲征，而是上表献帝，任命屯驻弘农的司隶校尉钟繇为前军师，领兵讨伐张鲁，又诏令征西护军夏侯渊（当时，太原人商曜等在大陵，即今山西吕梁市交河县境内，起兵反叛，夏侯渊奉命督军镇压，并取得了胜利）沿汾河出河东郡，与钟繇会合。曹操这样安排，主要是考虑路途不远、行军快捷、节约成本。钟繇自从持符节督关中以来，为朝廷做了大量工作，还办了两件大事：一件是在官渡之战时为曹操送去两千匹战马，解了他的燃眉之急。另一件是动员关中大量百姓落户洛阳，有效解决了由于董卓迁都长安时对洛阳大破坏而形成的"鬼城"问题。

在朝廷那边，将领们都对曹操讨伐张鲁表示赞成，但对出军之后可能遇到的情况和问题，谁也不去琢磨。唯有丞相府中掌管粮库的仓曹属高柔提出了建设性意见。

高柔，字文惠，陈留郡圉县（今河南开封市杞县）人，是袁绍的外甥高干的从兄。建安九年（公元204年），曹操攻克邺城，高干惊恐不安，便向曹操投降，高柔也随之降曹。曹操依然让高干做并州刺史，并任命高柔到菅县（治所在今山东章丘市）做县长。高干归降曹操后的第二年，又在并州公开背叛，高柔虽然没有参与背叛，但曹操因他与袁绍、高干有关系，"欲因事诛之"，于是就把高柔调上来，暂且任命他为僚属，掌管司法事务。这是一个风险系数很高的岗位，如果高柔出了事，曹操肯定会借机把他杀掉。可是高柔在这个岗位上干得很出色，处罚得当，狱中没有滞留未判的犯人，曹操没有罪名诛杀他，所以又辟他为丞相仓曹属，让他管理国库的粮食。谁都知道这是一个油水多的肥差，而高柔不贪不占，勤勤恳恳，将粮库管理得很好，曹操仍然没有理由杀他。在曹操部署讨伐张鲁时，高柔认为，这样安排容易使韩遂、马超等西凉军阀误以为去攻打他们，可能会使他们联合起来抵御曹军，对实现攻击张鲁的目的造成干扰。于是，他向曹操建议说：大军向西进发，韩遂、马超等疑为袭己，必然相互煽动。应该先安抚"三辅"地区，如果"三辅"平定，只需发个文书就能平定汉中。但曹操并没有把高柔这个建议当回事。

前军师钟繇率军一经出发，果然刺激了西部地区各路军阀敏感的神经，他们都认为这是要消灭自己的。于是，马超、韩遂公开反叛朝廷，他们与侯选、程银、杨秋、李堪、张横、梁兴、成宜、马玩等中小军阀结成联盟，合称"关中十将"，集结了十万羌、胡、汉人混杂的军队屯于潼关，以抗击钟繇的进攻。潼关地势险要，南有秦岭，东南有禁谷，北有渭、洛二川会黄河抱关而下，西近华岳，周围山连山，峰连峰，谷深崖绝，山高路狭，中通一条狭窄的羊肠小道，往来仅容一车一马。此时，弘农、冯翊多个地方也纷纷起兵响应"关中十将"，老百姓也都从位于陕西秦岭山中的子午谷涌入汉中。

曹操获知这一消息后，迅速派遣镇西将军曹仁统率几位将领出兵支援与钟繇会合的夏侯渊，并下达命令说：关西兵勇敢强悍，你们到达之后要坚守营寨，不得与他们交战。同时，曹操打算亲自率军去抗击以韩遂、马超为主体的"关中十将"军阀联盟。

曹操在出发之前，安排新任五官中郎将、副丞相曹丕留守邺城，临时主持全面工作，又对三位将领和大臣交代了辅佐任务：一是委托奋武将军程昱协助曹丕处理军务；二是任命门下督徐宣为左护军，统率邺城的留守部队；三是任命国渊为丞相府的居府长史，负责朝廷事务性工作。

建安十六年（公元211年）七月，在西征前夕，曹操主持召开军务会议，讨论其率领大军西征事宜。一些参会的将领和谋士在发言中说，函谷关以西的士兵善于使用长矛，这次西伐应该挑选精壮部队作先锋，否则难以抵抗。曹操满怀信心地说：战争的决定权控制在我手里，而没有在敌军手里。他们虽然擅长使用长矛，我将使他们的长矛发挥不了作用。此时，曹操赤壁兵败的阴影已经荡然无存，已满五十七岁的曹操变得自负起来。

曹操大军抵达潼关后，发现四周都是山，非常有利于防守而不利于进攻，曹操想突破潼关也不是一件易事。此时关中军阀各部不断向潼关增兵，曹操听说之后，不忧反喜。有些将领问其故，曹操解释说：关中路途遥远，如果敌人各自依仗有利地形固守，就算我们出兵攻打，没有一二年工夫也平定不了。如今他们全部集结于此，人数虽多，但互不归服，一举便可以将他们消灭掉，比起他们分散防守更容易集中消灭。敌军全部集结到潼关之后，曹操问计于横野将军徐晃。

徐晃说：您已亲率大军到此，而敌人不再分兵守卫蒲阪，从中可以发现他们缺乏全面战略。请您拨给我一支精兵，作为大军的先锋，抢渡蒲坂津（位于今山西运城市代管永济市与陕西渭南市大荔县朝邑镇之间的黄河渡口），截断敌军的后路，便可擒住他们了。曹操同意徐晃的建议，并派朱灵与徐晃一起率领四千精兵从蒲坂津乘虚渡过黄河，据河西建营。当他们尚未来得及修建寨栅时，"关中十将"之一的梁兴趁夜率领步骑五千余人攻击他们，徐晃、朱灵的先锋部队将其打跑，随即控制了渡口的一块阵地。

曹操在潼关休整了一个月之后，便开始从潼关东面的渡口北渡黄河，先将大军移至北岸，然后留下许褚等虎贲勇士百余人与自己一道在河南岸负责断后。

许褚，字仲康，谯郡谯县人，与曹操是老乡。他容貌雄毅，勇力不凡。早年曾聚集亲朋和壮丁数千人，共同修建防御工事，以抵御乱兵对家乡的侵扰。当时汝南葛陂率领黄巾军万余人攻打许褚，许褚寡不敌众，箭矢用完之后，他下令男女百姓都去找石块御敌。当敌兵冲上来时，许褚以飞石击敌，敌人始终未能攻破。后来粮食将尽，许褚假意与贼军请和，商议用牛换取食物。贼兵把牛牵走后，牛又自己跑了回来，许褚便冲到阵前，拉着牛的尾巴行走百余步，贼兵大惊，不敢再来取牛。从此，许褚之名威震遐迩。建安二年（公元197年），曹操占领淮、汝，许褚率众归附了曹操，曹操"见而壮之"，说："此吾樊哙也。"当即任命他为都尉，"引入宿卫"，其部众也"皆以为虎士"。许褚还曾随曹操征讨张绣，被安排为先锋，杀敌多人，因功被提拔为校尉。建安五年（公元200年），许褚随曹操参加了官渡之战。在两军对峙期间，一直跟从曹操的"常从士"徐他等欲谋杀曹操，因许褚总是伴随在曹操左右，徐他没有机会下手。一直等到许褚在休息时间离开时，徐他等怀揣利刃来见曹操。可是，许褚离开之后自感心神不宁，立即返回曹操身边。徐他等见到许褚折返大惊失色，许褚等见状，认定他们就是刺客，立即将徐他等人斩杀。事后，曹操更加信任许褚，出入同行，如影相随，从来不让他离开自己。建安九年（公元204年），许褚随曹操围攻邺城，因立有战功，曹操赐封他为关内侯。

这次曹操率领大军来到潼关，征讨韩遂、马超等关中联军。曹操打算渡河，到了河边后，他让大军先行，自己和许褚及虎贲勇士百余人断后。此时，马超率领步骑万余人来劫杀曹操，乱箭齐发，矢如雹下。曹操却坐在折凳上神态平静，若无其事。曹操这一行为反而使马超感到不可思议，没敢冲过去抓他，只是射箭。许褚利用马超的军队暂不敢凑前的一刹那，对曹操说：贼兵太多，现在我们的部队大都过河，您也该走了。于是扶曹操上船，虎贲勇士都争着上船，船因超重将要沉没。许褚斩杀攀船者，推船渡河。船刚刚移动，船工却被流箭射中身亡。许褚左手举起马鞍为曹操挡箭，右手划船渡河。马超的军队立马蜂拥而至，情况十分危急。此时，曹军中一位名叫丁斐的校尉非常机灵，他立即把军中的牛马放出来，猛抽一鞭使它们四处乱跑，顿时敌军大乱，顾不上朝渡船射箭，纷纷去抢夺那些牛马。

当马超军中士卒争抢牛马之时，许褚趁机加快划船速度，使曹操等安全上岸。大家见曹操平安无事，悲喜交集，但曹操却笑着说：今日差点被小贼困住啊！

马超看到曹操北渡，知道他是想从浦阪津渡河进入关中，再次派遣梁兴带领五千多人马前去抢占浦阪津渡口西岸，以阻挡曹操渡河。但令马超没有料到的是，已经抢先占领此地的徐晃、朱灵再次把梁兴的部队打败。消息传回潼关时，马超还想派遣大军去夺渡口，但为时已晚。曹操事后解释说：贼兵占据潼关，如果我军进入河东，贼兵必将带兵守住黄河各渡口，我们就不能渡到河西，我故意重兵逼近潼关，贼兵全力来守南边，西河防备空虚，因此徐晃、朱灵才能轻易占领西河。在此之后，我带大军北渡黄河，贼兵不敢与我们争夺西河，就是因为有徐、朱二将的先锋部队已经占据那里。曹操大军西渡黄河之后，其粮草改由河东经浦阪津渡口供应。曹操沿河岸向南推进。马超等退屯渭口（今陕西渭南市附近）。曹操又多设疑兵，吸引马超的注意力，暗中乘船从黄河驶入渭河，连夜用船搭起浮桥，分兵在渭水南岸扎营。可是，在立营的过程中，由于缺乏建筑材料，加之屡受马超骑兵的突击，建营遇到了困难。当时已经进入冬季，曹操乘天气暴冷的时机，命令士兵用水浇沙，等沙与水结成冻沙块之后，便以此为建筑材料，筑起了冻沙城，等到第二天天亮时，冻沙城已经垒好。后来，关中联军乘夜攻营，但都被曹操伏兵所破。不久，曹操大军全部渡过渭水，在渭南扎营。至此，曹操已经完成了全面进攻的各项准备。马超等数次到营前挑战，但曹操始终不予理睬，只守不攻。马超知道曹操葫芦里装的都是火药，一旦引燃将后果严重，所以他派遣使者以割让黄河以西的土地为条件，请求曹操止兵和解。但曹操的目的不是仅仅得到一小块土地，他要以武力来征服关中地区不肯归附的各路军阀，统一西部地区，进而统一全国。马超又先后几次派遣使者向曹操请求以土地换和平，并主动提出再送自己的一个儿子做人质。曹操的大谋士贾诩建议曹操可以假装同意。曹操又问贾诩下一步用什么策略，贾诩说离间和拆散他们的联盟。在军事和政治斗争中，当对方几股势力联合起来，形成了一股新的强大势力与己方对抗时，及时拆散和离间他们，使其由团结一致共同对外转变为四分五裂内讧不止，无疑是一个高明的计策。曹操顿时明白，便答应了联军的请求。

就在此时，韩遂作为代表请求与曹操见面。曹操与韩遂也算是老相识，曹操与韩遂的父亲是在同一年被推举为孝廉的，且近十多年来断不了打交道。因此，曹操不仅痛快地答应了与韩遂见面，而且提出要在公开场合见面和交谈，得到了韩遂的响应。于是，曹操与韩遂两人来到阵前，双方士兵犹如啦啦队，各在阵地的一端观看。曹操、韩遂各自骑在马上，马头相交，在一起聊了很长时间。交谈中并未触及敏感的军事问题，只是谈论了一些往事，两人越谈越高兴，并不时拍手大笑。这是曹操有意而为之，目的是向正在围观的敌方将士释放出亲切友好的假信号。

曹操与韩遂谈话结束后，各自回到自己的营垒。马超问韩遂与曹操谈了些什么，韩遂说没谈什么，只是谈论了一些往事。于是，马超起了疑心。过了几天，曹操又给韩遂写了一封信，上面故意涂改了许多地方，好像是韩遂改的，这让马超等人更加怀疑。曹操成功离间马超与韩遂的关系后，又与马超及其联军约定日期进行会战，当然，韩遂不会派部队援助。会战伊始，曹操只是派出轻装部队应对挑战，与马超军队大战多时后才派出精锐骑兵进行夹击，大破马超及其联军，斩杀"关中十将"中的成宜、李堪。马超失败后，与韩遂分别逃往凉州，杨秋逃奔安定郡，其他小军阀有的跟随了马超，有的跟随了韩遂，各自寻找自己的生存之路。曹操也率军到达了长安。

当年十月，曹操率军从长安出发，向北讨伐从渭南战败后逃到安定的杨秋，杨秋被迫向曹操投降。曹操恢复了杨秋原来的爵位，把他留在安定镇守。

当年腊月，曹操听说河间人田银、苏伯在幽州和冀州聚众造反，便留下夏侯渊驻守长安，任命曾经担任过新丰县县令的张既为京兆尹，要求张既和夏侯渊团结已经顺服的地方官员和地方武装，继续平息叛乱，消灭割据势力，领导百姓发展农业生产。安排妥当之后，曹操准备班师回朝。此时，杨阜从凉州骑着快马一路狂奔，匆忙面见曹操。

杨阜，字义山，天水冀县（今甘肃甘谷县）人。他早年在担任凉州从事时，受时任凉州牧韦端所派，到许都汇报凉州工作，被朝廷任命为凉州安定郡长史。杨阜从许都返回之后，关右地区的将领们都问他：据你观察，将来袁绍和曹操谁能赢？杨阜回答说：袁绍性情宽缓，做事优柔寡断，虽有计谋，但没有威信，常常失败。目前袁绍虽然势力强大，但最终成就不了大业。而曹操具有雄才大略，做事利索果断，军纪严明，兵强马壮，善用高才，所以他将来一定能成就大业。由于杨阜不愿意到安定郡做长史，不久就辞去了官职。韦端的儿子韦康担任凉州刺史后，征召杨阜为别驾，并举荐他为孝廉。曹操打算安排杨阜在丞相府任职，凉州方面却上表朝廷，建议把他留在州里做参军，被批准。"关中十将"军阀联盟在渭南被曹操打败后，马超便逃到凉州边塞胡人那里。凉州刺史韦康担心马超东山再起，祸乱凉州，便以参军杨阜为使者，迅速赴安定向曹操汇报情况，以便获取朝廷在军事上的支持。杨阜见到曹操时，曹操已经做好了启程返回的准备。

杨阜对曹操说：马超虽然在渭南被打败了，但他手下的将领仍很勇猛，且极得羌胡等少数民族的拥戴，西部边境地区的人都敬畏他。如果您率领大军回师之前，不对马超等作出防控的话，那么陇山以西各郡县恐怕不再归顺朝廷了。曹操脑子里想着后方田银、苏伯叛乱这件大事，对杨阜所汇报的情况并没有放在心上，什么也没说就率领大军回去了。这是曹操战略上的又一次重大失误。幸亏有杨阜、姜叙等人的奋勇反击和及时补救，才把被马超夺占的陇西又夺了回来。（据《后汉书·虞傅盖藏列传》《后汉书·西羌传》,《资治通鉴》第四七、五八、五九、六一、六六卷,《后汉书·董卓列传》《三国志·蜀书·关张马黄赵传》《三国志·魏书·程郭董刘蒋刘传》《三国志·魏书·桓二陈徐卫卢传》《三国志·魏书·韩崔高孙王传》《三国志·魏书·袁张凉国田王邴管传》《三国志·魏书·二李臧文吕许典二庞阎传》《三国志·魏书·辛毗杨阜高堂隆传》）

五、曹丕镇压田银、苏伯叛乱，马超、韩遂被击败

曹操西征之前组建的以副丞相曹丕为统领的临时领导团队，主持大本营的全面工作，这对曹丕来讲是第一次接受父亲交给的重大任务，也是正式接受父亲的重大考验，所以他不辞辛苦，非常用心，生怕出现什么闪失，让父亲失望，无缘于将来接班。

（一）曹操在立嗣上狐疑不决，考验各方的政治智慧

曹操一共有二十五个儿子、三个养子。在他这一大堆儿子中，比较有名气、先后进入曹操考虑的接班人范围的有四人，分别是曹昂、曹冲、曹丕、曹植。曹操与原配丁夫人没有生子。姜刘氏生子曹昂。卞氏生了四个儿子，分别是：曹丕、曹彰、曹植、曹熊。曹操让丁夫人以生母的名义抚养曹昂长大成人，母子情深，胜过亲

生。曹操为了在战火中培养历练接班人，让曹昂从小就跟随自己征战。建安二年（公元 197 年），曹昂随父亲讨伐张绣。张绣在穰城向曹军发起突然袭击，曹昂为救曹操，在与张绣的英勇作战中被杀死。曹昂死后，丁夫人哭得死去活来，常常边哭边数落曹操，曹操一气之下休了丁氏，将卞氏扶为正妻。

照理说，曹昂死了，曹丕在众多兄弟中最年长，把他定为接班人是名正言顺的，可曹操最初喜欢上了曹冲，并曾经打算让他作"世子"，然而曹冲十三岁时得病死了。后来，曹操喜欢上了曹植。曹植出生于初平三年（公元 192 年），比曹丕小五岁。他自幼聪明伶俐，十几岁便能诵读《论语》《诗经》及辞赋。曹操曾经看过他写的文章，便惊喜地询问是否为请人代写，曹植跪下回答说：出口就是论，下笔成文章，只要当面考试您就知道了，何必请人而作呢！曹植文武兼备，十五岁时便开始跟随曹操征战，北到柳城（今辽宁朝阳市），南到新野（今河南南阳市新野县），东到淳于（今山东潍坊市代管安丘市），西到关中。他还随父参加了赤壁之战。邺城铜雀台建成之后，曹操让儿子们都登台作赋，而曹植未曾移步已成文，率先完成《登台赋》，曹操十分惊奇，并对他寄予厚望。曹操对曹丕不感冒，源自曹丕不让曹操将清河公主嫁给一只眼睛失明的丁仪，从而引起曹操的不悦以及丁仪对曹丕的憎恨。

丁仪的父亲丁冲与曹操是老乡，很有才学，与曹操关系很好。当年，曹操在是否迎接汉献帝到许县的问题上征询谋士意见。丁冲听说后，给曹操写信说：您平时就表露出匡济天下、辅佐皇帝的志向，现在到了实现自己志向的时候了。丁冲的两个儿子丁仪、丁廙都在曹操麾下为官。丁冲死后，曹操打算把自己的爱女清河公主嫁给颇有才气的丁仪，于是就同曹丕商量这件事。曹丕说：正礼（丁仪表字）目不便，恐怕清河公主未必愿意，我认为不如夏侯惇的儿子夏侯楙。曹操同意了曹丕的意见，于是就将清河公主嫁给了夏侯楙。后来曹操任命丁仪为西曹掾，在与丁仪任职谈话之后，曹操深感丁仪才能非凡，他叹息说："丁掾，好士也，即使其两目盲，尚当与女，何况但眇（一只眼睛失明）？是吾儿误我。"丁仪因没有得到曹操的女儿便憎恨曹丕，曹操也因没有将爱女嫁给才子丁仪而对曹丕不满意。于是，丁仪就与弟弟丁廙、丞相主簿杨修，多次在曹操面前为曹植说好话，劝说曹操立曹植为继承人。因此，在曹丕与曹植的竞争中，曹植暂时处于有利地位。

曹操曾经专门写了一道《诸儿令》，该令说："儿虽小时见爱，而长大能善，必用之，吾非有二言也。不但不私臣吏，儿子亦不欲有所私。"大意是说：儿子们，现在你们尚小，我哪一个都喜欢，没偏没向。等你们都长大了，我也会量才而用。对部下我都不偏心，对你们当然也是公平公正，唯才是用。曹操为培养儿子们，利用手中的权力，调用全国最优质的教育资源，为"诸子高选官属"，并下令说：诸侯的家臣，应该深明法度，就像邢颙那样。

邢颙，字子昂，河间郡鄚县（今河北任丘市）人。他年轻时就被举荐为孝廉，又被司徒府征召，但他均未应从，后改名换姓到了右北平郡。在这里，他结识了名士田畴（右北平郡无终县人，今河北唐山市玉田县人），两人结为好友。几年之后，曹操平定了冀州。邢颙便对田畴说：黄巾军作乱已经二十多年，海内鼎沸，百姓流离失所，他们已非常厌恶动乱。听说曹公法令严明，民心归附。我先行一步。随即，他整理行装返回故乡。建安十二年（公元207年），曹操为了彻底消灭袁氏集团的残余势力，并从根本上解决辽西、辽东、右北平三郡乌桓人经常犯边为害百姓的问题，便亲自率军远征，聘请田畴为向导。其间，田畴向曹操推荐并介绍了邢颙，于是曹操征召邢颙为冀州从事。大家都称赞邢颙："德行堂堂邢子昂。"不久，朝廷任命邢颙为广宗县（今河北邢台市广宗县）县令。因其旧友、广宗县的上级郡太守去世，邢颙不肯报到就职。朝廷有关部门劾奏他，曹操说："邢颙对旧友感情深厚，有前后一致的节操。"于是未予追究。后来，邢颙被征召为司空掾，遂又被任命为行唐县（今河北石家庄市行唐县）县令。邢颙上任后，勤于政务，动员百姓从事农桑，推行社会教化，有力推动了当地经济发展和风化大行，因此被调入京师，担任丞相门下督，主平盗之事。邢颙后来又被提拔为左冯翊，但因患病而辞去官职。不久，曹操为各个儿子选拔官属，明确提出要以邢颙为标准。

为培养接班人，曹操将邢颙安排为平原侯曹植的家丞，刘梁（东平宁阳人，今山东泰安市宁阳县人，原尚书令）的孙子刘桢（"建安七子"之一，"博学有才，警悟辩捷"的名士）为庶子。家丞是太子或皇子家中的辅佐官，主管家事；庶子为太子侍官，"掌其戒令，与其教治"。同时，曹操还安排邴原（字根矩，北海朱虚人，今山东潍坊市临朐县人）、议郎张范（字公仪，河内修武县人，今河南新乡市获嘉县人）辅佐曹丕。

建安十九年（公元214年），曹植改封临淄侯。曹操率军东征

孙权，令曹植留守邺城。在出发之前，他告诫曹植说：当年我担任
顿丘（古县名，治所在今河南鹤壁市浚县）县令时才二十三岁，想
起那时候的所作所为，至今都不后悔。如今你也二十三岁，要发奋
努力啊！作为曹植家丞的邢颙坚持依照法度和礼仪严格约束曹植，
从不退让屈服，因此曹植与邢颙不和。

曹植仗着自己有才，往往任性而为，不注意修饰约束自己，特
别是饮起酒来毫无节制，有时喝得酩酊大醉而误事，渐渐地，曹操
对曹植感到不满意。因此，在立嗣问题上，他又以书信的形式听取
大臣们的意见和看法。

尚书崔琰用不封口的书信答复曹操说：按照《春秋》之意，应
该立长子（因曹操的长子曹昂死了，自然是指曹丕）。况且五官中
郎将曹丕仁厚、忠孝、睿智，应当立他为继承人。我的看法至死不
变。崔琰哥哥的女儿嫁给了曹植，但崔琰在这件事上没有徇私，而
是坚定地支持曹丕。尚书仆射毛玠说：前不久，袁绍没有按照嫡长
次序继位的原则，导致家族和统治区毁灭。废立接班人这件大事，
不是臣子所应该听到的。原为曹植的家丞、因与曹植不和而改任东
曹掾的邢颙说：背离古制嫡长继位的原则，乃先世之戒也，愿殿下
深察。毛玠和邢颙的回答都很高明，但倾向性意见十分明确，只是
没有直白地点名而已。然而，比他们更高明的人还在后面。

已在建安十六年（公元 211 年）被明确为"世子"的曹丕心里
没底，便"使人问太中大夫贾诩以自固之术"。贾诩说，愿将军加
强德行和气度修养，亲身去做艰苦性工作，兢兢业业，不违背做儿
子应当遵守的规矩，这样就可以了。曹丕听从了贾诩的话，暗自加

强自身的修养和磨炼。

曾有一天，曹操命令群臣退下，单独询问贾诩对接班人的意见，老谋深算的贾诩默然不语。曹操说："我同你说话，你怎么不言声，这是为什么？"

贾诩说："我正在思考，所以没有马上回答您。"

曹操说："你思考什么？"

贾诩说："思袁本初、刘景升父子也。"

贾诩明白"话多有失"这个道理，他所回答的这句话才10个字，其中还有一个"也"字是虚词，就把曹操说得大笑不止。

后来曹操率军出征，曹丕和曹植都送曹操至路旁，曹植称颂曹操的功德，出口成章，旁边的将领和大臣们都赞不绝口，曹操也很高兴。曹丕自愧不如，很是懊丧。此时，吴质（兖州济阴人，今山东菏泽市人，曾出任朝歌县县长，又迁元城县县令，因文才而成为曹丕"四友"之一）在曹丕耳旁说：等魏王即将上路时，哭泣流泪最管用。及至曹操率军上路告别时，曹丕哭着下拜，弄得曹操和部将们心里都挺难受。因此，大家都认为，曹植善用华丽的辞藻，诚心不如曹丕。曹丕在支持者的点拨之下，施以权术，因此宫中之人和曹操的部属大都为曹丕说好话，天平的砝码开始倾向于曹丕。（据《资治通鉴》第六八卷，《三国志·魏书·文帝纪》《三国志·魏书·崔毛徐何邢鲍司马传》《三国志·魏书·荀彧荀攸贾诩传》《三国志·魏书·任城陈萧王传》）

（二）在曹丕的指挥下，田银、苏伯造反被镇压

建安十六年（公元 211 年），田银、苏伯（河间郡人，今河北沧州市献县一带人）领导当地农民造反。幽、冀两州很多老百姓纷纷响应，造反声势浩大，引发严重的社会动乱。当时曹操正在关西用兵，留在后方主持全面工作的曹丕欲亲自率军讨伐。此时，功曹常林站出来劝阻，还真的把曹丕劝住了。

常林，字伯槐，河内郡温县（今河南焦作市温县）人。七岁时，他父亲的一个朋友登门造访，叫着他父亲的表字问常林：伯先在家吗？小常林对客人既没有回答，也没有任何礼敬的表示。客人很不高兴，便对小常林说：你这小孩，见了我怎么不行礼啊？小常林说：虽说应该尊敬客人，可是你当着我的面直呼我爸的表字，我凭什么还要向你行礼呢？人们对小常林如此得体的回答非常佩服，认为这个孩子非同一般。董卓之乱时，河内太守王匡与关东地区的各路诸侯以讨伐董卓的名义兴起义兵。王匡为了筹集军费和粮草，派一些门生在其辖区各县寻找官吏及百姓的过错，一旦发现谁有不轨行为，立即逮捕关押，然后让他们家人用钱粮来赎罪，如果延误期限就要灭族。常林的叔父打了客人几个耳光，这事被传到王匡的耳朵里，王匡便下令把常林的叔父关押起来问罪。常林为了救叔父，便去找河内郡豪族世家胡母彪（王匡的主要支持者）。他对胡母彪说：当今皇帝年幼，贼臣董卓把持朝政大权，全国吏民为之愤怒，这正是各地才俊为国效力之时。要想讨伐逆贼，辅佐王室，使天下智士望风归附，除了天时、地利之外，还要靠人和。如果这三条同

时具备就能攻无不克、战无不胜。如果对老百姓没什么恩德，所用之人又非贤能，那么一定会自取灭亡，岂能谈得上匡扶朝廷、建立功名呢？胡母彪点头称是，于是常林就把叔父被关押的情况从头到尾说了一遍。胡母彪立即写信批评王匡，王匡就把常林的叔父放了。此后，常林便迁到上党避乱，在大山里耕种。当时正逢旱灾，家乡父老只有常林家获得丰收，常林就把街坊邻居都叫来，把自家的粮食分给他们。并州刺史高干推荐常林为骑都尉，常林婉言谢绝了。后来新任并州刺史梁习举荐州内名士，将常林等人上报朝廷，曹操任命常林担任巨鹿郡南和县（今河北邢台市南和区）县令。因常林治理有方，百姓拥戴，朝廷先后提拔他为博陵（今河北蠡县、博野县一带）太守、幽州（今北京市、河北北部及辽宁一带）刺史。常林依然是政绩斐然，口碑良好。曹丕担任五官中郎将时，常林担任掌人事的功曹。

田银、苏伯趁曹操率军西征之机聚众起义，曹丕想亲自带兵去讨伐镇压，功曹常林说：我曾先后就职于博陵、幽州，对幽冀两州的民风民俗有所了解。北方的官吏和百姓崇尚和平安定，厌恶战乱，他们受到朝廷的教化和熏陶已经很久了，安分守己的人占绝大多数，田银、苏伯之流只是一小部分。当前，朝廷的大军都在西部作战，域外敌对势力都在虎视眈眈地盯着邺城，将军面临的形势严峻，直接关系着天下安危，您亲率军队讨伐几个蟊贼，即使镇压下去也不足以显示威武。曹丕听后觉得有理，便改变了自己亲自挂帅出征的想法，派遣留守在邺城的将军贾信前去讨伐，同时任命曹仁行骁武将军之责，都督七军镇压叛乱。此前，鲜卑首领轲比能率领三千余骑在官渡之战时归附了曹操，因讨伐乌丸有功，被曹操任命为护乌丸校尉，深受曹操喜爱，这次讨伐田银，轲比能也率军参加了。经过多路大军的共同进攻，田银、苏伯领导的叛乱很快被镇压下去。叛众中有一千多人请求投降。留守邺城的决策层对是否接受投降进行了集体讨论，大臣们都认为，曹公以前曾经下达过命令，凡是被包围之后再投降的，一律不予赦免。协助曹丕处理军务的奋武将军程昱反驳说：以前之所以要诛杀投降者，是因为当时天下大乱，局势动荡，攻打敌人时采取"围而后降者不赦"的方针，目的在于向敌方展示不尽早投降的严重后果，让所有敌人都感到害怕，促使他们未围先降。如今天下大势基本安定，而且这次战事发生在统治区之内，这些贼众是成不了气候的，杀了他们不足以示威。因此，我认为这些降兵不可诛杀。即使要诛杀他们，也需要经曹公批准。大家都说，军事上的事情可以当机立断，不必请示。程昱听了这话后，心里不赞成，但不再与他们斗嘴。散朝之后，曹丕召见程昱，询问他的意见。程昱说，所谓"当机立断"，是指临时发生了紧急情况，来不及请示或根本没有办法请示，必须立即作出决断。现在，这些叛乱分子都控制在贾信将军手里，他们是跑不掉的，也不会造成新的伤害，因此，老臣不希望您急于自作主张，免得落曹公埋怨。曹丕这才明白了程昱的良苦用心，赞叹道：程先生真是考虑得非常周到。居府长史国渊曾向曹操提出，那些请降的余党并非首恶，为其求赦，曹操果然下令不诛降者。国渊在向曹操报告平叛中斩杀叛众人数时，坚持实事求是，实际斩杀了多少就报多少，没有丝毫水分，改变了过去"破贼文书，以一为十"的虚报浮夸的做法。曹操询问其故，国渊回答说：征讨境外的敌寇，虚报杀死和俘虏敌人的数量，是为了炫耀武力。河间是在咱们疆域之内，虽然我们平叛取得了胜利，建立了战功，但我心中也感到羞耻，如果再搞统计造假，虚报浮夸，那我们的耻辱就会更大。曹操听后非常高兴。曹操又听了程昱汇报的关于平定田银、苏伯叛乱问题上的一系列做法，也很满意，他对程昱说：你不仅懂得军事策略，还善于处理我们父子之间的关系，很有头脑！曹操这句话，既是对程昱的表扬，也是对曹丕的肯定，曹操对曹丕第一次"大考"的答卷还是比较满意的。（据《资治通鉴》第六六卷，《三国志·魏书·和常杨杜赵裴传》《三国志·魏书·程郭董刘蒋刘传》）

（三）马超袭夺凉州，杨阜、姜叙将其打败

曹操提前结束在西部地区的讨伐、率军返回之后，逃窜到西凉的军阀马超把羌人、胡人聚集起来，并率领他们加紧在陇山以西攻城略地。曹魏在凉州建立的地方政权，除了凉州州府和汉阳郡府所在地冀县坚守不降外，其他各郡县纷纷向马超投降。马超趁机兼并了他们的武装力量，其军事和经济实力迅速膨胀。在这种情况下，盘踞在汉中的张鲁又派遣大将杨昂率领部分兵马支援马超，使马超如虎添翼，所统领的军队达到一万多人。于是，他便向凉州治所冀城这座孤城发起围攻。从建安十八年（公元 213 年）初春开始一直到秋季，马超将冀城围困了八个月，这期间，曹军始终没有发兵救援。困守孤城的凉州刺史韦康急得团团转，万般无奈之下，他派遣别驾阎温出城，向驻守在长安的夏侯渊求救。由于马超将冀城

围困得水泄不通，阎温只得趁夜潜水出城。第二天，马超的军队发现阎温出水后走路的湿脚印，便穷追不舍，在汉阳郡显亲县（治所为今甘肃天水市秦安县）境内追上阎温，将他抓回去见马超。马超亲自解开捆绑阎温的绳索，温和地对他说：现在胜败已经分明，你为解救孤城而去搬救兵，却落到这个地步，怎么来施展大义呢？如果你听我的话，就告诉城里的守军，东方不会来救兵，劝他们赶快投降，这是唯一转危为安之计。如果你不听，我现在就把你杀掉。阎温假装答应，于是马超便用车载着他来到冀城城下。阎温冲着城内放声大喊：曹操大军过不了三天就要到达，请你们一定要努力坚守。坚守就是胜利！马超命令士兵用泥土堵住其嘴巴，并将其带走。马超虽然对阎温大义凛然的行为非常愤怒，但由于冀城久攻不下，他还幻想慢慢去做阎温的工作，为其攻入冀城所用，所以暂时没有杀他。马超又问他：在你守城的朋友里，有没有愿意跟我合作的？阎温一言不发，不予理睬。马超便严厉地训斥他。阎温说：事君之道只有一死，我难道是苟且偷生的人吗？！马超见阎温如此强硬，于是就将他杀死了。

在城内，凉州参军杨阜率领官员和宗族子弟中能打仗的千余人昼夜坚守，又让从弟杨岳在城上修筑偃月营，与马超苦战。然而，凉州刺史韦康却背叛了全力支持他们守城的冀城百姓。他不见曹操发兵救援，便打算打开城门向马超投降。对此，杨阜又气又急，一边哭一边说：我率领父兄子弟以节义互相鼓励，死守不降。而今你放弃马上就要建立的功名，给自己蒙上不义之罪，我愿以死相守！但是，杨阜的话没有把凉州刺史韦康感动过来，最终他还是派人求降，打开城门让马超及其军队入城。

马超入城后，立即把杨阜的从弟、在冀城修筑偃月营抵抗的杨岳抓起来，关在冀城监狱，又让张鲁的遣将杨昂杀死了韦康和汉阳太守。

马超占领了冀城之后，便自称征西将军，兼凉州牧，督凉州军事，将凉州军政大权抓在自己手里。冀城的官吏和百姓都归附了马超。参军杨阜向马超诈降，并力荐自己的铁哥们梁宽、赵衢二人，马超将他们都任用为军官。后来这两位都成为杨阜的内线，为杨阜等重新夺回冀城、击败马超作出了不可磨灭的贡献。

直到建安十八年（公元213年），韦康献城投降之后，曹操才传令夏侯渊率军救援冀城。士气正旺的马超获得夏侯渊率军救援冀城的消息后，立即率军出城迎战，在距离冀城一百公里的地方截住了夏侯渊的军队，并与其展开大战，终将夏侯渊打败，夏侯渊率军撤回。

此时，一位号称氐王、名叫杨千万的氐人首领起兵响应马超，氐人武装驻扎在兴国（今甘肃天水市秦安县）。这样，马超的军事实力进一步壮大，士气也更加强盛。

冀城被马超占领后，杨阜复仇的烈火在胸中燃烧，只是一时寻不着机会。此时，杨阜的妻子去世，杨阜便向马超告假回去埋葬亡妻。当时，杨阜的表兄、曹操麾下的抚夷将军姜叙率军驻扎在历城（在今甘肃陇南市西和县之北），他专门回老家与母亲一起参加表弟妻子的葬礼。杨阜从小在姜叙家长大，见到姜叙及其母亲之后，叙说了冀城陷落的经过，并放声大哭，悲痛不已。姜叙问他：何以如此悲恸？杨阜说：妻子死了，冀城未能守住，长官被杀而不能同死，我还有什么脸面活在世上！马超背叛他在朝廷做人质的父亲，背叛国家，杀死将士，这不仅是我杨阜一个人忧心的问题，凉州所有的士大夫都应为此而蒙受耻辱。表兄作为受命朝廷保卫这个地方的武将，却拥兵自重，没有讨伐逆贼的勇气，春秋时期的赵盾^①正是因为这样才被公正的史官记载为弑君之罪的。

杨阜引用这一历史案例劝说表兄讨伐马超起到了事半功倍的作用。杨阜接着说：虽然目前马超具有较强的军事实力，可是他失去道义，除了羌人之外没有人支持他，而且他自身的软肋也都明显地暴露出来，部下之间矛盾重重，所以打败马超并不困难。姜叙的母亲也劝说儿子听从杨阜的建议。

杨阜、姜叙紧锣密鼓地谋划着反攻马超的行动方案。杨阜知道，韦康的旧部虽在不得已的情况下投降了马超，但并未真心归附，于是便暗地里与冀城之战前的参军事赵昂（同为天水翼县人，今甘肃天水市甘谷县人）、历城统兵校尉尹奉以及李俊（武都人，今甘肃陇南市西和县人）等取得了联系，"定讨超约"。

杨阜、姜叙又派人到冀城与有关人员商定：外与赵昂、尹奉、姜隐、姚琼、孔信以及武都人李俊、王灵共同订下讨伐马超的盟

约，并将内情告诉杨阜的从弟杨岳，让他秘密联系梁宽、赵衢、庞恭等一起当好杨阜、姜叙等人攻打马超的内应。

前期准备工作完成之后，杨阜和姜叙于建安十八年（公元 213 年）秋发起了向马超的进攻。杨、姜二人在卤城（今甘肃天水市与陇南市礼县之间）发兵；赵昂、尹泰占领了祁山（今甘肃陇南市礼县），打响了讨伐马超的战役。

赵昂，字伟章（一作伟璋），汉阳西县（今甘肃陇南市礼县盐官镇）人。赵昂作为忠于曹操的人，初被朝廷任命为羌道县令，他的妻子王异与子女都留在西县生活。当时，天水郡（今甘肃省甘谷县东南）有一个名叫梁双的拉起一支队伍反叛朝廷。梁双率部攻破西县，杀害了赵昂和王异的两个儿子。王异不忍被梁双所侵扰，便打算自杀。可是，当她想到六岁的小女儿赵英就此失去母亲时，又放弃了自杀的念头。她叹息着对赵英说："身死尔弃，当谁恃（依赖）哉！吾闻西施蒙（遮盖，这里指穿）不洁之服，则人掩鼻，况我貌非西施乎？"于是，她披上一件曾浸过粪水的麻衣，"鲜食瘠形"，拉扯着女儿艰难度日，自春至冬苦熬了近一年。直到梁双与州郡官员和解之后，王异才不再遭受侵扰。后来，赵昂派人来接妻子王异和女儿赵英，将至赵昂官舍之时，王异不再前进，而是决定离开女儿寻死，经赶车人极力抢救，王异幸免不死。后来，赵昂转参军事，徙居到冀城，辅助凉州刺史韦康参谋军务。建安十七年（公元 212 年），马超召集戎兵攻打陇右，各郡县都响应马超而投降，只有冀城在凉州刺史韦康和汉阳太守的指挥下坚守到秋季。由于曹操的援军久久不至，韦康最终决定投降。当时杨阜、赵昂都曾苦劝韦康不可开门请降，但韦康不听。马超入城后，杀死了韦康等官员。杨阜、赵昂等人暂降马超，赵昂之子赵月便成了马超的人质，被挟持到南郑，以逼迫降将赵昂死心塌地地为马超卖命，不得有异心。在杨阜等人密谋反击马超时，赵昂却忧虑儿子赵月将会被马超所害，犹豫起来。他对妻子王异说："吾谋如是，事必万全，当奈（赵）月何？"王异厉声应道："雪君父之大耻，丧元不足为重，况一子哉！"意思说，能昭雪君父的大耻，就是掉了脑袋也不足惜，何况一个儿子！赵昂说："善。"于是，赵昂坚定了攻打马超的决心和意志。为此，《三国演义》作者罗贯中专门为王异赋诗一首："赵昂妻王氏，催夫报主仇。丧身犹不重，灭子复何愁？尽把家财散，亲将士卒酬。三分贤达妇，万载姓名留。"

马超对杨阜"降"后又叛大动肝火，赵衢趁机编造理由，让马超亲自率军去迎战杨阜等人。马超领兵出城后，赵衢、梁宽等立即关闭冀城城门并派兵死守，而后将马超的妻儿等十多口人全部杀死。马超进退两难，骑虎难下，于是便向历城发起袭击，将姜叙的母亲抓起来。姜母痛骂马超说：你这个背叛父亲的逆子、杀害长官的叛贼，罪孽深重，天地不容，你不赶快去死，还有什么脸见人！马超一怒之下将姜母杀死。

杨阜闻讯，率军截住马超，并与他展开大战。杨阜虽然身负重伤，但仍大败马超，一举粉碎了马超占据整个凉州的图谋，扼杀了马超在渭南失败之后东山再起的势头，弥补了曹操率军回撤致使凉州军事部署上存在的缺陷和漏洞，为曹操立了大功。

马超被杨阜、姜叙打败之后，便南逃汉中投奔了张鲁。张鲁任命马超为都讲祭酒，并打算将自己的女儿嫁给他。张鲁手下的人劝谏说：马超连自己在朝廷做人质的亲人都不管不顾，岂能疼爱您的女儿！张鲁这才打消了嫁女的想法。马超打算向北攻取凉州，收复已经失去的土地，便向张鲁借兵，而张鲁则要求他必须先攻打祁山的姜叙，于是马超率领张鲁的军队去进攻祁山。姜叙获得消息后，立即派人向征西将军夏侯渊求援。夏侯渊的部下说：派军救援姜叙必须上报魏公批准。夏侯渊说：魏公远在邺城，向他报告往返行程数千里，等他的命令传到这里，姜叙早就被他们打败了，这样解救不了他目前的危机。于是，派遣张郃率领步兵、骑兵共五千人前去救援。马超不敢与张郃交战，仓皇逃回汉中。

曹操获知陇右平定的消息后非常高兴，封赏讨伐马超的有功将士，封侯者共有十一人，其中杨阜为关内侯。杨阜推辞说：我杨阜没有保护好韦刺史等人的性命，他们死后，我也没有尽节报效。在道义上，我应该被罢免；在法律上，我应该被处斩。现在马超虽然失败了，但并没有灭亡。我实在没有资格再受爵禄。曹操说：你与群臣共创大功，报国可嘉，西部百姓至今都感念你。你"剖心以顺国命"，国家不会忘记你们的节义！姜叙的母亲劝其早日起兵，实在是明智之举，实在是贤明！有良史记录忠义，"必不坠于地矣"。（据《资治通鉴》第六六、六七卷，《三国志·魏书·二李臧文吕许典二庞阎传》《三国志·魏书·辛毗杨阜高堂隆传》《三国志·蜀书·关张马黄赵传》，皇甫谧《列女传》）

（四）夏侯渊剿灭杂牌势力，击败西部军阀韩遂

按照曹操回军邺城之前的部署，夏侯渊行使护军之职，督后将军朱灵、将领路招等屯兵长安。当时，刘雄（又名刘雄鸣，蓝田人，被人称为"南山贼"）带领包括部分亡命徒在内的数千人，聚居在山岭，经常在五关道口兴兵作乱。夏侯渊督朱灵、路招率军讨伐，将刘雄打败，收降了他的残兵败将，刘雄逃往汉中，投奔张鲁。

夏侯渊收拾完刘雄，接着攻打"关中十将"之一的鄜县匪首梁兴。梁兴在渭南被曹军击败，他一口气逃到蓝田（古县名，治所在今陕西西安市蓝田县以西），站稳脚跟之后就率军进攻周围郡县，攻城夺地，烧杀抢掠。各郡县武装力量太弱小而不能抵御，眼睁睁地看着梁兴祸害百姓。当时梁兴掳掠了五千多户百姓，强迫他们同自己的军队一起搞打砸抢，蓝田县县令非常恐惧，逃到左冯翊的治所高陵（今陕西西安市高陵区）。当时有人提议将左冯翊治所迁移到险要的地方以利于防守，但左冯翊郑浑反对搬迁，他认为这样做是向梁兴示弱，主张劝降梁兴部众，让他们自动离散。于是郑浑在修筑城墙、加强防守的同时，招募年轻力壮的农民参加剿匪斗争，明确宣布把战斗中所缴财物的百分之七十用于奖励立功者，并派人将被匪众抓获的妇女送回夫家，大大激发了老百姓参与剿匪斗争的积极性。一些匪徒纷纷下山向官府投降并讨要自己的妻子。但郑浑要求他们送来俘获的其他女人之后才返还他们的妻子。因此，为了向官府换回自己的妻子，匪徒内部互相攻击，甚至动刀杀人。匪徒

之间的内斗大大加快了残余势力的破灭，梁兴的党羽见梁兴已日暮途穷，纷纷逃散。郑浑还派出有一定威望的基层官吏和能说会道的老百姓组成"宣讲团"，到山里各个村庄宣传朝廷恩威，效果良好，一些土匪纷纷走出大山向官府投降。郑浑命令各县的官员安抚百姓和那些投降的土匪，动员他们从事农业生产。匪首梁兴深深感受到官府的强大压力，率领残匪聚集在鄜城（今陕西延安市洛川县东南）据守。曹操命征西将军夏侯渊与郑浑一道组织军民前去讨伐。此时的梁兴已经失去招架之力，没怎么抵抗就被抓捕斩杀，他的余党也全部投降。

建安十七年（公元 212 年），曹操将韩遂以前送往京师做人质的家庭成员全部诛杀，以示对他们公开背叛朝廷的惩罚。韩遂得知自己的下属阎行的父亲同为人质却安然无恙，于是嫉妒之心油然而生。韩遂想用计谋促使曹操杀死阎行的父亲。这样，一来可使阎行这个孝子对曹操产生极端愤怒，转变他的亲曹思想；二来也使阎行放下对父亲的牵挂，死心塌地地忠于自己。于是，韩遂强迫阎行迎娶自己的女儿为妻，阎行无法抗拒只好就范。曹操得知后，果然开始怀疑阎行的立场。

第二年，韩遂进入氐王杨千万部落中，占据了显亲。建安十九年（公元 214 年），夏侯渊亲自率领军队讨伐盘踞在显亲的韩遂。韩遂不敢交战，率领军队仓皇逃窜，曹军收复了显亲，缴获了韩遂留下的大量军粮。夏侯渊率军追击韩遂，一直到略阳城（今甘肃天水市秦安县），此地距离韩遂的兴国别营只有十五公里左右。夏侯渊的属将们要求士兵做好攻打兴国的各项准备工作。此时，有人向夏侯渊建议说：兴国防守非常坚固，攻打此地需要花费很长时间和很大代价，不可能快速取胜，不如进攻长离氐人聚居区（今甘肃平凉市庄浪县），韩遂军中官兵大都是长离氐人，我们攻击长离，他们肯定会去救援。如果韩遂按兵不动，不去救援，就会把军中的长离氐人全都得罪了，长离氐人就会离他而去，韩遂的势力就会瓦解；如果韩遂率军施救长离，那就等于引蛇出洞，我们就能与他进行野战。野战是我军的优势、敌军的劣势，凭我军的英勇顽强，肯定能够取得胜利并活捉韩遂。夏侯渊采纳了这个建议，留下督将守卫辎重，自己亲自率领轻装部队直奔长离。夏侯渊的军队到达长离后焚烧氐人房屋、帐篷，掠夺羌人财富。韩遂闻讯后果然率军离开兴国别营，开赴长离施救。夏侯渊的部下担心韩遂兵多，建议建好营垒、挖好沟壕再去迎战。夏侯渊说：咱们军队转战千里，如果再让大家去扎营盘和挖战壕，就会耗费他们大量体力，严重影响战斗力。韩遂兵马虽多，但缺乏正规化训练，很容易对付。夏侯渊没有采纳部下的建议，而是让士卒抓紧时间休息，以逸待劳。韩遂率军来到长离后，夏侯渊下令向韩遂军队发起冲锋，并将他们一举击溃，韩遂逃往西平郡（治所在西都县，今青海西宁市）。夏侯渊乘胜折回，包围了韩遂的兴国别营。氐王杨千万逃到马超那里，其余的官兵都向夏侯渊投降。夏侯渊又进攻高平县（今宁夏固原市）的匈奴部落屠各族，敌众逃散。

此时，曹操传令夏侯渊征讨宋建。宋建是枹罕（今甘肃临夏回族自治州临夏县）人，凉州军阀之一，自称"河首平汉王"，聚集部众于枹罕，改年号，置百官，割据该县三十余年，为当地的土皇上。夏侯渊率军包围并攻克了枹罕，并把所谓的"河首平汉王"斩首。夏侯渊又派张郃率领部分军队渡过黄河，进入小湟中，河西羌人各部落全部投降。至此，陇右地区全部平定。

韩遂逃到西平郡之后，就让他的女婿阎行代管该郡事务。阎行打算借机纠集部众把韩遂干掉，以响应夏侯渊。于是阎行趁夜向韩遂发起攻击，但由于韩遂兵多，且经验十分丰富，防备意识又很强，阎行最终无法战胜韩遂，于是投奔了夏侯渊。

阎行的兵变使韩遂精神上受到沉重打击，他对跟随自己征战多年的心腹成公英（金城人）说，打算撤退到蜀地去依附刘备。成公英说：您兴兵几十年很不容易，暂时失败不等于永远失败，不应该丢弃自己在西凉建立起来的威信，再说跑到外地投奔他人，寄人篱下的滋味不好受。不如暂且先躲入羌氏部落中，重新招聚人马，等待时机东山再起。韩遂从计，率领数千名追随者进入羌中。由于韩遂曾有恩于羌人，所以得到了羌人的保护。建安二十年（公元215年），夏侯渊留下阎行领兵驻守，自己率部返回汉中，韩遂趁机结集羌胡数万兵马击败了阎行。阎行带着家人逃到京城，曹操赐封阎行为列侯。不久，韩遂手下将领麴演、蒋石杀死了韩遂，将首级献给曹操。至此，拥兵自重、割据一方长达数十年的西凉军阀韩遂，与其他大多数军阀的下场一样，被人杀死。（据《资治通鉴》第六六、六七卷，《三国志·蜀书·关张马黄赵传》，裴松之在《马超传》《张既传》注中关于韩遂、阎行的记载，《三国志·魏书·诸夏侯曹传》《三国志·魏书·武帝纪》《三国志·魏书·任苏杜郑仓传》）

六、首次"濡须之战"后，曹操着手建立魏国

曹操西征归来，见曹丕等已将田银、苏伯领导的叛乱镇压下去，便打算率军讨伐孙权。曹操为什么急于讨伐孙权而不是刘备呢？主要有以下五点原因：第一，曹操要报赤壁兵败之仇。第二，孙权的发展势头和曹操的年龄已容不得曹操再拖延下去。孙权战前控制着江东，战后又占据了荆州江北的南郡和江淮流域的部分地区。虽然曹操无论是在地盘上还是在实力上都比孙权要大得多，但孙权刚刚三十岁，风华正茂，事业正盛。曹操已经五十七岁了，按当时人们的平均寿命已属高龄。如果曹操离世之前不能灭掉孙权，他的儿子曹丕更没有办法消灭他，孙权甚至有可能反过来把曹丕灭掉。尽管曹丕与孙权算一个年龄段，但从能力素质上看，孙权已经成为军事家、政治家，而曹丕才刚刚介入军务、政务。所以，灭掉孙吴依然是曹操的首要任务。第三，刘备所占据的益州暂时对曹操还构不成威胁，而且地处遥远的大西南，攻打刘备投入巨大，更主要的是刘备已经五十一岁，本事也比不上孙权，刘备对曹操政权的威胁要比孙权小得多。再说，只要曹操拿下东吴，利用东吴的资源去收拾刘备就容易多了。第四，东吴杰出军事战略家、孙权的高参周瑜已经病逝，东吴的顶梁柱没了，等于塌了半边天，如果此时曹操发起对东吴的攻击，胜算极大。第五，经过几年休养生息，曹操的军事实力已得到恢复。特别是近几年他在老家谯县大量造船和训练水军，已经拥有了一支较为强大的水军力量，只要冲出濡须口，顺江而下，即可直达孙权的新都建业（今南京）。

曹操于建安十七年（公元 212 年）冬作出决定，将亲率大军去讨伐盘踞在建业的孙权。此时，大谋士董昭劝谏曹操说：自古以来，作为大臣，为了国家利益从来没有像您这样拼命的，而有您这样功业的人，也从来没有长期居于臣属地位的。现在，您处在大臣的地位干这件大事，可能会使人对您的动机产生怀疑，请您务必慎重考虑一下。于是，曹操召集将领和列侯一起开会讨论董昭的意见，其目的是要看一看他们每个人的立场。大家认为，丞相曹操应该晋爵为国公，由汉献帝赐给他表明特权的"九锡"，以示对他的德行和功业给予最高规格的表彰。曹操的老谋士荀彧却说：曹公原来是为了拯救朝廷、安定天下而发起义兵，怀有忠贞的诚心，严守退让的实意。君子以德爱人，不宜如此。曹操听了荀彧的"心不能平"，事情因此搁置下来。在曹操率军出发之前，他上表献帝，请求派遣荀彧先行到谯县慰劳军队并借机将荀彧留在军中。而后，曹操又上表汉献帝说："臣闻古之遣将，上设监督之重，下建副二之任，所以尊严国命，谋而鲜过者也。臣今当济江，奉辞伐罪，宜有大使肃将王命。文武并用，自古有之。使持节、侍中守、尚书令，万岁亭侯（荀）彧，国之重臣，德洽华夏，既停军所次，便宜与臣俱进，宣示国命，威怀丑虏。军礼尚速，不及先请，臣辄留彧，依以为重。"书奏，汉献帝从之，遂以荀彧为侍中、光禄大夫，持节，参丞相军事。

曹操率领大军行至濡须，荀彧因病留在寿春（今安徽淮南市寿县），"以忧薨"。《后汉书·郑孔荀列传》和《魏氏春秋》说："太祖馈彧食，发之乃空器也，于是饮药而卒"，时年五十。作为曹操的首席大谋士，荀彧居中持重十几年，被人们尊称为"荀令君"，被曹操称为"吾之子房"。他为曹操统一北方献计献策，做出了重大贡献，并为曹操推荐了郭嘉、戏志才、荀攸、钟繇、杜袭等大批优秀人才，是东汉末年魁奇俊杰之一。荀彧死后，曹操将其谥为敬侯，其子荀恽袭爵。

建安十八年（公元213年）春，曹操首次"濡须之战"除了端掉孙权设在长江西岸的营寨和俘获孙权属将公孙阳之外，几乎无功而返。当年夏天，曹操回到邺城。（据《三国志·魏书·荀彧荀攸贾诩传》《后汉书·郑孔荀列传》《资治通鉴》第六六卷）

（一）汉献帝封曹操为"魏公"，曹魏便着手立国

建安十七年（公元212年）春，献帝下诏，曹操拜见皇帝时，司仪官只称他的官职，不称姓名；准许曹操入朝见皇帝时，不必小步疾走，并可以穿鞋佩剑上殿。这些特许礼仪参照汉初丞相萧何的先例。此时，曹操作为大臣，其权力、威望、荣誉等已经达到了登峰造极的地步。

次年，献帝获悉曹操从濡须回军之后，便派遣郗虑（兖州山阳郡高平人，今山东济宁市微山县人，已由光禄勋升任为御史大夫）拿着皇帝的符节到邺城，册封"曹公"为"魏公"。从此，曹操便开始考虑立国事宜。

汉献帝在赐封曹操的策书中说：朕因无德，从小就遭受忧患和灾难，被人劫持到遥远的长安，后来又漂泊流离。那个时候，祖宗的祠庙无人祭祀，朝廷失去应有的地位，群雄贪婪割裂国土，朕无

法统领和教化百姓，汉高祖开创的基业行将坠地。对此，朕夙兴夜寐，寝食难安，内心痛苦不堪。朕曾祷告说，请求列祖列宗让那些有才能的贤臣来辅佐我。上天终于被我感动，派曹丞相来保护朕和皇室平安，您在艰难困苦之中把朕拯救出来，使朕有了靠山。

接下来，汉献帝在策书中为曹操歌功颂德，他从曹操兴起义兵讨伐董卓说起，一直到击败马超和征服少数民族首领，先后列举了曹操的"十大功劳"，并说：您有平定天下的大功，重视以德教民，在海内播扬好的风俗，慎用刑狱，旁施勤教，吏无苛政，民无狡诈，社会秩序井然。您尊崇和厚待皇家亲族，使那些没有子嗣的王侯也都按照穆亲疏的原则继承官职和爵位，对于那些具有旧德前功之人，也都供给他们俸禄。即使像伊挚、周公那样德行天下的贤人，与您相比也显得逊色多了。他还说：朕以渺小之身，居于广大人民群众之上，经常忧虑执政之艰难，如临深渊，如履薄冰，假如没有您的帮助，朕是不能胜任的。

汉献帝还在策书中列出了赏赐的项目和理由，他说：现在拿出冀州的河东、河内、魏郡、赵国、巨鹿、中山、常山、安平、平原、甘陵等十个郡国都赏赐给您，封您为魏公。但您仍以丞相的身份兼任冀州牧。同时，赏给您白茅草包裹的黑土，您可用于烧龟占卜，修建魏国的宗庙神社；赏给您"九锡"，希望您敬听我的命令；赏给您金辂车、战车各一辆，黑红色的公马八匹，因为您制定了一系列礼制和法律，规范了老百姓行为，使他们安居乐业，莫怀异心；赏给您绣着龙形图案的礼服和礼帽，配上一双红色的鞋子，因为您教育百姓以农为本，勤勉劳作，粮食和丝织品产销两旺，市场繁荣，大业兴盛；赏给您三面悬挂的乐器和舞蹈队六列，每列六人，共三十六人，因为您推崇谦让的美德，使百姓大举兴行，老少有礼，上下和睦；赏给您装有红门的房子，因为您倡导和播扬良好的社会风气，远达四方，使偏远落后地区人们的精神面貌也焕然一新，中原地区的百姓精神生活更加充实，物质生活更加富有；赋予您君纳上殿登阶的权力，因为您注重研究先君的智慧，站位高远，思帝所难，唯才是举，群贤毕至；赏给您三百名勇士，因为您执掌国家大权，庄重严肃，不偏不倚，即使有一丝一毫的恶行，也要加以限制或辞退；赏给您鈇（古代用于斩人的刑具）、钺（青铜或铁制成的，形状像板斧，但比板斧大的兵器）各一把，因为您纠举督正刑罚，揭露和公布罪犯，凡触犯法律的莫不惩处；赏给您红色的弓一张、红色的箭一百支、黑色的弓十张、黑色的箭一千支，因为您具有雄才大略，环顾四面八方，征讨乱臣贼子，捍卫四海平安；赏给您美酒一卣（古代一种盛酒的器具，口小腹大，有盖和提手）、珪瓒（古代的一种玉制酒器，形状如勺，以圭为柄，用于祭祀）一把，因为您以温良恭俭作为根本，以孝顺长辈、友爱兄弟作为美德，睿智守信、厚道坦诚，确实感动了我的心。

汉献帝在策书最后说：魏国可以设置丞相以下的百官，皆如汉初诸侯王之制。望您成为魏公之后，敬服朕命，领导和管理好您的部下，明察政事，贡献出您的智慧、力量和功德，继往开来汉高祖的伟大事业！

魏公曹操受封后，为感谢汉献帝，将自己的三个亲生女儿曹宪、曹节和曹华一同嫁给汉献帝刘协，刘协以束帛、玄纁五万匹

（帝王作聘礼用的黑色和浅红色的布帛。玄、纁皆为华夏文化中的色彩名称）五万匹为订婚的聘礼。因年幼的小女儿尚未成年，暂且留在封国，待长到可以婚配之时再送入宫中。汉献帝将她们"并拜为贵人"。这样，三十二岁的汉献帝刘协就成了五十八岁的魏公曹操的女婿。

这个时期是汉献帝与曹操的关系最为融洽的一段时间，以前虽然汉献帝对曹操的独断专行心怀不满，但他根本无法撼动曹操这棵大树。（据《后汉书·皇后纪第十下》）

（二）曹操正式组建国家机构，任命朝廷重要官员

曹操被封为魏公之后，便开始建造魏国的社稷和宗庙，还在邺城西北部的铜雀台南面（今河北邯郸市临漳县西南三台村）修建了"金虎台"。建安十九年（公元214年）冬，魏公曹操正式组建魏国的国家机构，设置并任命六卿、尚书、侍中等重要官职。过去对高官和将领的任免，虽然都是曹操说了算，但他必须上报汉献帝批准，并以朝廷的名义颁发诏书。现在曹公已成了魏公，魏国国家和地方官员的任免再也不用在汉献帝那里报备了，曹操定了，事就算办完了。

1.任命六卿。曹操立国之初，考虑到公卿的配备规格不能超过天子，所以他只设置了"六卿"，曹丕称帝后才沿袭东汉的旧制设置"九卿"。

首先，曹操任命荀攸为相当于副丞相的尚书令，负责尚书台事务，管理文书，传达命令，掌管官吏选拔任用、监察、断狱等事

宜；任命凉茂为尚书仆射。

荀攸早年被任命为蜀郡太守，因道路不通，便停驻在荆州。许县建都后，经叔父荀彧推荐，曹操征召他做了军师。从此，荀攸一直跟随曹操征战四方。冀州平定后，曹操上表献帝为荀攸请求封爵时说：军师荀攸从开始就辅佐臣下，哪次出军打仗没有不跟随的，我之所以多次战胜敌人，靠的都是荀攸的谋划。于是荀攸被封为陵树亭侯。建安十二年（公元 207 年），曹操论功行赏，为荀攸增加封邑四百户，连同以前的共七百户，并提拔他为中军师，成为丞相府重要僚属，位在前、左、右军师之上，并参议军国大事。可是，荀攸担任尚书令仅半年多，就于建安十九年（公元 214 年）病逝了。荀彧、荀攸叔侄先后去世后，曹操评价他们说：荀彧进献好的建议，不被采纳不肯罢休；荀攸排除错误行为，不达目的不算完成。他还说，人们对荀彧、荀攸两位尚书令的评价，时间越久就越显示出他们观点的中肯，"吾没世不忘"。

凉茂，字伯方，山阳郡昌邑县（今山东菏泽市巨野县）人。他少时好学，讨论问题和发表意见经常引经据典。最初曹操征辟他为司空掾，因考试成绩优等，被补任为侍御史。当时泰山郡农民起义多有发生，社会秩序混乱不堪。曹操任命凉茂为泰山郡太守。凉茂上任后深入摸排，化解矛盾，解决问题，取得了明显治理成效，后又被任命为乐浪郡太守。乐浪郡属于边远郡，郡治所在朝鲜县（今朝鲜平壤市大同江南岸土城洞，也有说是今平壤市）。当凉茂赴任途经辽东时，被自立为辽东侯、平州牧、以辽东王自居的东北地区土皇上公孙度扣留。公孙度本想让凉茂为自己效力，但他始终不肯屈从。公孙度打算趁曹操远征之机直攻邺城，被凉茂劝止。在曹操并不知情的情况下，凉茂为曹操办了一件好事，同时也避免了公孙度军队的伤亡。过了许久，公孙度终于把凉茂放走了。曹操先后任命他为魏郡太守、甘陵相，他在所任职的地方都留下了很好的政绩和名声。曹丕任五官中郎将时，凉茂被选为长史，后来升任左军师。

其次，任命钟繇为主管司法的最高长官大理（廷尉）；王脩为主掌国家仓廪的大司农；袁涣为郎中令，掌管包括宿卫警备、管理郎官、顾问应对、劝谏得失、郊祀掌三献、拜诸侯王宣读策书等事，并代理御史大夫，负责监察百官，代朝廷起草诏命文书等事务；陈群为御史中丞。曹操起初废御史大夫，改御史中丞为官正，复为台主，遂又改称御史中丞，主要外督部州刺史、内领侍御史，受公卿章奏，纠察百官。

钟繇是跟随汉献帝到许都的，历任尚书郎、黄门侍郎，协助汉献帝东归洛阳，被封东武亭侯。曹操主政后，他出任司隶校尉，镇守关中十几年，积累了丰富的经验，功勋卓著。

王脩原为袁谭手下的别驾，南皮之战曹操打败袁谭后，发现王脩家财不多，而书籍不少，于是就把他"捡过来"，任命他为司空掾，后又提拔他为魏郡太守。王脩到任后抑强扶弱，赏罚分明，为百姓所喜爱。

袁涣早年担任郡功曹，因在朝廷考试中成绩优等，升任侍御史，后又被任命为谯县县令，但他并未上任。刘备统治豫州时，举荐袁涣为茂才。后来为躲避战乱，他流离到江淮之间，被袁术所用。不久，吕布在阜陵（位于今安徽马鞍山市和县境内）攻打袁术，袁涣随袁术一起迎战，被吕布生擒，又为吕布所用。建安三年（公元198年），吕布战败被杀后，袁涣转而归附曹操，被曹操任命为沛南都尉，又调任梁相、谏议大夫、丞相军祭酒、郎中令等职。袁涣勤奋敬业，履职尽责，以敢于直言极谏而著称。

陈群出身于名门世家，早年曾被刘备辟为豫州别驾。陶谦病故后，徐州府的官员准备迎接刘备入主徐州，刘备很想去，陈群劝谏他说：目前袁术的力量还很强大，如果您现在入主徐州，肯定会与袁术发生争斗。如果吕布乘机发起袭击，即使您得到了徐州，也不一定能够保住。但刘备没有听从他的劝告，带着人马东进，担任了徐州牧。后来刘备与袁术杀得难解难分，吕布果然乘机袭取了下邳，而后支援袁术，刘备这时才悔恨当初没有听从陈群的劝告。后来陈群又被举荐为茂才，被任命为柘县（今河南商丘市柘城县）县令，但陈群没有到任，而是跟随父亲陈纪一起到徐州避难。建安三年，曹操剿灭了吕布，当时陈群父子都在吕布军中。曹操久闻陈氏父子大名，于是征辟陈群为司空西曹掾属。后来陈群又先后担任过三个县的县令，积累了丰富的基层治理经验。其父去世后，他辞官回乡，奔丧守孝，期满后被任命为司徒掾，举高第，又被任命为治书侍御史，转任丞相府参军。

2. 任命五曹尚书。曹魏之初，尚书分掌各曹，官名只称尚书，不冠以某曹名称。曹操任命崔琰、毛玠、徐奕、常林、何夔五位官员为尚书。

崔琰原为袁绍手下的官员。曹操打败袁氏集团后，兼任了冀州牧，征召崔琰担任冀州别驾。曹操征伐并州时，曾留下崔琰在邺城辅佐副丞相曹丕主持后方军政事务。曹丕却利用父亲远征之机，改换服装和车辆，外出打猎。崔琰劝他说：袁绍家教不严，公子放纵，游玩作乐，极度奢侈，顷刻间那些有才之士纷纷离去，勇武壮士不肯为其效劳。这就决定了袁氏虽然拥有百万户民众，占据四州之地，最后连个立足之地也没有。而今主公亲自领军出战，上上下下，辛苦操劳，您应当端正思想，遵循正道，可您却穿着卑贱的服装四处奔驰，志向只限于猎获野鸡、野兔之类的娱乐，忘了国家社稷才是最重要的，这实在让有识之士痛心啊！希望您烧毁猎具，舍弃休闲服，以满足众人对您的期望，不让老臣获罪于天下。第二天，曹丕向崔琰反馈说：昨天听了您的谆谆教导，我已经烧掉了猎具、丢弃了休闲服。以后再有类似的错误，还望您再次教诲。曹操担任丞相后，崔琰被任命为东曹掾属。

毛玠在曹操初领兖州刺史时，重新征召他为兖州治中从事。毛玠向曹操屡献良策，都受到曹操高度重视，后被任命为幕府功曹。曹操任司空、丞相时，毛玠担任东曹掾，与崔琰一起主持官吏选拔，他所推荐任用的都是清廉正直之士，有些人在当时虽然颇有名气，但因品行不端，都被他们弃之不用。毛玠和崔琰选人用人以俭朴勤政、为民务实为导向，因此，全国士人无不以廉洁的操守而自勉，即使受宠的显贵臣僚，其服饰和器物也不敢超越本分。曹丕为五官中郎将时，亲自去见毛玠，要求他任用自己的亲属。毛玠答复他说，您所推荐的人不符合升迁条件，因此我不敢奉行您的命令。毛玠在选人用人上坚持原则，公道正派，不唯上，不搞迁就照顾的做法，受到世人的广泛好评。曹操西征返回邺城之后，曾与幕僚商议打算撤并一些机构和官职，以减轻老百姓养官的负担。毛玠因敢于向那些以私情求官的人说不，所以一些人想借此机会惩处毛玠。于是，他们一起上表说：依旧制，西曹为上，东曹为次，应该撤销东曹。曹操对他们的目的心知肚明，于是下令说：太阳出于东方，月亮明于西方，凡人们说起方位，无不先说东方，后说西方，为什么要撤掉东曹？于是他果断撤销了西曹，保留了东曹，稳住了毛玠的职务。早年，曹操平定了柳城，在分赏缴获的器物时，特意把素色屏风、浅色凭几等赏赐给毛玠。他对毛玠说：你有古人的风范，所以赐给你古人的用具。毛玠居显要之位，掌握着选人用人的实权，却常常布衣素食，所得的赏赐都用来救济贫苦族人，自己家里并无余财。毛玠后来升任右军师。这次曹操把他提拔为尚书，仍然掌管东曹，负责选人用人工作等。

徐奕是东莞（今山东临沂市沂水县）人，年轻时曾经到江东避难，孙策以礼征聘他为官。干了一段时间后，徐奕便更改自己的名字，穿着平民服装回到原郡。曹操任司空时，他被征召为掾属，曾随从曹操西征马超。曹操率军返回前，考虑到关中刚刚平定，尚未稳定下来，便任命徐奕为丞相长史，镇守西京长安。由于他治理有方，后又被任命为雍州刺史。几年后，曹操又恢复了他东曹掾的职务。不久，徐奕被任命为魏郡太守。曹操征讨孙权时，安排徐奕为留府长史。曹操对徐奕说：您的忠节，连古人莫能超越，而您的不足就是稍微严苛了一点。过去西门豹佩带皮绳，目的是缓解自己的火暴脾气。我希望您也能采取以柔克刚的策略。现在让您统管留守大事，只要您注意整改自己的不足，我就不再有后顾之忧了。徐奕被任命尚书后，曹操仍然让他掌管官吏选拔任用工作，不久升任尚书令。

常林是曹操的老部下，先后担任南和县令、博陵太守、幽州刺史。曹丕担任五官中郎将时，常林被选为五官将功曹。曹操率军西征时，留下曹丕主持后方全面工作。后来，田银、苏伯乘机反叛朝廷，幽州、冀州动荡不安。当时，曹丕想亲自带兵去讨伐他们，经过常林一番劝说，最终放弃了原来的打算。此后，常林先后担任了平原太守、魏郡东部都尉和丞相府东曹。

何夔是陈郡阳夏（今河南开封市杞县）人，早年因避乱去了淮南。袁术占领寿春后征召他为官，何夔不肯应从，而被袁术扣留，所以只好跟从了袁术。后来，袁术和桥蕤一起围攻蕲阳，由于蕲阳防守坚固，久攻不下。袁术欲胁迫何夔去游说蕲阳官员投降，何夔不愿意，便逃往潜山躲避起来。袁术的堂兄、山阳太守袁遗的母亲是何夔的堂姑，因此虽然袁术对何夔不服从自己的命令非常生气，但并没有追捕他。建安三年（公元 198 年），何夔回到了家乡。不久，曹操征召他做司空掾属，何夔应召就任。后来，何夔被任命为城父县令（治所就在今安徽亳州市城父镇），不久又被提拔为长广太守（该郡治所在长广县，今山东莱阳市之东）。由于长广郡依山靠海，黄巾军迟迟未能平定，再加上当地黑恶势力祸害，社会秩序异常混乱，何夔带领郡兵和张辽一同讨伐，一个月内全都平定。此时，曹操制订的新法令下达到各州郡，加大了征收租税和丝绵绢帛的力度。何夔认为，长广郡刚刚稳定下来，不能仓促用新法令来约束，于是上疏曹操，建议暂不执行新法令。曹操采纳了何夔的意见，使该郡治理平稳有序推进。曹操后又征召何夔回京，参与丞相府军务。这期间，海盗郭祖等在乐安郡（治所在高菀县，今山东邹平县之东）一带劫掠作乱，广大官吏民深受侵扰。曹操因何夔曾在长广郡做过太守，治乱很有成效，便任命他为乐安太守。何夔到任后多策并举，综合施治，几个月后郡内各城全被平定。之后，他又被调回朝廷，担任丞相东曹掾。何夔向曹操建议说：我听说，根据德才来制定爵位，那么下面的官吏就会注重道德修养；根据功劳来制定俸禄，那么大家就会争相建功立业。我认为在选人用人上，从现在开始就应该一级一级地往上走，使得长幼有序，不能相互超越。要注重彰显对忠诚正直之人的奖赏，昭示对公正朴实之人的酬报，这样就能够把有德才和无德才的人区别开来了。在朝廷的大臣中，要注重考察他们一同接受授职时所赋予的职责任务，看他们各自承担责任的落实情况，这样上可以观察朝臣们的节操，下可以遏制争官夺位、官场互斗的不良风气，如果这样做，天下就非常有幸了。该建议被曹操采纳，有力推进了吏治建设。

3. 任命四位侍中。侍中为帝王所亲近和信任的智囊，常侍左右，出入宫廷，与闻朝政，顾问应询。魏公任命王粲、杜袭、卫凯、和洽为侍中。

王粲是山阳郡高平（今山东济宁市微山县，一说山东济宁市金乡县）人，东汉末著名的"建安七子"之一，出身于达官世家，祖父王畅在汉灵帝时期官至司空，父亲王谦做过大将军何进的长史。王粲17岁时，经司徒府推荐，被征召为黄门侍郎，但王粲因政局混乱而没有赴任。不久，他就投奔了荆州牧刘表。刘表见他身材矮小、长相不雅、身体孱弱，又有点儿不拘小节，于是并未重用他。刘表死后，王粲受到荆州牧刘琮的器重，但他与其他官员一道，力劝刘琮向曹操投降。刘琮投降后，王粲因劝降之功，被曹操任命为丞相掾，并赐关内侯爵位。这次王粲又被曹操任命为掌顾问应对的侍中，更能发挥他博学多识、对答如流的优势。

杜袭是颍川郡定陵（今河南许昌市襄城县）人，当时颍川的"四大名士"之一。杜袭青年时期曾与同郡老乡繁钦一起到荆州避乱。繁钦多次对荆州牧刘表说杜袭是奇才，但杜袭对繁钦如此炫耀很有意见。他说：我们来投奔刘州牧，只是为了藏身不露、待机而动，你怎么能把他这个庸才当成平定乱世的主公呢？于是杜袭南行到了长沙。建安元年（公元196年），曹操迎接汉献帝到了许县。此时，杜袭也回到了家乡，被曹操任命为南阳郡西鄂县（治所在今河南南阳市卧龙区）县令。以前西鄂常有敌寇袭扰，于是县令就把全县官吏和百姓都集中到县城，以保卫城池，从而导致田园荒芜、百姓穷困、仓储空虚。杜袭到任后让年老体弱的百姓分散到城外去种地，留下青壮年守城，官员和百姓皆大欢喜。不久，荆州方面出兵万人前来攻城，杜袭就把守城的官员和百姓召集在一起，并亲自上阵勠力抗敌，终因寡不敌众被攻陷。杜袭带领受伤的官员和百姓一道突围出城，伤亡惨重，但无一人投降。杜袭把散失的百姓收拢到一处扎下营寨。西鄂的百姓听到消息之后，纷纷赶来慰问，亲如一家。司隶校尉钟繇上表请求任命杜袭为议郎参军，荀彧也出面保举，曹操便任命杜袭为丞相府参与军事工作的祭酒。这次杜袭被任命为侍中，深受曹操信任。

卫觊是河东安邑（今山西运城市夏县）人，曹操的老部下。他少年早成，以才学而著称。起初，曹操征召他为司空掾，并先后授予他茂陵县（治所在今陕西咸阳兴平市）县令、尚书郎之职。后来，卫觊奉命镇守关中。他发现关中是个丰腴富饶之地，前些年兵荒马乱，当地百姓因避乱流亡到荆州的有十万余户。后来百姓听说关中已安定下来，又都纷纷返回家乡。可是他们回来之后没有活干，地方军阀便竞相招录他们为私兵。郡县官府力量薄弱，无法阻止，因此军阀势力逐渐壮大起来。同时，卫觊还发现，自战乱以来，朝廷和各级官府未对食盐进行管理，购销渠道混乱，不法商人大发其财。针对这两个问题，卫觊向曹操的大谋士荀彧写信建议说，应该像从前那样由国家派遣官员监管食盐专卖，用赚到的钱购买粮食，供给逃荒避乱归来的百姓，并鼓励他们发展生产，积存粮食，尽快使关中百姓富裕起来。那些逃往外地的百姓听说此事后，也都会争先恐后地赶回家乡。在此基础上，朝廷可派遣司隶校尉为主将，加强对关中地区的领导和管理，那么就可以逐渐削弱地方军阀的武装势力，使官府的力量强盛起来，老百姓的生活也会逐渐富裕，这可是强我弱敌的好事！荀彧把卫觊的建议报告给曹操看，曹操采纳了他的意见，开始派谒者仆射为监督盐官，派司隶校尉管治弘农。等到关中各地照此执行以后，曹操就把卫觊召回来，提拔他为尚书。魏国建立后，卫觊被任命为侍中，和王粲等一起主持各项典章制度的制定工作。

和洽原为荆州牧刘表的老下属，汝南郡西平（今河南漯河市舞阳县）人。袁绍控制冀州时，曾派使者前去迎接汝南的士大夫，那些士大夫都欣然前往，惟独和洽与亲朋故友一同南下归附了刘表。曹操收降荆州后，征聘和洽为丞相掾。

从曹操所任命的朝廷十五位重要大臣的总体情况看，其理论水平都很高，实践经验也很丰富，都是非常优秀的人才，有的还是全国著名的杰出人才。曹操对人才的重视程度非常高，他认为统治国家失去了贤才就会灭亡。所以，他在发布"求贤令"广揽人才的同时，在每次战争中，只要是战败对手，他就从对手那边拾掇人才。打败袁氏集团，曹操弄回来了王脩、崔琰等人；消灭了吕布集团，弄回来了袁涣、陈群等；收降了荆州牧刘琮，跟过来了和洽等。另外，徐奕曾经跟过东吴集团，何夔曾经在袁术手下干过，王粲、杜袭曾经效力过荆州牧刘表。在这十五位大臣中，先后从败亡的敌方阵营中弄过来五位；有其他阵营经历的四位。从绝对数量看不大，但要知道这是国家最高层次的领导团队，占比上已经达到了 60%；而自始至终在曹操阵营成长起来的，包括汉献帝带过来的仅有六位，只占总数的 40%。至于其他层级的占比，由于年代久远和史料所限，根本无法统计。（据《资治通鉴》第六六卷，《三国志·魏书·王卫二刘傅传》《三国志·魏书·和常杨杜赵裴传》）

（三）献帝屡次提升曹操的政治地位

曹操被封为魏公之后，有一个很现实的问题，那就是自己的政治地位在诸侯王之下。东汉末期的诸侯王一般都是皇帝的兄弟或子侄们，他们当王完全靠血统，本人没有任何付出却能得到一块土地，曹操却是靠身经百战、浴血奋斗打下来的江山。诸侯王所占有的地盘，包括汉献帝四个儿子的封国地盘，都是曹操打下来的，甚至连汉献帝名义上所统治的土地也是靠着曹操所猎获。因此，让曹操的政治地位在那些不劳而获的诸侯王之下，他心里是不平衡的。而曹操的这种不平衡，不用曹操出面与汉献帝交涉，自然会有人向汉献帝渗透。

自从汉献帝被曹操迎接到许县以来，他仅仅是"守位而已"，身边的宿卫兵侍全都是曹操的党旧姻戚。议郎赵彦曾为汉献帝陈言时策，曹操于建安二年（公元 197 年）将其"恶而杀之"。其余内外凡是不与曹操一条心的人，大都遭到杀戮。

在曹操被封魏公十个月后的建安十九年（公元 214 年）春，汉献帝又颁发诏书，确认魏公曹操的政治地位在诸侯王之上，并按照东汉诸王之制，改授金制印玺、帝王和诸侯专用的红色绶带，以及诸侯专用的"远游冠"。第二年，汉献帝又下达命令说，魏公出行时的礼仪设置，与皇帝一模一样，必须安排先驱骑兵，宫殿中要摆设钟磬大架。

建安二十一年（公元 216 年），汉献帝进封魏公曹操为魏王。同年，魏王曹操不再担任丞相，由钟繇接任。第二年，献帝又专门颁布诏书，魏王曹操可以用皇帝的专用旗帜，出入同帝王一样称警跸。过了半年，献帝又颁布诏书，增加魏王曹操的特权，其所戴的王冠前后的玉串可有十二条旒，可乘六匹马驾驶的只有皇帝才能乘坐的金根车，同时还可设五时副车。曹操除了没有皇帝这个虚名，实的东西完全达到了皇帝的规格和标准。他的儿子曹丕也于建安二十二年（公元 217 年）被正式确立为魏国的太子。

曹植之所以无缘太子，主要原因还是对自己要求不严。太中大夫贾诩给曹丕所出的主意看似稀松平常，实则是大智慧、大谋略。曹植与曹丕相比，曹植的"短板"越来越短。一次，曹植与丞相主簿杨修竟然"开司马门出"，在只有皇帝举行重大典礼活动时才能行走的禁道上"饮醉共载"，纵情行驶。曹操获知后大怒，处死了管理朝廷车马的公车令。

杨修作为一个小人物，在政治敏感性极强的立嗣问题上掺和得太深，聪明过头了，企图让曹操满意，让未来接班人满意，从而使自己获得长盛不衰的政治利益。所以，他选边站队，利用工作之便，弄虚作假，玩弄权术，力挺曹植，不仅为曹植说好话，还针对曹操的意图，事先为曹植设计了十几道应答辞，告诉曹植手下的人，当魏王训诲下达时，根据他的提问，作出相应的回答。因此，曹操的训诲刚刚送达，曹植的答辞就已经送上去了。曹操对如此神速的回答感到奇怪，经过追问，真相才暴露出来。

杨修在曹植失宠后，有意疏远曹植，而曹操与曹植的父子关系不会因为不让曹植接班而淡化，更不会决裂，因为血浓于水。当曹操知道了杨修一系列阴谋活动和他对曹植态度发生改变之后，非常生气，以"前后漏泄言教，交关诸侯"等罪名下令将杨修处死，他才四十五岁。（据《资治通鉴》第六七、六八卷，《三国志·魏书·武帝纪》《后汉书·本纪·孝献帝纪》《三国志·魏书·任城陈萧王传》）

七、曹操二次西伐，收复张鲁所统治的汉中

建安二十年（公元 215 年）春，当时还是魏公的曹操再次亲率大军西征，主要讨伐目标依然是汉中的张鲁。他们到达扶风郡陈仓县之后，准备从治所在下辨县（今甘肃陇南市成县）的武都进入氐人领地。

氐人是我国古代的少数民族之一，分布在今陕西、甘肃、四川等边远地区。西汉初，氐人各部均有自己的首领，汉武帝于元鼎六年（公元前 111 年）灭氐王，置武都郡（治所在今甘肃陇南市西和县），开始在氐人居住区设置郡县。元封三年（公元前 108 年），部分氐人徙居酒泉等地，与汉人杂居，他们以农业为主，兼事畜牧业。甘肃陇南是氐人聚居地和活动区域之一。当时，由于群雄割据，氐人多股势力逐渐兴起，其中氐王窦茂具有一定军事实力，拥有氐众万人余，聚居在武都郡河池县（治所在今甘肃陇南市徽县）一带。窦茂发现曹操大军踏进氐人之地后，便率领部众"塞道"，"恃险不服"。于是，曹操命令张郃、朱灵等人将其击败。大军越过散关，拿下了武都郡河池县城，抵达阳平（今陕西汉中市勉县）。张鲁听说曹操大军来伐，就想向曹操投降。可是，他的弟弟张卫不听从张鲁的意见，与将军杨昂等人据守阳平。他们在山上修筑了长达十多里的城墙，作为抵御和防守工事。

起初，曹操听凉州从事和那些从武都方面投降过来的人说，阳平城外南北两山距离很远，不易防守，击破张鲁非常容易，便信以为真，待他仔细观察之后发现不像归降者说的那样简单。曹操便率

军攻打张鲁的弟弟张卫，张卫被打败后率军逃跑。此时，曹操的军粮也快用尽了，他心情非常沮丧，想让军队切断山路以后撤走，便让夏侯惇和许褚上山去喊回业已登山的士兵。恰巧，那些爬上山的士兵在夜间迷了路，误入了张卫的军营，这下把张卫的士兵吓傻了，他们惊慌失策，四处逃散。侍中辛毗、主簿刘晔等人发现曹操迷路的士兵把张卫军营的士兵吓炸逃散之后，就赶紧向夏侯惇、许褚报告说：我军已经占领了敌人的主要据点，他们已经溃散。夏侯惇、许褚觉得不可思议，于是亲临现场进行观察，发现张卫的士兵确实逃跑了，曹军那些迷路的士兵占领了张卫的军营，于是，立即回去向曹操作了汇报，曹操命令他们继续攻打张卫，而张卫早就趁着夜色逃得无影无踪。

张鲁听说阳平已经被曹操攻陷的消息后，便再次产生了投降曹操的想法。经张鲁手下功曹兼谋士阎圃的再三劝谏，张鲁率领部众逃奔南山进入巴中。曹操进军汉中郡治所南郑（今陕西汉中市），尽得张鲁留下的珍宝和粮食等，汉中被曹军占领。后来，张鲁带领全家及依附于他的几个小军阀都投降了曹操。关中军阀马超遭受杨阜、姜叙的沉重打击，又屡屡受挫之后投靠了刘备；韩遂已被其手下将领麹演、蒋石密谋杀害，军队也被夏侯渊收编；这次张鲁及依附于他的几个小军阀投降曹操。至此，除了刘备占据的益州之外，西部地区的军阀全部被平定。

当时，刘备刚刚占据益州，孙权派使者向刘备索要以前借给他的荆州南郡，刘备推三阻四不肯归还。孙权一怒之下派遣吕蒙率军夺取了刘备荆州地盘上的长沙、零陵、桂阳三郡。刘备获悉后，从益州带回五万兵马开赴荆州的公安县（属南郡，治所在油口，今湖北荆州市公安县），并让关羽进入益阳，欲与孙权决战。因此，刘备守卫成都的力量非常有限。当时曹操正在汉中，随军而来的丞相主簿司马懿向曹操建议说：刘备自己没有什么实力，他用诡计俘获了益州牧刘璋，占领了益州，蜀地之人还未真心归附，他又率领大军跑回荆州，与孙权争夺江陵（今湖北荆州市），这正是破刘的大好时机。今若在汉中陈兵示威，整个益州就会震动不安，再进兵威逼，蜀兵势必瓦解。趁这个机会夺取益州，一定能大功告成。圣人不能违时，也不能失时。曹操的另一位主簿刘晔也力劝曹操进攻刘备新夺占的蜀地，认为大军攻占汉中后令蜀人震惊，只要进攻，他们定会望风归附；否则让诸葛亮、关羽、张飞等人稳定下来，据守险要，那日后就难以征服了。可是，曹操却说：人都是苦于不知足，我们已经得到了陇地，还想占领蜀地吗？曹操对司马懿和刘晔好的建议拒绝采纳，失去了一次夺取益州的天赐良机。

司马懿，字仲达，河内郡温县人。祖父司马俊官至颍川太守，父亲司马防官至京兆尹。司马懿是司马防的次子。他少年时期即有奇节，"常慨然有忧天下心"，潜心研究儒家学说，博学而多闻，聪明而有谋略。时任尚书崔琰认为，司马懿聪明而公正，刚毅而英俊，超出常人。建安六年（公元 201 年），22 岁的司马懿就被选拔为负责向朝廷奏报事项的上计掾。时任司空曹操听说司马懿的名声，便派人召他到司空府任职。司马懿知道汉朝国运已经衰微，朝政大权已被曹操所垄断，不愿为其效力，谎称自己患有"风痹症"，起居不便而不应从。曹操怀疑有诈，便派人夜间窥探。司马懿料到曹操会来这一手，便躺在床上一动不动，像真的患了风瘫症一样。建安十三年（公元208年），曹操成为丞相后任命司马懿为主管学校和礼义教育的文学掾，派遣使者催促他到任。曹操向使者交代说：如果司马懿还像过去一样躺在床上装病而不肯就职，你就把他抓起来。司马懿听说之后只好乖乖上任。曹操安排他与曹丕一起相处以切磋学问，后迁为黄门侍郎，又转为议郎、丞相东曹属，不久转为主簿。魏国建立后，司马懿升迁为太子中庶子，每次参与议定大事，总有奇策异谋，为太子所信赖重用，与陈群、吴质、朱铄号称"四友"。

不久，司马懿转任军司马，他向曹操建议说：昔日箕子陈述治国之谋，把食放在首位。当今天下百姓不参加耕种的有二十余万，这不是治国的长远谋略啊！虽然战事未停，但应该一边耕种一边守备。曹操采纳了他的建议，于是大抓务农积谷，由是国家费用丰足。后来，他又向曹操建议说：荆州刺史胡脩粗暴，南乡太守傅方骄奢，这两个人都不适宜驻守边防。但是曹操没有考察处理此事。建安二十四年（公元219年）七月，汉水流域因连降暴雨，发生了"汉水溢流，害民人"的严重洪涝灾害。关羽趁机乘船进攻，擒于禁、斩庞德。荆州刺史胡修、南乡太守傅方果然向关羽投降。司马懿可谓料事如神，见机独早。

七天之后，蜀地来降的人说，最近几天，由于成都城内军民害怕曹操大军来袭，一天之内"数十惊"，守将虽然派兵压制，甚至以杀人进行镇压，但仍然不能安定下来。曹操询问刘晔：现在我们还能进攻吗？刘晔回答说：现在刘备已率军回来，蜀地已初步安定，防守已经完备，不能再进攻了。于是，曹操下令撤军，并安排夏侯渊作为护都将军，率领张郃、徐晃等人守卫汉中，任命丞相史杜袭为驸马都尉，留下掌管汉中事务。

八、曹操晚年五战两败，历经三次内叛

在曹操二次西伐期间及其以后，外部的战事和内部的叛乱一直没有间断。其中，外部较大规模的战争进行了五次。

1. "逍遥津之战"。建安二十年（公元 215 年），孙权趁曹操率领大军讨伐汉中张鲁、无暇南顾之机，亲率十万大军第二次围攻合肥。曹魏名将张辽率领七千人抗击吴军，将吴军"江表之虎臣"陈武杀死，吴军失败。战役后期，张辽率领追兵，以分兵毁桥之术大破孙权、甘宁、凌统等人，差点儿将孙权活捉。"逍遥津之战"曹军以少胜多，成功化解了合肥之围，张辽威震江东。

2. 第二次"濡须之战"。建安二十一年（公元 216 年）冬，曹操兴师伐吴，从居巢（治所在今安徽合肥市代管巢湖市）出兵攻打濡须口。在曹军猛攻之下，防守濡须的孙权被迫率军退走，并遣使请降，曹操取胜。曹操顾虑后方生事，再加上刘备正在攻夺汉中，曹操尚不具备大规模渡江作战的条件，于是顺坡下驴，退军居巢。

3. "代郡之战"。东汉时，代郡治所在高柳县（今山西阳高县西南）。建安二十三年（公元 218 年），居住在代郡的乌桓族一个分支首领无臣氏起兵造反。乌桓人在代郡起兵反叛与魏王曹操把该郡太守裴潜召回有直接关系。

裴潜，字文行，河东闻喜县（今山西运城市闻喜县）人。他

早年曾在荆州躲避战乱，荆州牧刘表以上宾之礼对待他。裴潜私下与好友王粲、司马芝说：刘表没有称王称霸的本事，却又想以周文王自居，估计用不了多久他就会失败。于是他南行去了长沙。曹操收降荆州牧刘琮之后，任命裴潜为丞相府参军，后来又安排他先后担任过三个县的县令。调回京师之后，裴潜被任命为丞相府仓曹属官，主要负责仓谷之事。曹操曾问裴潜：你以前和刘备都在荆州，你认为刘备的才能和谋略如何？裴潜说：如果让他在中原，他只能给别人添乱，而不会治理好。如果让他把守一方险要，他足可成为一方霸主。后来因代郡大乱，曹操任命裴潜为代郡太守。当时，乌桓王及下面的三个部落首领各自号称单于，干扰和控制代郡的政务，历任太守都不敢清理整治，始终没有把该郡治理好。在裴潜赴任前，曹操打算让他带领一支精锐部队前去镇压，而裴潜却说：代郡作为一个边远大郡，土地广阔，兵马众多。乌桓单于在那里横行多年，他们知道我去心里也不踏实。如果我带兵马多了，他们肯定会因恐惧而率军在边界抵抗；如果我带兵马少了，又发挥不了震慑作用。所以，我认为应该用计谋去战胜他们，而不能用武力来胁迫。于是裴潜只身乘车前往代郡赴任，乌桓单于见此又惊又喜。裴潜用平和的心态进行安抚，单于及其以下官员恭敬地下拜致礼，并且全部归还了以前几次掠夺的妇女和财物。裴潜查明了在代郡官府内部的"保护伞"郝温等十余人，并将他们全部诛杀，由此，北方边境地区大为震动，老百姓也诚心归附。裴潜在代郡做了三年太守，曹操将他召回，任命他为丞相府负责司法工作的理曹掾。在任职谈话时，曹操对裴潜治理代郡的成效给予了充分肯定，裴潜说：我治理代郡时，对待老百姓很宽容，但对待胡人却很严厉，今后谁接我的班，肯定会认为我的施政措施过严，所以他必然要采取宽厚的治理方式。然而，那些胡人向来骄横，过度宽厚必然会造成放纵，如果放纵之后再按照法律加以限制，极有可能适得其反，从而造成他们反叛。所以，我预料代郡的乌桓人还要反叛。听了裴潜一番话，曹操认为，把裴潜召回来太早了，应该让他多留任一段时间，对治理和稳定代郡更有好处。可是，官吏任免是一件很严肃的工作，已经决定的事情不能变来变去。所以，尽管曹操十分后悔，但并没有变卦。几十天之后，果然传来了三个单于都起兵造反的消息。于是曹操任命自己的儿子、鄢陵侯曹彰为代理骁骑将军，率领军队前去讨伐。

曹彰，字子文，系曹操与卞夫人所生第二子，太子曹丕之弟、陈王曹植之兄。曹彰自幼就喜欢骑马射箭，臂力过人，能徒手与猛兽搏斗，是个天不怕地不怕的主儿。他曾经多次从军征伐，具有拔山举鼎的气势。曹操见状便督促曹彰去学习《诗经》《尚书》等。曹彰对这些东西并不感兴趣，对身边的人说：大丈夫都应该像卫青、霍去病那样，带领十万兵马驰骋疆场，驱除戎狄，建立大功，获得封爵，哪能一天天坐在那里读书呢？曹操曾经问他的儿子们愿意做什么，让他们各言其志。曹彰说：我愿意当将军。曹操问：你当将军要干什么？曹彰回答说：披坚甲，握利器，面临危难不顾自己，身先士卒，有功必赏，有罪必罚。曹操听罢大笑。

代郡发生乌桓人武装叛乱事件后，曹操任命曹彰为北中郎将，行骁骑将军之事，以田豫为相，领兵讨伐。在出征之前，曹操告诫曹彰说：居家时，我与你是父子关系，你接受了命令我们就是君臣关系了。今后凡事都要按照王法来做，你千万要提高警惕！曹彰起军北征，一鼓作气开进到涿郡（今河北保定市代管涿州市）。在这里，曹军突然遇见数千骑乌桓军队。当时曹彰兵马未集，手头只有步兵千人左右，马也只有数百匹，军队乱成一团，不知如何应对。在这种情况下，曹彰采纳田豫的计策，根据地形，用战车围绕成圆形战阵，弓弩手拉满弓弦守在里面。胡人攻不进来，便溃散而去。曹彰见状，出营追击，亲身搏战。他举箭射向胡骑，应声而倒者相继不绝。战过半日，曹彰铠甲被击中数箭，但他仍然精神抖擞，乘胜追击，一直追到代郡桑干县（今河北张家口市蔚县）。军中长史和诸将都认为军队刚涉远地，兵马疲顿，而且此行又受到军事上的节度限制（曹操担心儿子曹彰盲目轻敌，与其约法三章，命令他们不得过代郡、不得深入敌阵、不得违令轻敌），所以，他们都建议曹彰适可而止，见好就收。曹彰却说：带兵出征，只要是有利于我军的事就要去做，不能受所谓"调度节制"所限！眼下敌人还没跑远，追上去就能消灭他们。曹彰号令出阵上马，经过一天一夜的急行军，追上了敌人，并与敌军展开大战，结果大获全胜，连杀带俘数千人。曹军获胜后，曹彰以超过常例几倍的物质犒赏将士，全军上下欣喜若狂。当时鲜卑族的首领轲比能率领几万人马观望双方交战，当他们看到曹彰奋力冲杀、所向披靡之后，便请求臣服，曹彰受降并收编了他们的军队。这样，曹彰一战便平定了代郡及其周边地区。当时，曹操正在长安，他征召曹彰赶赴自己的行营。曹彰从代郡出发前往，在经过邺城时，太子曹丕告诫曹彰说：你刚立了功，现在去西边面见主公，注意不要骄傲自夸，回答问题要表现得谦虚。曹彰点头称是，随即开赴长安。曹彰按照太子的嘱咐，把功劳都归于众将。曹操非常高兴，他捋着曹彰一脸黄胡子说：黄须儿居然大不简单啊！曹操回京都后，任命曹彰行使越骑将军职权，留驻长安。（据《三国志·魏书·和常杨杜赵裴传》，《资治通鉴》第六八卷）

4. "汉中之战"。此战是刘备与曹操争夺汉中之地的战争。从建安二十二年（公元 217 年）开始，至二十五年夏结束，战争持续了两年之久。曹军主将夏侯渊和益州刺史赵颙等阵亡，将领王平投降了刘备。王平是巴西宕渠（今四川达州市渠县）人。建安二十一年，巴西郡七姓夷王朴胡、賨人首领杜濩率领賨民依附曹操，王平随朴胡、杜濩等被迁往洛阳，曹操任命他为代理校尉。王平作为巴西人，一心想回归家乡。建安二十五年（公元 220 年），曹军在定军山被刘备打败之后，曹操亲率大军欲重新夺回汉中。王平随曹操大军前往，在曹军与蜀汉大军对峙期间，王平寻机投降了刘备，被刘备任命为牙门将、裨将军。蜀汉的吴兰、雷铜、任夔等将领阵亡。"汉中之战"以曹军的失败和退出汉中而告终。刘备战果辉煌，曹操损失惨重。

5. "樊城之战"。建安二十四年夏，也就是曹操去世的前一年，刘备的大将关羽率领留驻江陵的蜀汉军队向曹操的据点荆州樊城（今湖北襄樊市）、襄阳发起攻击。防守樊城的征南将军曹仁向曹操请求支援。曹操派遣左将军于禁督领七军共三万多人开赴樊城增援曹仁。曹仁命令于禁、庞德率军屯驻在樊城北部的低洼处迎战关羽。由于秋雨连绵，汉水暴涨，曹军将士都成了落汤鸡。关羽以大船运载水军攻击他们，终将于禁、庞德打得全军覆没。庞德宁死不屈，被关羽斩杀，于禁举军投降。"襄樊之战"是曹操赤壁兵败之后的又一次较大折损。

于禁，字文则，泰山郡钜平（今山东泰安市宁阳县）人。黄巾军起义爆发后，济北国相鲍信召集徒众，于禁应召参加了他的队伍。曹操管辖兖州时，于禁归顺了曹操，在将军王朗手下效力。王朗对于禁的才能感到惊奇，于是就把他推介给曹操。曹操召见了于禁，同他谈话后，任命他为军中司马。初平四年（公元193年），曹操派于禁带兵到徐州，攻打广戚县（今江苏徐州市沛县东），于禁一举攻拔了该县城，被任命为陷陈（阵）都尉。后来，于禁随同曹操到濮阳讨伐吕布，攻破了吕布两座营寨，又率兵在须昌（今山东泰安市东平县州城镇西北十五里）打败了吕布部将高雅。不久，于禁随从曹操攻打寿张、定陶、离狐，在雍丘包围张超，攻占了四座城池，为曹操夺回兖州作出了很大贡献。后来，于禁又随曹操讨伐黄巾军刘辟、黄邵等部，杀死了黄邵等，迫使敌人全部投降。于禁因功升任为平虏校尉。此后，于禁再度跟随曹操在苦县包围袁术的部将桥蕤，斩了桥蕤等四名敌将，又随曹操到宛城，逼迫张绣投降。不久，张绣再次反叛，曹操战斗失利，败退回舞阴。当时部队溃乱，于禁带领几百名亲兵且战且退，回到军营，被封为益寿亭侯。于禁又随曹操先后在穰县攻打张绣，在下邳活捉吕布，在射犬攻打眭固，在延津、杜氏津等地抗御袁绍，取得了一个又一个的胜利，被任命为裨将军。在官渡之战中，于禁因功升任为偏将军。冀州平定后，昌豨再次反叛，曹操派于禁征剿，于禁急行军攻击昌豨，将他斩首。东海平定以后，于禁被封为虎威将军。后来，于禁与张辽、张郃、乐进等征讨梅成、陈兰等，杀死了梅成、陈兰，于禁因功增加食邑二百户，连同以前的共一千二百户。当时，于禁同张辽、张郃、乐进、徐晃都成为名将，曹操每次出征，都轮替着让他们担任先锋或殿后，而于禁带兵严肃齐整，缴获的财物自己一毫不取，因此赏赐特重，但他以法约束部下非常严厉，所以不大得人心。后来于禁升任左将军，持节钺，又为他增加食邑五百户，并封他的一个儿子为列侯。建安二十四年（219 年），曹操在长安，"使曹仁讨关羽于樊，又遣（于）禁助（曹）仁"。

庞德作为先跟随马超、后依附于张鲁的小军阀，自从他随张鲁降操、被任命为立义将军以来，一直在曹军中为将。建安二十三年（218 年）十月，侯音、卫开等在宛城反叛，庞德奉命领军与曹仁一起攻拔了宛城，斩杀了叛将侯音、卫开。随后，于禁奉命率军南下，驻扎在樊城，以讨关羽。樊城诸将以为庞德之兄庞柔在汉中，对庞德颇有猜疑。庞德常说：我身受国恩，义在效死。我欲亲身自击关羽。今年我不杀他，他亦必杀我。后来庞德曾与关羽交战，引箭射中关羽前额。当时庞德常骑白马，关羽军皆谓之白马将军，对他颇为忌惮。在樊城之战中，关羽乘船攻之，庞德披甲持弓，向敌军射箭，箭无虚发，后来由于"矢尽"，庞德"乘小船欲还仁营"，为关羽所擒，他"立而不跪"，誓死不降。当曹操获知于禁兵败投降，而庞德宁死不屈的消息后，哀叹良久，他说：我和于禁相识三十年，在危难时刻，于禁反而不如归降我不久的庞德，真是没想到啊!

自从曹操迎接汉献帝到许都以来,曹操采取循序渐进的策略,使朝政大权逐步集中到自己手里。曹操废止了"三公"制,恢复丞相制,由自己担任丞相,又先后被封为魏公、魏王,一步一步地朝称帝目标前进,终于成为不是皇帝的皇帝。这就使得那些忠于汉室的保皇派们深切感受到严重的政治危机——汉朝到了最危险的时候。于是,他们铤而走险挽救危局,要与曹操进行殊死搏斗,并先后发生了三次内部叛乱。

1. 许都之乱。赤壁之战后,经过几年的休养生息,曹操的经济和军事实力迅速恢复和壮大,政治地位也更加牢固,这就引起了保皇派的极度恐慌。同时,刘备作为皇族血亲,其实力也正处在大发展时期。刘备在占据荆州部分地盘的基础上,又顺利拿下了益州。留守荆州的关羽势力强盛,严重威胁着曹操的南部边界和荆州的据点的安全。刘备的不断做大做强,使许都的保皇派们深受鼓舞,备感振奋。当时,曹操居住在邺城,汉献帝仍在许都。曹操留下丞相府长史王必领兵督御林军,镇守许都。

王必是曹操的铁杆心腹,早在曹操起兵之初就追随曹操。曹操控制兖州时,欲打通与朝廷的联系,派遣王必出使长安,途中经过河内郡。河内太守张杨不让他过境,经时任骑都尉董昭劝说,张杨才改变了态度,王必得以成行。从此,兖州至长安的道路被打通。王必到达长安后,李傕、郭汜等欲把王必扣留起来,在时任黄门侍郎钟繇劝说下,李傕、郭汜转变态度,接受了曹操的好意。建安三年(公元 198 年),在下邳之战中,曹操打败了吕布,吕布出城降曹。曹操原本打算受降，经王必的劝谏，终将吕布处死。经屡次升迁，王必官至丞相长史。建安二十二年，魏王曹操移居邺城后，留下丞相长史王必"典兵督许都事"。

保皇派的挑头人物是金祎，他是汉昭帝刘弗陵四大辅臣之一、汉相金日碑的后裔，刘表所任命的武陵太守金旋之子。保皇派骨干主要有：少府耿纪，"九卿"之一，职掌帝室财政，供宫廷日常生活、祭祀、赏赐开支；丞相司直韦晃，辅佐丞相纠举不法；少府属官、掌宫廷医药的太医令吉本及其两个儿子吉邈和吉穆。金祎见汉朝政权已被曹操取而代之，非常气愤，于是就与保皇派的骨干们一起密谋，打算南联关羽作为外援，杀掉王必，劫走汉献帝，以打击和削弱曹操的政治砝码。

建安二十三年（公元218年）春，吉本的儿子吉邈率领党羽一千余人，在夜间攻击王必的营寨，放火烧毁其营寨大门，在攻击中一箭射中了王必的肩膀。王必不知攻者何人，因平时与金祎关系不错，于是便逃到金祎家里。金祎的家人并不认识王必，以为是吉穆的同伙，于是便问王必：长史王必死了没有？王必这才知道金祎和吉穆兄弟也都参与了叛乱。于是，王必就在帐下督的搀扶下赶紧逃到许都南城。第二天，吉邈及其党羽都溃散而去。王必与颍川典农中郎将严匡（掌管农业生产、民政和田租，职权皆如太守）共同讨伐，将吉邈等人斩杀。过了十多天，王必因伤势严重而死。曹操获悉王必死了，要求留在许都的文武百官都去邺城。曹操命令当夜参与救火的人站在左边，没有救火的人站在右边。汉献帝的大臣们都以为参与救火肯定无罪，所以都站在了左边，结果曹操以"不救

火者非助乱，救火乃实贼"为由，将站在左边的大臣全部诛杀。（据《资治通鉴》第六八卷，《三国志·魏书·武帝纪》）

2. 魏讽谋反。建安二十四年（公元 219 年）秋，就在关羽发动樊襄战役、水淹七军、威震华夏之时，魏讽（沛人，今江苏徐州市沛县人；一说济阴人，今山东菏泽市定陶区人。有惑众才，倾动邺都，锺繇由是辟焉）暗自结党营私，与掌长乐卫尉陈祎（出生地、生卒年不详）密谋袭取邺城。但尚未到达发动日期，陈祎心中害怕，当时魏王曹操西征张鲁未归，他便向当时主持工作的副丞相、太子曹丕告密，曹丕下令杀死了魏讽。因魏讽具有"惑众才"，忽悠了很多人，因此不少人受此案牵连而被处死、降免。

被免官降职的至少有两人：一人是当初起用魏讽为西曹掾的丞相锺繇，但曹丕上台后又把他用了起来；另一人是负责京师安全的中尉杨俊（河内郡修武县人）。杨俊在案发后自己弹劾自己失职，获得免罪，但杨俊这个人对自己要求很严，他又给太子曹丕写信要求辞职，曹丕很生气，于是将他贬降到平原郡（治所位于今山东德州市平原县）做太守。

被处死的名将、名臣和名士兄弟或子弟至少有五人：刚去世不久的破羌将军、宣威侯张绣的儿子张泉；已病逝两年的"建安七子"之冠、侍中王粲的两个儿子；宋忠的儿子；名士刘廙的弟弟刘伟。

被从宽处理的至少有两人：名将文稷之子文钦（谯郡谯县人，以勇敢果断而闻名），因受到牵连被下狱治罪，按律应当被处死，但曹操念及他是名将之子，所以将其赦免。汉末魏初名士、黄门侍郎刘廙（南阳安众人，今河南南阳市镇平县人。初为曹操丞相掾属，后为黄门侍郎、侍中等。有才学，颇受曹操器重）受弟弟刘伟的牵连，按律应该一起被处斩，但曹操下令说刘廙不应因其弟犯罪而受牵连，只是处斩了刘伟，赦免了刘廙，而且还任命刘廙为丞相仓曹属，掌管仓库粮食等事。刘廙上疏致谢说：臣所犯之罪理应祸灭宗族，幸遇天地之英灵，值时来之运，承蒙殿下使我全家幸免于祸，又将我升职，正如寒灰之上复燃烟火，已枯之木得以重生。万物不知如何才能感谢生养它的天地，儿子不知如何才能报答生养自己的父母。臣可以效死，但难用笔陈。（据《资治通鉴》第六八卷，《三国志·魏书·和常杜赵裴传》《三国志·魏书·二公孙陶四张传》《三国志·魏书·王卫二刘傅传》《魏略》）

3. 宛城叛乱。建安二十三年（公元 218 年）冬，宛城守将侯音、卫开发动南阳郡不堪徭役之苦的广大吏民聚集闹事，打算南联荆州守将关羽，里应外合，将宛城和南阳郡纳入刘备的统治之下。为实现这一目的，他们乱箭射死了忠于曹操的郡功曹应余，逮捕了郡太守东里衮。后经南阳功曹宗子卿劝说，侯音释放了东里衮。东里衮出狱后收编民兵围困侯音。负责镇守荆州曹魏据点的曹仁等率领诸军围攻，终将侯音等人斩首，叛乱被镇压下去。

外战不胜和内叛不止使曹操黯然神伤，头风病日趋严重。以上五次战役，曹操胜了三次，败了两次，但三次胜利的喜悦也缓解不了"水淹七军"和汉中失守对他的精神打击，再加上接二连三的内部叛乱，曹操精神沮丧，"头风病"的老毛病频频复发，非常痛苦。

晚年的曹操已清楚地意识到，三国鼎立之势他已无法改变，在他有生之年也完成不了统一全国的大业。虽然他也想得到皇帝的名号，但条件尚不成熟，他只能不务空名，敦本务实，当一个没有皇帝标签的皇帝。对此，史学家司马光评论说：以曹操的粗暴强横，加上他对国家建立的大功，其蓄谋为帝之心久矣，但直到他去世都"不敢废汉而自立"。难道他没有当皇帝的欲望吗？当然有，只是"畏名义而自抑也"。（据《资治通鉴》第六六、六八卷，《三国志·魏书·桓二陈徐卫卢传》）

九、曹操病逝，曹丕先当王后称帝，刘协退位

建安二十四年（公元 219 年），魏王曹操率军在汉中与刘备对峙了一个月，并没有打败刘备而夺回汉中。于是，曹操于当年夏季率领诸军退出汉中，到达长安。刘备立即占领了汉中，并从曹操手中夺走两郡，随后宣布自己为汉中王。此时，孙权也率领吴军攻打合肥。于禁率领的七军三万人也被大水所淹，被关羽打得很惨，全军覆没。

当年冬，曹操到达洛阳，并从洛阳出发南下解救曹仁，驻扎在摩陂（位于今河南平顶山市郏县）。次年正月，曹操返回洛阳，于当月二十三日去世，享年六十六岁。

早在建安二十三年（公元 218 年），曹操就对自己的后事作出了安排，他下发诏书说：古代埋葬去世的人，一定要选择贫瘠的土地。我决定把西门豹祠（今河北临漳县西南仁寿村）西边的高地作为我的陵园，利用它的自然高度作为墓基。《周礼》上说，冢人管

理贵族的公共墓地，一般是诸侯死后埋在左右的前面，大夫埋在后面，汉朝制度称之为陪陵。凡公卿大臣和列将有功劳的，死后可埋在我的陵园陪陵。曹操病重后，留下遗诏说：天下还没有安定，还不能遵照古礼。安葬完毕后，百官都要脱去葬服。带兵驻防的将领一律不准离开部队。各级官吏都要坚守本职。以我平时所穿的衣服入殓，不要埋葬金玉珍宝。

曹操去世时，王太子曹丕正在邺城，洛阳曾一度出现了政治骚动。然而，由于负责治丧事宜的贾逵及时果断地处置，局面很快就恢复了平静。

贾逵，字梁道，河东襄陵（今山西临汾市）人。他儿时做游戏玩耍，经常模仿军队行军打仗，其祖父见状甚感奇异，对贾逵说："汝大必为将。"并向他口授兵法数万言。贾逵初为郡吏，后被推举为茂才，升迁为渑池（今河南三门峡市渑池县）县令。建安十一年（公元 206 年），贾逵因祖父去世便辞去官职，回乡服丧。服丧期满后，他被司徒府征辟为掾属，不久又以议郎的身份兼任司隶校尉钟繇的参军。建安十六年（公元 211 年），贾逵跟随曹操西征马超时到了弘农。曹操认为该郡是西道要塞，战略位置极为重要，于是任命贾逵为弘农太守。曹操召见贾逵计议军事，听了贾逵的见解后十分高兴地对身边之人说：假使全国二千石俸禄的官员都像贾逵这样，我还忧虑什么呢？后来，贾逵在奉命征兵时，由于所征人数不足，便"疑屯田都尉藏亡民"，怀疑屯田都尉私藏流亡的百姓，于是贾逵带人前去交涉。屯田都尉认为自己不属弘农太守管辖，便和贾逵吵起架来。贾逵一气之下就命人把屯田都尉抓起来治罪，并打断了他的腿。贾逵因此被免官。但曹操欣赏贾逵的才能,任命他为丞相主簿。建安二十四年(公元 219 年),贾逵随曹操从长安出发,打算经斜谷(今陕西宝鸡市眉县西南,褒斜道之东口)去攻伐刘备,以驰援汉中。曹操"先遣逵至斜谷观形势",途中遇到水衡都尉正督运数十车囚犯。贾逵认为当时军情紧急,于是在下令处死了一名最重要的囚犯之后,将其余犯人全部释放。曹操获知后,更加赞赏贾逵的机智果断,任命他为谏议大夫,与夏侯尚并掌军计。

曹操在洛阳去世后,贾逵便以谏议大夫的身份负责办理后事。当时洛阳的军队因失去了统率而骚动起来。有些大臣提出,应当保守秘密,暂时不要公开魏王去世的消息。贾逵没有采纳他们的意见,坚持派使者到各地去发"讣闻",并通知内外官员都来吊丧。还有人提出,为防止不测事件的发生,应该把各个城池的守将都换成魏王的老乡谯县人和沛国人。魏郡太守徐宣不以为然,他大声说:当今各地都归于一统,每个人都怀着效忠之心,何必专用谯县人和沛国人,以伤害那些出生于其他地域守将的感情呢!早年曹操初控兖州时,收降了三十万黄巾军,曹操称之为"青州兵"。多年来,这些"青州兵"一直跟随曹操转战四方,与曹操感情深厚。"青州兵"听说主帅去世,便敲着鼓一批批地离散出走。一些大臣认为,应当立即下令制止"青州兵"无视军纪的行为,不服从命令者就地正法。贾逵认为,目前魏王停棺待葬,魏国的新王尚未到位,此时应该采用安抚之策,这样最为稳妥。于是贾逵说服众臣,并发给"青州兵"证明身份的文书,以便使他们在回家途中得到地方官员的关照。这样,骚动才平息下来。曹彰"从长安来赴,问(贾)

逵先王玺绶所在"，意欲抢夺其兄长曹丕的王位继承权。贾逵正言厉色地告诉他说：太子在邺，国有储副。先王的玺绶不是君侯您应该问的事情！曹彰无言以对，不敢再争。贾逵成功地化解了一场可能发生的政治危机，因为曹彰本来就是带兵而来。贾逵和在洛阳的文武百官把曹操的遗体入殓，然后与夏侯尚等"遂奉梓宫还邺"。

魏王曹操去世的噩耗传到邺城，王太子曹丕痛哭不已。太子属官中庶子司马孚劝谏曹丕节哀。

司马孚是河内郡温县人，司马懿之弟。司马孚性格温厚谦让，博涉经史，颇有学问，初为曹植的文学掾，后为太子曹丕的中庶子。曹操病逝后，司马孚劝谏曹丕说：先王去世，举国上下都仰仗殿下的命令。您应上为祖宗的基业着想，下为全国的吏民考虑，怎么能效法普通人哭哭泣泣的尽孝方式呢？过了很久曹丕才止住了哭声。

大臣们刚刚得知曹操去世的消息，便聚集在一起痛哭不已，王府内部一片混乱。司马孚在朝堂上大声喊话说：现在，君王去世，全国震动，当务之急是拜立新君，以镇服天下，难道你们只会哭泣吗？他下令群臣退出朝堂，安排好宫廷警卫，协调处理曹操的丧事。

群臣聚集在一起开始商议继位魏王王位之事。大家认为，太子曹丕的即位应该由汉献帝下发诏令。此时，尚书陈矫也主动站出来，向大臣们喊话，极力维护政治稳定。

陈矫，字季弼，广陵郡东阳县（治所在今安徽滁州市代管天长市西北，今地属江苏南通市代管如皋市；一说今江苏盱眙县）人。他早年避乱于江东及东城，孙策、袁术征召不就，便回到了本郡，被广陵太守陈登征辟为功曹，后被曹操辟为丞相掾属，升任相县（治所在今安徽淮北市相山区）县令，又转任征南长史，并先后担任彭城郡（治所在今江苏徐州市）、乐陵郡（治所在今山东德州市代管乐陵市）两个郡的太守，之后调任魏郡西部都尉。不久，陈矫升任魏郡太守。当时魏郡的牢房里囚禁着上千罪犯。陈矫认为：周朝有三典之制，汉代有约法三章，如今只重视从重判罚，却忽视了长久拘押众犯的祸患，"可谓谬矣"。于是，陈矫亲自审阅了所有犯人的罪状，该关押的关押，该释放的释放，"一时论决"。大军东征时，陈矫调入相府担任了丞相长史。大军回师后，陈矫继续担任魏郡太守，后来转为西曹属。曹操征伐汉中时，陈矫随行，返回后被授任为尚书。尚未到达邺城任所，曹操在洛阳病逝。

陈矫对在场的大臣们说：魏王去世，目前全国各地惊恐不安。新王应迅速即位，以安定人心。况且魏王所钟爱的儿子曹彰正守在灵柩旁边，他如果在这个时候有什么不智之举，生出变故，国家就危险了。对此，群臣没有发表不同意见。于是，陈矫设置应有的礼仪，大家开始紧张忙碌起来，一天之内全部办妥。

第二天清晨，陈矫以魏王王后的名义发布命令，太子曹丕继承魏王王位，并下令大赦天下。不久，汉献帝也为曹丕补办了手续。他派遣御史大夫华歆带着诏书，授予曹丕丞相印绶和魏王的玺绶，并让其兼任冀州牧。

曹丕尊母后卞氏为王太后，改年号为延康；任命太中大夫贾诩为太尉、御史大夫华歆为相国、大理王朗为御史大夫；置散骑常侍、侍郎各四人；诏令太监职位不得超过众署令级别，并把这个诏令刻在金册上，收藏在石室之中。魏国新的领导团队组建起来，并开始运转。

曹丕即位魏王和丞相之后，最不放心的是曹植和曹彰这两个弟弟。为此，曹丕对他们二人采取了"一打一拉"的策略，即打压曹植，拉拢曹彰。曹丕以派遣"监国谒者"为名，将自己的心腹灌均安插到曹植身边。所谓"监国谒者"，说白了就是曹丕监督曹植的眼线。曹操死后的第二个月，其遗体被安葬在高陵之后，临淄侯曹植、鄢陵侯曹彰等都回到了自己的封地。灌均为了迎合曹丕的意图，向曹丕打小报告说：临淄侯曹植醉酒悖慢，胁迫使者。据此，曹丕将曹植贬为安乡侯。

曹丕碍于卞氏的情面，当时没有对曹植下杀手，而是将他数次徙封，在精神层面上实施打击；对待曹彰则颁发诏书说：古代帝王之道，以重赏功勋以使亲人和睦，并分封母弟，设立封国，以承家业。这样，才能保全大宗，抵御侵略，防止灾难。曹彰以前奉命北伐、平定代郡等地，功勋卓著，因此为他增加食邑五千户，连同以前的共一万户。后来，曹丕又先后晋封曹彰为公、任城王，对他百般安抚。

曹丕解除了自己的后顾之忧后"引军南巡"，到达了老家谯县，在谯县城东大摆宴席，款待父老乡亲，并演出歌舞"百戏"。随行的大臣、军队将领和当地的吏民聚集在一起，为魏王曹丕祝寿，直到"日夕而罢"。对此，东晋著名史学家、《魏氏春秋》作者孙盛说：父亲去世，儿女要守孝三年，上至天子，下至庶民，皆应如此。在战国时期，即使"七雄争霸"，也没有十天半月就脱去孝服的。魏王曹丕在人生最应该哀痛的时刻，却大摆宴席，大演歌舞，糟蹋了君王的形象。

在曹丕的屡屡逼宫之下，汉献帝不得不决定退位。公元220年农历十月，汉献帝刘协去高祖庙祭祀，向列祖列宗"报告"自己决定退位之事。同时，汉献帝还派遣御史大夫带着符节，捧着皇帝玺绶和策书，把帝位禅让给魏王曹丕。

曹丕收到汉献帝的册书后，装模作样地先后三次上疏推辞，汉献帝坚持辞让。于是，曹丕命人在繁阳（今河南漯河市临颍县）筑起高坛，在一片拥戴的欢呼声中，三十四岁的曹丕登上坛台，接受了皇位的禅让，即位皇帝，是为魏文帝。文武百官都在两旁陪拜。魏文帝把年号延康改为黄初，并大赦天下。

黄初元年（公元220年）十一月初一，魏文帝曹丕尊汉献帝为山阳公，把河内郡山阳邑一万民户作为他的封地，都城在浊鹿城（今河南焦作市修武县）。山阳公的政治地位在诸侯王之上，对魏帝曹丕奏事不称臣，受魏帝诏见不跪拜，以天子车驾服饰郊祀天地，汉室宗庙、陵园以及每年腊月的祭祀都按照汉朝的制度，使用汉朝的历法年号，可以用天子的礼仪祭天，在朝廷于太庙举行祭祀典礼时可分享祭品。曹节也由皇后改称为山阳公夫人。山阳公刘协的四个儿子原已封王，都改降为列侯。

魏文帝追尊自己的祖父曹嵩为太皇帝；父亲曹操为武皇帝，庙号为太祖；尊封母亲卞氏为皇太后；改汉朝封的诸侯王为崇德侯，列侯为关中侯。大臣们都予以封爵、升迁，各有不同的晋升。汉献帝刘协将自己的两个女儿奉献给魏文帝曹丕作妃子。新任山阳公刘协又成了新任魏文帝曹丕的老丈人。当年腊月，魏文帝在洛阳营建宫殿，定都洛阳。

汉献帝刘协退位和魏文帝曹丕登基，标志着东汉王朝的彻底覆灭和三国时代的正式启幕。

因禅让被降封为山阳公的刘协与夫人曹节等离开了皇宫，到封地山阳开启了新的生活。他们放下皇帝、皇后的架子，丢弃龙袍、凤袍，换上布衣，经常上山下乡，到云台山一带采药，到民间访贫问苦。刘协还利用自学的中医药知识，当了一名民间医生，悬壶济世，救死扶伤，流传下来很多感人的故事。（据《资治通鉴》第六九卷，《三国志·魏书·任城陈萧王传》《三国志·魏书·文帝纪》《后汉书·皇后纪下》《后汉书·孝献帝纪》）

十、曹丕三路大军伐吴地，但见"归马识残旗"

由于曹操生前未能完成统一大业，曹丕上台后渴望早日实现父亲的遗志，因此对外政策是主张征伐。曹丕曾经询问太尉、寿乡侯贾诩：我打算讨伐不服从命令的人，以统一天下。吴、蜀两国，应该先讨伐哪一个？贾诩回答说：进攻他国应该首先在军事上权衡。完成国家统一这一根本大计，应当崇尚道德教化。陛下顺应形势，接受汉朝的禅让，统治全国，如果大力推行道德教化以安抚人心，等待形势变化并不难。虽然吴、蜀两国都是小国，但他们的统治区域地势险要，又有长江天险。孙权擅长辨别虚实，陆逊精通军事；刘备具有雄才大略，诸葛亮善于治国理政。吴国泛舟江湖，蜀汉固守险要，我们很难在短期内将他们打败。用兵的原则是，先研究把握取胜的途径，然后再出兵，根据敌军的将领情况和军事部署，选拔任命出征的将领，这样才能做到攻战无误。从目前情况来看，我方文臣武将当中没有人是孙权、刘备的对手，即使是陛下亲自出征去对付他们，也未必有取胜的把握。因此，我认为陛下目前应该首先修明政治，发展生产，待实力强大之后再出兵伐吴。曹丕对贾诩的观点不赞同，当然也不会听从他的建议。

虽然吴国在夷陵之战中取得了胜利，但孙权依然害怕曹丕出兵伐吴，因为孙权知道，作为小国的吴国经受不起连续打仗的折腾。为此，孙权派遣浩周（字孔异，上党人，今山西长治市人，原来在于禁手下先后担任护军和军司马，后来为关羽所俘，孙权击垮关羽后归降东吴）和东里衮一起去拜见魏文帝曹丕，以表达吴国对魏国的忠诚，言辞非常恭敬。曹丕询问他们二人：孙权可信吗？浩周说孙权肯定会臣服，而东里衮却说孙权不一定会臣服。曹丕对浩周的话感到高兴，并认为浩周是真正了解孙权的，东里衮则是信口雌黄。后来曹丕派遣浩周返回吴国。浩周对孙权说：曹丕不相信您会送儿子去魏国做人质，我当时以我们浩家整个家族百余人的性命担保公子一定会去。孙权"为之流涕沾襟，指天为誓"。然而，孙权始终没有把儿子送去，他"多设虚词"，用花言巧语来支应魏国。于是，曹丕派遣侍中辛毗（字佐治，颍川郡阳翟县人，今河南许昌禹州市人）、尚书桓阶（字伯绪，长沙郡临湘县人，今湖南长沙市人）专程到吴国，打算与吴国立誓结盟，并催促吴王送儿子上路。吴王孙权"辞让不受"，礼貌地予以回绝。文帝曹丕听了辛毗、桓阶的汇报之后大怒，"欲伐之"。刘晔劝谏说，吴国刚刚打败刘备，士气正旺，上下齐心，而且有长江的阻隔，我们仓促之间不可能将其制服。然而，曹丕不听。

黄初三年（公元 222 年）九月，因为孙权迟迟不肯把儿子送到朝廷做人质，曹丕终于明白了孙权所谓的"臣服"是假的，一怒之下决定出军伐吴。为靠前指挥，曹丕到达了宛城。在这里，曹丕分东、中、西三路大军进攻吴国，而且领兵将领多为久经沙场、威震三军的魏国名将：东路由领军将军曹休、前将军张辽、镇东将军臧霸进攻洞口县（今安徽滁州市凤阳县）；中路由大将军曹仁进攻濡须口；西路由大将军曹真、征南将军夏侯尚、左将军张郃、右将军徐晃围攻江陵。魏国名将领兵伐吴，浩浩荡荡地来到东吴的家门口。

曹休，字文烈，就是被曹操称为"吾家千里驹"的那位"族子"。曹休的祖父曹鼎曾经先后担任过河间相、吴郡太守、尚书令。在曹休小的时候，由于天下大乱，曹氏家族成员都离开家乡，分散在外地。曹休十来岁的时候，父亲死了，他独自一人与一门客抬着父亲的灵柩，临时租借了一块坟地将父亲安葬，而后偕母去吴地避难，被吴郡太守暂时收留。曹休在太守官邸见到墙上挂着祖父曹鼎的画像，立即跪在地上痛哭不已，在场的人无不对曹休表示同情和赞许。后来，他隐名埋姓辗转到了荆州，又沿着小路北去中原，找到了曹操。当时曹操刚刚起义讨伐董卓。曹操见到族子曹休非常高兴，让他与儿子曹丕一起吃住，待他亲如骨肉。后来，曹休经常跟随曹操四处征伐，并在虎豹骑中担任宿卫，即值宿警卫。建安二十三年（公元 218 年），刘备率领蜀军攻夺汉中时，另派吴兰等攻击下辨。曹休遂被任命为骑都尉，作为参军随曹洪进军征讨。为培养和锻炼曹休，曹操和曹洪有意识地给他压担子，曹休发挥了重要的参谋助手和军中骨干作用。他率领骑兵部队斩杀了蜀将吴兰，并消灭了他的先锋部队，张飞等闻讯后立即率兵撤走。曹休因功被任命为中领军。曹丕即位后，任命他为领军将军，并根据他的一系列功劳封东阳亭侯。

曹真，本名秦真，字子丹，沛国谯县人，曹操的养子。曹操最初起兵讨伐董卓时，秦真的父亲秦邵为曹操招兵买马，不遗余力，不幸被时任豫州牧黄琬杀害。曹操哀怜秦真年少而孤，于是收为养子，改姓曹，视同亲骨肉。在一次打猎时，曹真等被一只猛虎追逐，他回身一箭射去，老虎应声倒下。因为他勇敢、刚毅，曹操就让他统领虎豹骑，后来又派他去领兵讨伐灵丘县（今山东聊城市高唐县）的敌寇，他大获全胜，被封为灵寿亭侯。不久，他又被安排以偏将军的身份带兵开赴下辨，攻打刘备的别部，大胜而归，被任命为中坚将军。当时，曹军在定军山被刘备大军打垮，主帅夏侯渊命丧疆场，曹操非常担忧，任命曹真为征蜀将军。曹真督领徐晃等将领开赴阳平攻打刘备的别将高详，将其打败。曹操抵达汉中后，拨出一部分军队让曹真率领，并命令他去武都郡迎接曹洪等人。曹真顺利完成任务后驻军陈仓。建安二十五年（公元220年），曹丕即位魏王后，任命曹真为镇西将军，持符节，督领雍州、凉州军事，还根据他的功劳晋封为东乡侯。当时，占据张掖的豪强张进与麹演等人在酒泉发动武装叛乱，曹真派遣手下将领费曜率部镇压，杀死了张进，平定了叛乱。曹真回到洛阳后，被提拔为上军大将军，都督内外军事。黄初二年（公元221年），胡人组成联军在河西一带作乱，曹真率领众将讨伐，大获全胜，使中原通往西域的道

108

路重新被打通。第二年春，龟兹、鄯善、于阗王各遣使进贡，东汉王朝中断多年的对西域的统治得以恢复。

夏侯尚，字伯仁，沛国谯郡人，系夏侯渊的堂侄。当年曹操平定冀州时，夏侯尚担任军司马，率领骑兵跟随曹操征伐，后来被任命为五官将文学，既是领兵将官，又兼掌典章旧事和教育。建安十八年（公元213年），夏侯尚被提拔为黄门侍郎，成为近侍之臣，给事于宫门之内，主要工作就是传达诏令。建安二十三年（公元218年），幽州代郡（今山西北部及河北张家口南部一带）的乌桓人叛乱，朝廷以曹彰为主将、夏侯尚为参军率军征讨，打了一仗就平定了叛乱，大胜而归。曹操在洛阳去世后，夏侯尚手持符节，护送曹操的灵柩回邺城安葬。朝廷依据夏侯尚的立功情况，提拔他为中领军，拜散骑常侍，封平陵亭侯。同年，曹丕称帝后，夏侯尚改封为平陵乡侯，升任征南将军，兼领荆州刺史，都督南方军事。在荆州，夏侯尚上疏说：刘备的一部分军队驻扎在上庸郡（治所在上庸县，今湖北十堰市竹山县西南二十公里堵水北岸），那里山高路险，他们不会想到我们前去偷袭，因此，我们可以进兵上庸，出其不意，攻其不备，肯定能够消灭他们。于是朝廷采纳了他的建议，命令他带领部分军队攻击上庸，一举得胜，并平定了周边三郡九县。战后，夏侯尚因功被任命为征南大将军。当时，孙权虽对魏国称臣，但荆州刺史夏侯尚时刻保持高度警惕，做好随时出击吴军的战斗准备。（据《三国志·魏书·文帝纪》《三国志·魏书·诸夏侯曹传》《三国志·魏书·辛毗杨阜高堂隆传》，《三国志·魏书·荀彧荀攸贾诩传》裴松之注《三国志·吴书·吴主传》，《资治通鉴》

第六十九、七十卷）

（一）东路"洞口之战"，曹军先胜后败

为应对魏军东路进攻，孙权安排吕范率领徐盛、全琮、孙韶等将领，以水军在洞口县抵抗曹休、张辽、臧霸率领的魏军。孙权得知曾经在逍遥津突袭吴军的猛将张辽至此，颇为忌惮，他敕令诸将说：张辽虽然抱病参战，但仍勇不可当，你们千万要小心！曹休以昂扬的斗志上表曹丕说：我愿率领精锐之师即刻渡江，大军虎步踏平江南，从敌人那里夺取粮草补给，定能取胜。但臧霸等人不愿孤军冒险，且曹丕也不准许，因此，曹休雄心勃勃的进兵计划暂时被搁置起来。然而，一天夜里，大风吹断了吕范水军一些战船的缆绳，船漂到长江北岸。魏军趁机出战，打响了著名的"洞口之战"。魏军斩杀和溺死吴军水兵数千人，并缴获大量的战船。

正当魏军沉浸在欢庆胜利的喜悦之时，抱病出战的张辽病情加重，在江都（今江苏扬州市）去世。噩耗传来，曹丕为之流涕，赐张辽谥号刚侯。张辽之子张虎承嗣了爵位。

就在张辽重病去世期间，魏文帝曹丕下令曹休立即率军渡江。东吴的救援船队很快开至，并收拢了散卒，退至江南进行抵抗。曹休命令臧霸率领万余人乘轻船五百艘，攻袭徐陵（今江苏镇江市），连杀带抓又是数千人，还烧掉了吴军储备的大量攻城车，吴军再次遭受惨重损失。

在前期，曹军取得了"洞口之战"的辉煌胜利。在后期，吴军为扭转败局，加大了对曹军的反击力度。徐盛、全琮收集吴军败兵

全力反击臧霸，终将魏军击退，追斩臧霸的部将、东莞太守尹卢，连杀带俘数百人，迫使魏军撤退。

"洞口之战"后，曹丕任命曹休为扬州牧，屯驻东南边境。（据《三国志·吴书·吴主传》《三国志·魏书·张乐于张徐传》《三国志·魏书·诸夏侯曹传》《三国志·魏书·二李臧文吕许典二庞阎传》《资治通鉴》第六十九、七十卷）

（二）中路"濡须之战"，曹军大败亏输

孙权安排朱桓率军守卫濡须，与曹仁展开"濡须之战"。

黄武元年（公元 222 年）冬，曹仁率领步骑数万人进攻濡须口，曹仁派遣随同出战的参军、散骑常侍蒋济带领部分军队假装袭击濡须坞以东十五公里的羡溪（今安徽马鞍山市含山县），以此引诱吴军主将朱桓向羡溪分派援兵，目的是把他的军队分割开来。朱桓果然中计，分兵赶赴羡溪。部队出发后，朱桓突然获悉曹仁将要进攻濡须，目前魏军距离濡须大概只有几十里。朱桓立即派人追回开赴羡溪的部队，但部队尚未返回，曹仁就到了。当时朱桓手下及在附近部署的士兵只有五千人，将领们十分恐惧。朱桓开导他们说：凡是两军对阵，胜负在于将领的能力，而不在于兵众的多寡。你们听说过曹仁的用兵吗？他怎么能和我相比呢！兵法上说，防守方只需半数兵力就可以抵挡一倍的敌军，那是指在平原作战、没有城池作掩护的情况下。现在我军据守高大的城墙，南面濒临大江，北面倚靠山岭，以逸待劳，以主制客，这正是百战百胜的战局。胜负取决于军队是否勇敢、步调是否一致。现在敌方将领曹仁既没有指挥才

能，也不勇猛，况且他的士卒十分胆怯，又千里迢迢，长途跋涉，人困马乏，我和诸位将军团结一致，奋勇杀敌，即使曹丕亲自来战，尚且不用忧虑，何况只是曹仁之辈呢！于是，将士的情绪稳定下来。随后，朱桓偃旗息鼓，故意向魏军示弱，以引诱曹仁来攻。曹仁中计，派遣长子曹泰率部突袭濡须城；还命令属将常雕督领诸葛虔、王双等人，一大早便向濡须水南口的中州（今湖北宜昌市代管枝江市长江中的小岛）发起攻击。曹仁率领一万人坐镇橐皋（今安徽合肥市代管巢湖市柘皋镇），为儿子曹泰作后援。参军蒋济不同意曹仁这样部署，他对曹仁说：吴军占据西岸，他们都把战船列于上游，如果我们分兵进攻位于下游的沙州岛，无异于自取败亡。曹仁没有听从蒋济的正确意见，自恃兵多，坚持要分兵进攻中州。吴方主帅朱桓亲自领兵抵御曹泰，并以空城诱使他轻军而出。曹泰出营后，朱桓随即放火焚烧了他的大营。曹泰攻击中州扑空，退回来又失去营垒，被朱桓打得溃不成军。朱桓派遣陈国国相骆俊之子骆统、严圭率部攻击魏将常雕、王双所部，经过激战，斩杀常雕，活捉王双，并将王双等战俘押送到吴都武昌。

中路的"濡须之战"魏军损失惨重。进攻中州的常雕部五千人全军覆没，临阵战死一千余人，三千余人被俘。吃了败仗的魏军只好撤退。曹仁禁不住损兵折将的打击，不久病亡，年五十六岁，其统领的濡须方向的魏军由蒋济代领。（据《三国志·吴书·朱治朱然吕范朱桓传》《三国志·魏书·诸夏侯曹传》《三国志·魏书·程郭董刘蒋刘传》《资治通鉴》六十九、七十卷）

（三）西路"江陵之战"，曹军攻城未克

曹丕派遣曹真、夏侯尚、张郃、徐晃率领大军围攻驻守江陵的吴将朱然。孙权安排南郡太守诸葛瑾、固陵郡太守潘璋和将领杨粲去解江陵之围，还命令吴将孙盛督万人据江陵中州，建立围坞，作为朱然的外援部队。

曹真在江陵城外连建数营，将该城团团包围起来。魏文帝曹丕在宛城为其站台遥助。张郃率领魏军进攻吴将孙盛，孙盛抵挡不住，只好退兵。张郃趁机抢占并驻扎中州，隔离了江陵守军与外部的一切联系。朱然无法得到外援，困顿至极。孙权又派遣潘璋、杨粲率军施救，未能成功。诸葛瑾再领兵救援，但渡江时被夏侯尚火烧船只，水陆同时受敌，只好撤退。三次救援均告失败。

当时朱然军中有很多士兵都患了肿病，能够拿起武器战斗的只剩下五千人左右。曹真等人筑起土山，开凿地道，建立楼橹（用以瞭望、攻守的无顶盖的高台）逼近城墙，并向城中射箭。城中箭如雨下，将士们都惊恐失色。然而，朱然却无所畏惧。他不断激励士卒，为大家加油鼓劲，还趁着敌军布防出现漏洞之机，派遣强将率领部分精兵出城破敌，击败了敌军两个营，打击了魏军士气，鼓舞了守军斗志。魏军围攻江陵长达半年之久，始终没有撕开口子。尽管如此，曹真仍没有退兵的打算。

按照朱然的部署，江陵县令姚泰率领县兵防守北门。他见魏军人多势众，而城中守军力量弱小，谷物、畜草又将耗尽，于是秘密派人跟魏军联络，企图作为敌人攻城内应，叛吴降魏，但在他准备

发动时被朱然发觉。朱然气愤不已，立即按军法处斩了姚泰，稳定了军心。

当时长江水浅，江面狭窄，夏侯尚企图乘船率领步兵、骑兵进入江陵中州屯驻，并在江面上搭设浮桥，作为同江北往来的通道。魏军将领们都认为，实施这个方案就一定能够攻破江陵。已经升任侍中的大谋士董昭上疏魏文帝说：魏王曹操智慧和勇气超过常人，而他生前用兵时都非常重视敌人，不敢像现在这样如此轻敌。如果把军队驻扎在中州的话，那就非常深入了；乘浮桥渡水，那是很危险的事情；只有一条道路可以通行，而且十分狭窄。这三种情况都属于兵家之大忌，而我们却正在实施。如果吴军频繁攻击浮桥，再加上我们在防守上万一有一点疏漏的话，那么，屯驻在中州的我方军队都将被吴国歼灭。对此，我非常忧虑，寝食难安。目前江水正在上升，一旦突然暴涨，我军将如何防御？如果无法击破敌军，就应该保护好自己。为什么在如此危险的情况下，一点儿也不感到害怕呢？希望陛下考虑我的建议。曹丕认为董昭说得颇有道理，于是立即命令夏侯尚等人急速撤出。魏军的大队人马只能从浮桥这一条通道上往回撤，拥挤在一起，一时半会儿很难撤完，而此时吴军两面进击，射杀了一些兵卒，最后，魏军勉强撤回北岸。当时，吴将潘璋已经准备了大量芦苇筏子，欲烧掉魏军搭建的浮桥，恰巧夏侯尚等率军撤走，潘璋没来得及实施。仅十天左右，江水暴涨。当时正赶上闹瘟疫，魏军士气低落，战斗力下降。黄初四年（公元223年）春，曹丕诏令入吴作战的各路军队全线撤回。

魏国在吴国地面上同时开辟了三大战场，打了三场大仗，耗时长达半年之久，整体而言，吴军获得了差别不大的惨胜。但是由于此前吴军与蜀军大战，随后又同魏军交兵，持续一年多时间，虽然总体而言东吴还算是赢家，但由于四次大战都在东吴地盘上折腾，算上战争造成的大破坏、对吴国人民生产生活的严重袭扰以及所造成的心理创伤，吴国作为战场所在地，其损失最为惨重。

此前，当吴国以举国之力抵御魏国三路大军入侵之时，境内的越、蛮等夷族首领也趁机聚众叛乱闹事。这内忧外患一起来，吴王孙权面临的压力前所未有。万般无奈之下，孙权只好恭敬谦卑地上疏曹丕，作出了深刻的自我批评，并请求给予他改正错误的机会。孙权在奏疏中说：如果我的罪行难以去除，必不见置，理当奉还您赏赐的土地与人民，请求让我寄身于交州，了却我的余生。

曹丕及时回信做了答复，主要讲了三层意思。第一层是肯定。他说孙权生于乱世，本来就有胸怀天下、纵横四海的大志，却降低身段侍奉魏国，因此得到了现在的封赏。自从孙权被封为吴王以来，对朝廷的贡品奉献络绎不绝，特别是在讨伐刘备上功勋显赫，对此，朝廷是肯定的。第二层是批评。曹丕在回信中批评孙权，说他号称要侍奉朝廷，但总是推三阻四，不肯送王太子到魏国做人质，朝廷对吴王的诚意不放心，所以才不得已劳师远征江汉。第三层是逼迫。曹丕向孙权施压，明确告诉他：如果您一定要表达对朝廷的忠诚，消除群臣对您的疑虑，您的儿子孙登早晨来朝当人质，晚上我就下令魏军全部撤回。当吴王孙权接到曹丕的回信时，战场形势已不利于魏军，吴军略占优势，所以孙权终究没有向魏国送人质。魏吴两国闹腾了大半年，谁也没有斗过谁。但是，通过这次与魏国的交战，孙权再次认识到，在庞大的魏国面前，吴蜀两个小国只有团结起来，结成抗魏联盟才能生存。于是，黄武元年（公元222年）腊月，吴王孙权派遣博学而有奇志的太中大夫郑泉（陈郡人，今河南周口市人），前往白帝城拜谒正在生病的蜀帝刘备，回过味来的刘备也同意重新修好。第二年，吴国与魏国正式断绝了关系。（据《三国志·魏书·诸夏侯曹传》《三国志·魏书·张乐于张徐传》《三国志·吴书·朱治朱然吕范朱桓传》《三国志·魏书·程郭董刘蒋刘传》《资治通鉴》第六十九、七十卷）

（四）曹丕欲再次伐吴，因长江结冰而作罢

吴国与蜀国关系恢复之后，其面临的最大威胁仍是魏国。魏文帝曹丕对三路大军伐吴不胜愤愤不平。魏军全线撤回之后，曹丕就一直谋划再次兴兵伐吴。黄初五年（公元224年）夏，在侍中辛毗等人的陪同下，曹丕外出巡视，查看军事准备情况，第一站到达了许都。

辛毗早年与哥哥辛评一起投靠冀州牧袁绍，官渡之战后，跟随青州刺史袁谭。后来辛毗归降了曹操，先后担任议郎、丞相府长史。由于他积极支持曹丕成为世子，颇受曹丕信任。曹丕上台后任命他为侍中，封广平亭侯。在这次巡视期间，他见魏文帝曹丕念念不忘兴军伐吴，于是劝谏说：如今天下初定，土地广阔，人口稀少，此时动用国家和百姓的力量伐吴，不会换来什么好处。以前魏王多次出动精兵强将前去讨伐，可是到达长江边上就打退堂鼓了。现在我们的国力和军队不比以前强大，却要再次伐吴，这不是一件

容易的事情。当前我们应该休兵养民，开垦田地，发展生产，十年之后才用兵伐吴，这样就能一举成功了。曹丕问：照你说的意思，要把孙权这个后患留给子孙后代了？辛毗说：现在条件不成熟啊！但曹丕不以为然，仍亲自乘龙舟指挥水军，并沿着蔡水、颍水而进。曹丕带领水军入淮后，很快到达了寿春，当年九月又抵达广陵（今江苏扬州市）。当时，长江水正在迅猛上涨，曹丕临江而望，叹息说：魏虽有武骑千群，无所用之，未可图也。曹丕这句话充分说明，面对长江天险，他已经无可奈何了。虽然他望江兴叹，但依然坚持要亲自试水，想尝试一下究竟能不能顺江而下去攻袭东吴。曹丕乘上龙舟，在狂风大浪中左摇右摆、上下颠簸，"几至覆没"。在船上，曹丕问陪乘大臣，这个时候孙权会亲自来吗？大臣们都说，陛下亲率大军欲攻打东吴，孙权肯定害怕，一定会以举国之力来应对，但他又不敢把军队交给属将来指挥，肯定会亲自前来。此时，被任命为侍中、封爵关内侯的刘晔却不以为然：孙权知道魏文帝率领大军来到这里，目的是把他引出来，而真正领兵过江作战的人肯定是其他将领，所以我判断，他不会亲率军队迎击，但他的军队也不会退走，一定在暗处盯着我们。曹丕在江边停留了好多天，正如刘晔所分析的那样，吴王孙权始终没有来。于是曹丕下令撤军。

　　黄初六年（公元225年）秋，曹丕正式决定出军伐吴，并就此事专门召集群臣进行商议。济北相鲍信（曹操为兖州刺史时战死在剿灭黄巾军战场上，因未找到尸体，曹操大哭，以木人安葬）之子、御史中丞鲍勋当庭上谏说：朝廷屡次出动大军征伐，之所以没有取得战果，就是因为吴、蜀两国唇齿相依，凭借地势险要和长江阻隔，有难以攻拔的优势条件。现在又要兴师远征，每天耗费军费都是千金，国家的钱财都白白地浪费掉了，而狡黠的敌人仍在那里耀武扬威。我认为不能再这样干了。曹丕听了鲍勋的话非常生气，将他贬降为掌奏劾官吏的治书执法。后来曹丕前往谯郡。当年秋末，曹丕率领水军从谯县沿着涡水（今淮水支流涡河）进入淮河，打算临江阅兵，向东吴炫耀武力。

此时，蒋济（生长在扬州，对当地的水文情况比较了解）向曹丕建议说：目前已临近枯水期，水位下降，走水路很难通行。曹丕没有理会蒋济的提醒，仍来到广陵故城（今江苏淮安市）。他要在长江岸边检阅水军，以显示魏国水军的强大。当时魏国十多万人集结在那里，旌旗飘扬长达数百里，他们雄赳赳、气昂昂，大有跨过长江、踏平东吴大地的豪迈之势。魏文帝曹丕阅兵后非常高兴。可是，当时长江一带的天气逐渐寒冷，江水边缘都结了冰，战船无法入江。曹丕再次望着长江叹息说："嗟乎，固天所以限南北也！"于是下令撤军。

就在曹丕兴致勃勃地阅兵之时，东吴显得非常冷静。孙权在暗处严防固守，盯着魏军的一举一动。当曹丕拉开架势准备撤军时，东吴方面打算给他们制造点麻烦。

扬威将军孙韶（已故奋威将军、丹阳太守孙俞的侄子）派遣部将高寿率领五百人的敢死队，从小路夜袭魏文帝曹丕的军队。曹丕大惊，高寿等人抢夺了曹丕副车上以鸟羽为饰的车盖之后才安全而回。

正如尚书蒋济所说的那样，由于临近枯水期，水位下降，不少河段已经见底，魏军的数千艘战船无法撤走。有人建议说，留下部分军队一边就地屯田，一边看守这些船只。蒋济又以当地东近大湖、北近淮河，当雨季涨水时容易被吴军掠夺屯田物资为由予以反对。曹丕认为蒋济的意见是对的，于是下令车驾和军队立即开拔。当他们撤至精湖（一作津湖。在今江苏扬州市宝应县之南，东通运河，西北接氾光湖，南入高邮市界）时，发现湖水近乎枯竭，水路无法行走，曹丕只好把所有船只留下，让蒋济作出安排。

蒋济看到这前后排列数百里的战船，计上心来。他让地方官员招来大量民工，让他们堆土做了一道水坝，把精湖中的涓涓细流拦住，将小水储蓄成大水，而后让役夫踩着烂泥，在湖底挖掘了四五条水道，完工之后再掘开水坝，使大水进入水道，让船只前后相接，顺水推舟，这样才把魏军的战船引入淮河，使其全部返回。

事后，曹丕在洛阳接见蒋济，他已经深刻认识到自己认识和决策上的失误，深有体会地说，从今以后，讨伐孙权的计划必须"善思论之"。（据《三国志·魏书·文帝纪》《三国志·魏书·崔毛徐何邢鲍司马传》《三国志·吴书·宗室传》《资治通鉴》第六十九、七十卷）

（五）曹丕去世，曹睿即位

曹丕这次征伐吴国告吹之后率军撤回，在陈留郡（今河南开封市）地盘上停留，士卒忙着搭建营垒。当时曹丕肚子里窝着气，总是着急发火，一些大臣便私下相互告诫说，都小心点，说不定轮到哪个倒霉了。倒霉的事让陈留太守孙邕给撞上了。当时，孙邕得知魏文帝已经来到自己管辖的地面上，便去拜见曹丕。孙邕见曹丕脸色不好，赶紧告辞。出来之后，他又顺便去看望老朋友鲍勋。当时营垒尚未建好，工地上只是设了界标，孙太守从中穿行，没有绕道，军营令史刘曜检举他违反军令，欲处罚孙太守。治书执法鲍勋却以军营尚未建成为由，劝阻了刘曜，把这件事情压了下去，没有上报。

魏军返回洛阳后，刘曜却犯了罪。鲍勋上奏建议将刘曜贬降到下面去，而刘曜却秘密上表，举报鲍勋私下解脱孙太守违法穿行营垒工地一事。曹丕本来就对鲍勋上次当庭上谏阻止他伐吴心怀愤怒，现在他又犯事了，于是曹丕下发诏书说，鲍勋指鹿为马，逮捕后交廷尉查办。廷尉依照律条，作出了剃发戴枷、劳役五年的处罚。此事被廷尉正、廷尉监、廷尉平"三官"驳回，因为依照律条规定，只应罚缴黄金二斤。对此，曹丕暴跳如雷，他大怒说：鲍勋应该被处死，而你们竟敢宽容他！于是下令逮捕"三官"及其手下的官员，加上已经在押的鲍勋共十人，全都交给刺奸官治罪，用曹丕的话来说，就是让他们"十鼠同穴"，埋在一个坑里。

太尉钟繇、司徒华歆、镇军大将军陈群、侍中辛毗、尚书卫臻、廷尉高柔等一同上奏称，鲍勋的父亲鲍信在魏王曹操最初打天下时就立有功劳，请求赦免鲍勋的罪过，但曹丕不许。廷尉高柔认为这是皇帝以权压法，拒绝执行曹丕的命令。曹丕就把高柔召到尚书台，调虎离山，而后派遣使者到廷尉监狱将鲍勋处死。鲍勋的官德和人品为世人称赞，人们在办理鲍勋后事时，发现鲍勋"家无余财"。

曹丕虽然贵为皇帝，但心胸狭窄，睚眦必报。当年曹丕做太子时，向曹洪借绢"不称意"，于是"恨之"。后来曹洪的门客犯法，曹丕把曹洪也抓进监狱，并判处他死刑。群臣都去说情却未能奏效。卞太后责怒曹丕说：当年在荥阳大战时，如果没有曹洪，哪会有我们今天！

卞太后训完曹丕，又冲着文德郭皇后（字女王，安平郡广宗县人，南郡太守郭永之的女儿）发脾气：皇帝今天处死曹洪，我明天就让他废掉你这个皇后！在卞太后的施压下，郭皇后多次哭着向曹丕求情，曹洪才免于一死，但被免去官职，取消爵位和封地，削为平民。

黄初七年（公元 226 年）五月，曹丕病重，立曹睿为太子，并留下遗诏，让中军大将军曹真、振军大将军陈群、抚军大将军司马懿共同辅佐曹睿主持朝政。曹丕死后，二十二岁的曹睿在洛阳即位，是为魏明帝。

曹睿即位后，大臣们都"想闻风采"，但魏明帝住在深宫，谁也不见。过了一段时间，曹睿只是接见了侍中刘晔，君臣谈了一整天，其他大臣在外面侧耳倾听。刘晔出来之后，大家都围上前去问他怎么样。刘晔说，魏明帝志向可以与秦始皇、汉武帝相比，只是才智稍有不及。（据《资治通鉴》第六九、七〇卷，《三国志·魏书·诸夏侯曹传》《三国志·魏书·后妃传》《三国志·魏书·明帝纪》《三国志·魏书·三少帝纪》）

2

官渡之战后，刘备开始发家

刘备说："屈身守分以待天时。"他所说的"天时"，就是好的机遇和条件。一旦机遇来临，被陈寿评价为"折而不挠，终不为下者"的刘备就会毫不犹豫地立刻抓住它。

一、刘备轻取荆南四郡，又找孙权借得荆州

建安十三年（公元 208 年秋），在曹操率领十几万大军南下荆州的强大威慑下，荆州牧的刘琮献城献地，无条件投降。由于不费一兵一卒就得到了荆州，所以曹操对如何经营、管理和保卫这块土地，如何教育和转化刘琮手下文武官员、军队和百姓等，都没有好好研究。好像荆州牧刘琮投降了，荆州这块土地以及生活在这里的广大吏民，都统统改在了曹操名下，自然而然地归曹操所有了。剩下最让曹操操心的事就是找刘备算账。曹操安排曹仁、徐晃等继续留守治所在江陵的南郡，乐进驻守刘表、刘琮任荆州牧期间的荆州治所襄阳，满宠为代理奋威将军屯于当阳（治所在今湖北荆门市），文聘守卫江夏郡北部。曹操在荆州其他地区没有安排驻军，只是新任命了各郡太守。后来曹操担心孙刘联军北攻，又从北方招募了一批新兵，由张辽统领，驻扎在豫州颍川郡长社县，作为抵御孙刘北

侵的屏障。

"谁道一生无好运，何缘三月见芙蓉？"大耳朵刘备是有后福之人，好运来了，谁也挡不住，好事一个接一个。曹操撤回北方之后，刘备针对曹操在荆州布防上的漏洞，开始抢夺他的地盘。因曹操在荆南没有驻军，刘备趁机率领大军进入荆南。在他的武力威慑下，零陵郡太守刘度（零陵郡泉陵县人，今湖南永州市人）、武陵郡太守金旋（京兆长安县人，今陕西西安市人）、桂阳郡太守赵范（桂阳郡郴县人，今湖南郴州市人）、长沙郡太守韩玄（籍贯不详，但墓在今长沙市长郡中学运动场之侧）都先后向刘备投降。刘备以迅雷不及掩耳之势"收割"了荆南四郡共四十八个县。刘备任命诸葛亮为军师中郎将，监管零陵、桂阳、长沙三郡的税赋征收，以补充军需；任命偏将军赵云兼任桂阳太守。从此，刘备有了自己的"一亩三分地"，再也不用寄人篱下了。

建安十四年（公元 209 年），农民起义军首领雷绪（扬州庐江郡人，今安徽合肥市庐江县人），在淮南被曹操部将夏侯渊打败之后，率领其卒众及家眷共五万多人，向刘备投降。刘备任命雷绪为偏将军。接着，刘备又有三喜临门。一喜是兼任了荆州牧。刘备与孙权结盟后，在赤壁之战中并肩战斗，一举把曹军打败，双方合作正处于"蜜月期"。于是刘备上表献帝，举荐孙权为代理车骑将军兼徐州牧。孙权上表朝廷，让左将军刘备兼任了荆州牧，州治所移至武陵郡屦陵县油口。同年，刘备屯兵于油口，取"左公之所安"，将油口更名为"公安"。从此，屦陵县也更名为公安县。二喜是周瑜从维护大局出发，将荆州长江以南的地区划给刘备。三喜是四十九岁的刘备迎来了"桃花运"。孙权为加强与刘备的同盟关系，将自己的妹妹嫁给刘备做夫人。孙权的妹妹才思敏捷，性情刚猛，有其诸兄的风度，侍奉她的婢女有一百多人，她们都手持利刀站在两旁侍候，刘备每次进入内室都心里发怵，恐惧凛凛。

此前，刘备曾先后四次丢失老婆。第一次是建安元年（公元196年）。当时，刘备率军迎击袁术大军对徐州的进攻，两军相持于盱眙、淮阴，在徐州牧刘备麾下混饭吃的吕布趁机偷袭下邳，将刘备的老婆孩子俘获。后来刘备向吕布求和，吕布将刘备的老婆孩子归还。第二次是建安三年（公元198年）。吕布派属将高顺、张辽进攻驻军于小沛的刘备，再次将刘备的老婆孩子俘获。不久，曹操出兵生擒并处死吕布，刘备的老婆孩子回到他身边。第三次是建安五年（公元200年）。因刘备参与董承团伙暗杀曹操的阴谋破产，引发曹操的愤怒，曹操亲自率军攻打刘备，将刘备打败，并俘获了刘备的老婆孩子。第四次是建安十三年（公元208年）。在当阳"长坂坡之战"中，刘备丢下老婆孩子仓皇逃窜，赵云发现后拨马而回，将刘备的老婆甘夫人和幼子刘婵救出，两个女儿却被曹军所获。

赤壁之战对孙权、刘备来说都是赢家。孙权不但保住了江东的祖业，还打出了声威，逐渐扩充了自己的地盘和实力。刘备也以此为转折，时来运转，捡了许多大便宜，其地盘和军事实力迅猛扩张。刘备嫌赤壁之战后周瑜划拨给他的土地太少，就以"不足以容其众"为由，亲自到东吴政权所在地京口（今江苏镇江市）面见孙权，"求都督荆州"，要求把荆州全部地域交给自己来经营和管理。

刘备认为，朝廷已经下诏任命自己为荆州牧，那荆州这块土地就应该都归他管辖，孙权所占据的荆州地盘也应该给他。由于孙刘联盟还在"蜜月期"晚期，又是亲戚关系，两人见面后相谈甚欢。

此前，东吴大将周瑜、程普率领数万人与曹军征南将军、都亭侯曹仁等为夺取荆州重镇展开了南郡之战。周瑜派遣甘宁率领部分军队攻占了夷陵，曹仁获知夷陵失守的消息后，立即分派出军队前去救援，将甘宁包围在夷陵城中。甘宁派人向周瑜告急。在吕蒙的建议下，周瑜留下承烈都尉凌统守卫大营，自己与吕蒙率军救援夷陵，大破曹军于夷陵城下，解除了甘宁之围。曹军乘夜逃走，途经吴军事先布下的以树枝堵塞的路段时，无法骑马通过，只好弃马步行。周瑜率兵追击，截获曹军战马三百余匹。周瑜乘胜渡过长江，驻兵北岸，与曹仁近距离相持。不久，周瑜率领大军攻打江陵，其先锋部队数千人到达城下。曹仁命令属将牛金带领三百名士卒出城袭击吴军先锋。曹仁与陈矫都站在城墙上观战。由于吴军兵多，很快就将牛金等包围起来。曹仁见状便呼唤左右赶紧备马，陈矫知道曹仁欲下城救援牛金等人，便上前劝阻，曹仁不听。只见他披甲上马，带领数十骑出城迎战。曹仁与吴军距离仅有百步左右，并逼近城沟。陈矫等以为曹仁不会渡过城沟作战，不料曹仁越沟而前，冲进吴军的包围圈，左杀右砍，将牛金等救了出来。可是曹仁发现仍有部分士兵未能突围，于是拨马而回再次冲入包围圈，终将余众营救出来。陈矫见曹仁带着被营救的士兵回城，便由衷地感叹道："将军真天人也！"后来，周瑜亲自率军攻城，却被流箭击伤，不得不引军回阵。曹仁听说周瑜伤得不能站立，便亲自督军到阵前观望。周瑜一跃而起走回军营，曹仁见状便撤回城中。从此以后，周瑜便采取持久战、消耗战等战术，"所杀伤甚众"，征南将军曹仁终于被拖垮，不得不弃城逃走。曹仁撤走之后，南郡所属大部分县都被吴军占领，成为孙权的地盘。为加强对南郡的控制，孙权任命周瑜兼任南郡太守屯驻江陵。

驻守江陵的周瑜听说刘备找孙权索地之后，立即给孙权写信：刘备是一代枭雄，而且还有关羽、张飞这些猛将辅佐，肯定不会长期屈居人下，受人支配。我认为，从战略上考虑应当把刘备弄到吴郡，为他修筑宫室，同时提供一些美女和其他娱乐项目，让他享受声色之娱，上瘾丢魂。同时，将关羽、张飞两个人也分开，让他们各驻一地，再由像我这样的将领统率他们，大事就可以安定了。如果轻率地滥割土地给刘备，刘备就会以此为资本，进一步拓疆掠土，就如同蛟龙得到云雨的辅助，终究不会再待在水池里面一样。以前一直跟随孙策打仗的老将、彭泽郡太守吕范也劝谏孙权，赶紧把刘备软禁起来。然而，孙权却认为，曹操占据北方，正在广招天下英雄豪杰，这时候在联盟内部闹分裂不合时宜。孙权没有听从周瑜、吕范的建议，将妹夫刘备放走了。

刘备回到以前孙权借给他的栖身之地公安，过了很长时间才听到这些内幕，他叹息道：天下的智谋之士所见略同，当时诸葛亮也劝我不要去见孙权，也担心发生这样的事情。但我当时正在危急之中，不得不去。这实在是一着险棋，差一点就没逃出周瑜之手。

此后不久，坚决反对出让（借）土地给刘备的周瑜病逝。孙权任命鲁肃为奋武校尉，接管了周瑜的部队，同时由程普兼任了南郡

太守。鲁肃作为建立孙刘联盟的积极推动者和维护者，劝说孙权，
鲁肃说："将军虽神武命世，然曹公威力实重，初临荆州，恩信未
洽，宜以借备，使抚安之"，这样我们就多了一个朋友，曹操多了
一个敌人，此乃"计之上也"。于是，"权从之"。孙权从豫章郡划
出部分土地，新置鄱阳郡（治所在鄱阳县，今江西上饶市鄱阳县
东北古县渡镇）；从长沙郡划出部分土地，新置汉昌郡；任命程普
兼任江夏郡太守，任命鲁肃为汉昌郡太守，率军退至陆口（今湖北
咸宁市嘉鱼县西南长江南岸的陆水入江处），将江陵移交给了刘备。
按照东吴的说法，"权借之"，刘备取得益州之后要归还。对此，刘
备口头上也是承认的。

　　刘备向孙权"借地"虽然受到周瑜的干扰，但他对周瑜的智谋
和才干非常佩服。从此，刘备更加重视发挥谋士的作用。他回来之
后不久，就召见"凤雏"庞统，与他一起讨论天下大势。

　　庞统，字士元，襄阳（今湖北襄阳市）人。他年少时为人淳朴，
不露机智，外人都不知道他有真才实学，只有避乱于襄阳的名士司
马徽等对庞统比较了解。庞统二十岁时曾去拜访司马徽，司马徽正
在采摘桑叶，见庞统来访，便停止劳作，与他坐在树下交谈，从白
天一直谈到夜晚。司马徽十分惊异于庞统的思想观点，把他比作南
州的"翘楚"。经司马徽宣扬，庞统的名声便渐渐传播开来，后来，
他担任了襄阳郡功曹。他为人儒雅，注重人伦道德，积极推进社会
教化，在表扬或评价他人时，总是言过其实，人为拔高。当时有人
感到奇怪，问他为什么这样做，庞统回答说：如今天下大乱，社会
道德衰微不振，好人少而坏人多。要想淳化社会风气，增强人们的

道德观念和社会公益心，如果不把那些值得赞誉的人说得更加完美一些，就不足以让人们去仰慕仿效，这样，社会上做好事的人将会更少。现在选拔十人就有五人因不合乎道德标准而被刷掉，但至少还留下了一半。通过这一半人向社会播扬礼仪教化，有志于做善事的好人便会自我勉励，这样做不是很好吗？周瑜去世后，庞统扶送周瑜灵柩到东吴，东吴很多人都听说过庞统的声名，但没见过他，于是纷纷与庞统见面寒暄。当庞统辞别吴主西归荆州时，很多人包括一些名人都聚集在城门相送。从此，庞统与东吴的几位名士相互熟悉，并结为好友。刘备兼任荆州牧后，让庞统以州从事的身份代行桂阳郡耒阳县（今湖南衡阳市代管耒阳市）县令职务。可是，他到任后由于"在县不治"被刘备免官。

孙权阵营的鲁肃听说庞统因不胜任县令职务被罢免的消息之后，立即给刘备写信说，庞统的才能不适合管理一个方圆百里的县域，让他处在治中别驾的职位上才能发挥他的才干。诸葛亮也向刘备反映说，庞统确实有真才实学。

经鲁肃和诸葛亮两位著名谋士的吹风，刘备才改变了对庞统的看法，召见他作了一番深谈。通过这次谈话，刘备对庞统的才识大加赞赏，并任命他为治中从事，重新起用他。此后，庞统为刘备出了不少好主意，刘备"大器之"，又提拔他担任了军师中郎将，与诸葛亮的职务是一样的，刘备对庞统的信任程度仅次于诸葛亮。（据《资治通鉴》第六六卷，《三国志·魏书·诸夏侯曹传》《三国志·蜀书·先主传》《三国志·吴书·周瑜鲁肃吕蒙传》《三国志·蜀书·庞统法正传》）

二、刘璋邀请刘备入蜀，刘备趁机拿下益州

建安十五年（公元 210 年），孙权派人告诉刘备说，打算与刘备联合起来共同攻取益州。荆州主簿殷观（字孔休，今湖北襄阳宜城市人）给刘备出主意说：如果我们替东吴去打头阵，不一定能攻破益州，如果我们兵败退回，东吴极有可能趁机吞并我们。因此，目前我们可以口头上答应攻蜀，同时应该给他们讲清楚，我们刚刚得到荆南四郡，内部还没有稳定下来，不便于兴师动众、出兵讨伐。东吴毕竟不能越过我们的土地去独自贸然攻击益州。这种有进有退的策略，能够使我们赢得主动，坐取吴、蜀双方的好处。刘备一琢磨，觉得殷观的话很有道理，于是采纳了他的意见，并提拔殷观为别驾从事。孙权见刘备没有积极性，暂时放弃了进攻益州的打算。（据《三国志·蜀书·先主传》）

（一）刘璋被张松忽悠，遣使迎接刘备入蜀

建安十三年（公元 208 年），曹操率领大军南下进攻据守荆州的刘表，益州牧刘璋听到这一消息后很担心，他最害怕的是曹操拿下荆州之后，乘势攻打益州。

刘璋，字季玉，江夏竟陵（今湖北天门市）人，皇族后裔。其父刘焉初以汉朝宗室身份被任命为官秩为比六百石的皇帝近侍官——中郎，又先后担任雒阳县令、冀州刺史、南阳太守、宗正等职。由于当时政治混乱，社会动荡，民不聊生，刘焉发现益州刺史郤俭贪婪无度，不得民心，于是便向朝廷请求担任益州牧，汉灵帝

答应了他，任命刘焉为监军使者、益州牧，封爵阳城侯。于是，刘焉将长子刘范、次子刘诞、幼子刘璋都留在京城，只带着三子刘瑁入蜀。后来，幼子刘璋被朝廷任命为掌御乘舆车的奉车都尉，并诏谕刘焉。刘焉就把刘璋留在自己身边，不再返回朝中。兴平元年（公元 194 年），长子刘范因参与军阀马腾谋杀权臣李傕之事，不料走漏风声，因此，刘范和他的弟弟刘诞都被李傕杀死，而刘璋则得以幸免。刘焉因两个儿子被处死，又适逢益州治所绵竹城失火，于是就把益州治所迁往成都。后来，刘焉因背疽病发作去世。由于刘范、刘诞被杀，刘瑁患有癫狂病，能继任刘焉职位的只有刘璋。益州官员认为，刘璋性格温仁，由其主持益州政务不会欺负下属，于是共同上疏，建议朝廷任命刘璋为益州刺史。随后，朝廷下诏任命刘璋为益州牧。

刘璋上任后，听说曹操已率领大军南下荆州的消息后，一直担心曹操趁机攻打益州。为宽慰自己，抚慰曹操，刘璋派遣部将阴溥（河内人，今河南焦作市代管沁阳市人）去拜谒曹操，并向曹操表达归顺之意。曹操为了安抚刘璋，加封刘璋为振威将军、刘璋的三哥刘瑁为平寇将军。不久，刘瑁因癫狂病发作去世。刘璋又派张松（蜀郡人，今四川成都市人）的兄长、别驾从事张肃给曹操送去三百名精兵和一些高级生活用品。于是，曹操任命张肃为广汉太守。曹操亲率大军收降并占领了荆州之后，荆州西邻的益州牧刘璋犹如惊弓之鸟，惶恐不安，于是又以张松为使者，派遣他代表自己"致敬于曹公"。

张松个头矮小，长相不雅，但他头脑灵活，见识通达，颇有计谋。当时，曹操因刚刚拿下荆州，正处在志得意满之时，因此，他不像从前那样非常热情地接待贤士，再加上张松的长相，曹操根本看不上他，对张松态度十分冷淡。丞相府主簿杨修发现张松是个人才，劝说曹操吸纳张松，但无论杨修怎么劝谏，曹操就是不予理会。因此，张松对曹操心生怨恨。他回到刘璋身边以后，力劝刘璋与曹操断绝关系，与刘备结盟。

司马光在《资治通鉴》中记述这一历史事件时，引述东晋著名史学家习凿齿的话说："曹操暂自骄伐而天下三分。皆勤之于数十年之内，而弃之于俯仰之顷，岂不惜乎！"刘璋派使者张松代表自己向曹操表达敬意，可以说他归附之心已明确无疑，但不知道其归附之后曹操究竟会怎样对待他，所以就让张松去探个虚实。此时的曹操应该针对刘璋的"活思想"，紧紧抓住和用好刘璋使者张松这个桥梁和纽带，有的放矢地发起对刘璋的心理攻势，很可能就把益州牧刘璋拉到自己的麾下了。刘璋一归附，自然就会把益州带过来。从表面上看，曹操不过就失去了张松一个人，而实质上却失去了一个大益州；从表面上看，他只是犯了一个微不足道的小错，而实质上却不亚于赤壁兵败；从表面上看，曹操并没有造成什么损失和负面影响，而实质上却损失了不战而屈人之兵的天赐良机，直接影响了他统一全国这个目标的顺利实现。

曹操一时的骄傲和以貌取人，疏远了富有政治智慧的张松，张松返回益州后就对刘璋说：刘备与您同为宗室兄弟，血浓于水，应该与他结交为盟。刘璋觉得很有道理，于是就在张松的建议下，派遣军议校尉法正前往荆州，与刘备商议结盟之事。刘璋在张松的建议下，派遣军议校尉法正前往荆州，与刘备商议结盟之事。

法正，字孝直，扶风郿县人。他出身于名士之家，祖父法真是东汉末期著名学者，对诸子百家等颇有造诣，因清白节操而享有盛名，被誉为"玄德先生"。法正的父亲法衍官至司徒掾、廷尉左监。建安二年（公元197年），天下饥荒，法正"入蜀依刘璋"。虽然刘璋接纳了他，但未予重用。法正经过多年苦熬，才当上了新都县（治所在今四川成都市新都区）县令，多年后才被召回成都，被任命为代理军议校尉。由于不受重用，且遭到蜀地同乡人的诽谤，法正感到怀才不遇，非常苦恼。法正与益州别驾张松都属于才高识远而又难以施展抱负的被压抑的优秀人才，所以两人情投意合，关系十分密切，他们都觉得跟着刘璋干很受憋屈，"不足与有为，常窃叹息"。

法正到达荆州后，刘备同他一起谈论天下大势，相谈甚欢。法正返蜀后，私下向张松赞扬刘备有雄才大略。两人希望刘璋早点儿垮台，然后共同拥戴刘备来当益州牧，一起事奉刘备。由于没有合适的机会，这事就被搁置下来。

建安十六年（公元211年），曹操传令给镇守长安的司隶校尉钟繇，要求他率军讨伐占据汉中的张鲁，又命令正在并州督徐晃镇压太原商曜反叛的征西护军夏侯渊领兵出河东与钟繇会合，以配合钟繇的军事行动。刘璋听说曹军攻打汉中的消息后，一方面对钟繇、夏侯渊讨伐张鲁很高兴，因为刘璋同张鲁有很深的矛盾，非常希望借助他人之手灭掉张鲁；另一方面也恐惧不安，担心钟繇、夏侯渊吃掉张鲁之后，乘势攻打益州，推翻自己。益州别驾从事张松

看透刘璋这一心理，便借机跟他说：曹操的兵马天下无敌，如果钟
繇等率军攻陷汉中，利用张鲁的库存物资来充实军需，进而向益州
发起攻击，咱们能撑得住吗？刘备与您是同宗，又与曹操为敌，他
善于用兵。如果让刘备去抗击张鲁，一定能够把张鲁打垮。张鲁一
旦完蛋，则益州实力大增，即使曹操来攻，我们也不害怕了。现
在，益州的将领们如庞羲之流都居功自傲，与您并不一心。如果我
们不趁机得到刘备的帮助，到时内忧外患一起来，那我们肯定要失
败。当时，刘璋除了要警惕曹操、孙权的外部攻侵之外，还面临着
两个直接对手，一个是受割据汉中的张鲁威胁，再一个是巴西太守
庞羲企图发动内部叛乱。

　　张松对刘璋的内外矛盾非常清楚，所以他给刘璋所出的主意有
很强的针对性，刘璋认为他作的分析颇有道理，完全赞成张松提出
的召请刘备入蜀、让刘备为自己"打工"灭敌的建议。于是，刘璋
派遣法正和最初与其一起入蜀依附刘璋的扶风郿县人孟达，各自率
领一支两千人的军队去迎接刘备进入益州。这是法正第二次去荆州
面见刘备。

　　对益州牧刘璋这一决策，益州主簿黄权极力反对，他劝刘璋
说：刘备骁勇，天下闻名，现在您要把他引进益州，如果让他当您
的下属，人家绝对不干；如果以礼相待，让他与您平起平坐，但是
一山又难容二虎。所以，我认为最好的策略就是关闭边界，以等待
时局安定。然而，已被张松洗过脑的刘璋根本不买黄权的账，将黄
权贬降到广汉县（治所在今四川德阳市代管广汉市）去做县长，清
除了在引进刘备这一问题上的障碍和阻力。州府里还有一位名叫王

累的从事也大胆站出来公开反对刘璋引入刘备，王累谏阻刘璋的方式更绝，他把自己吊在城门上，死谏刘璋不要"开门揖盗"，刘璋却一意孤行。

法正、孟达在迎接刘备的途中，一边走一边商量。他们认为刘璋不仅昏庸，而且愚蠢，引进刘备就是引狼入室。所以，他们决定利用这次迎接刘备进入益州的机会投奔刘备。率兵到达荆州后，法正和孟达便暗中向刘备献计说：您英明神武，更应该充分利用好刘璋的懦弱无能。张松是益州的主要官员，非常有能力，肯定会做好内应工作。将军如能借助益州的富庶和天府之国的险要地势，成就霸业将易如反掌。

此时的刘备反而对去不去益州犹豫起来。他认为自己与刘焉、刘璋没有什么隔阂，不像与曹操那样存在着你死我活的敌我矛盾。他担心进攻刘璋会让天下人笑话，毕竟多少年前是一家。刘备与刘璋同属西汉景帝之后。刘备是汉景帝第九子中山靖王刘胜之后，刘璋是汉景帝第四子鲁恭王刘余之后（刘表也是刘余之后）。刘备的谋士庞统劝谏说：从现在的情况看，经过战乱破坏，荆州已荒凉残破，人才外流。而且东有孙权，北有曹操，困在这里难有作为。益州有一百多万户，土地广阔而肥沃，物产丰富，如果真能得到益州，非常有利于成就大业。刘备说：现在与我势不两立的只有曹操。曹操严厉，我则宽厚；曹操凶暴，我则仁慈；曹操诡诈，我则忠信。我相信，只有这样，事情才能成功。如果现在因为贪图小利而失去信义，那天下人会怎么看我呢？庞统说：平息天下大乱不是只有一种模式，兼并弱小在表面上看好像不合道义，但是平定之后采用合乎礼义的方法进行妥善安排，这种行为也是古人所崇尚的，没有什么过错。如果事成之后，再赐给刘璋面积广阔的封地，在道义上也无可厚非。如果今天我们不去夺取，那块土地最终也会落入他人之手。经庞统这么一说，刘备认为不无道理，况且不是他率军侵略益州，而是刘璋亲自邀请并派人来迎接自己入益州的，而且进入益州对成就大业极为有利。所以，刘备不再犹豫，他让诸葛亮、关羽等留下守卫荆州，任命赵云兼任留营司马，自己带上谋士庞统，率领号称五万、实际上不到万人的军队，在法正的引领下，于建安十六年（公元211年）冬，领兵沿长江逆流而上，西进益州。（据《三国志·蜀书·刘二牧传》《三国志·蜀书·先主传》《三国志·蜀书·庞统法正传》《三国志·魏书·二公孙陶四张传》，《资治通鉴》第六三、六六卷）

（二）刘备率军占领葭萌，攻取多城后包围成都

益州牧刘璋为了给刘备及其军队进入益州提供方便，命令沿途各郡县都要积极为刘备大军提供所需要的各种物资，细致周到地搞好后勤保障。因此，刘备一进入益州地界就好像回到自己的家里一样，沿途各地送给刘备大军的各种物资不计其数。刘备率军到达巴郡时，巴郡太守严颜看穿了刘璋盲目引进刘备大军后将会带来的严重后果，他叹道，这真是"独坐穷山，放虎自卫"啊！刘备率军从江州（今重庆市）向北，经垫江到达了涪县（治所在今四川绵阳市涪城区）。刘备在这里召开庆功会，大摆筵席，在乐曲中大吃大喝，将士们开怀畅饮。席间，刘备对庞统说：今日聚会，真是快乐啊！

庞统说：攻占别人的国土还以为是一件快乐的事，这可不是仁义之师所为啊！刘备喝高了，借酒发怒说：武王伐纣，前歌后舞，难道不是仁义之师吗？你说这话很不合适，马上给我出去！于是庞统即退而出。随后刘备又感到后悔，赶紧派人把庞统请回来。庞统回到其原来的座位上，对刘备不理不睬，更不道歉。刘备问庞统：刚才的事儿，究竟谁不对？庞统回答说，咱们君臣都有错。刘备听后哈哈大笑，宴会气氛又恢复到原来的欢乐气氛。刘璋亲自率领步兵、骑兵三万余人到该县迎接刘备。事先张松曾私下叮嘱法正，让他及时提醒刘备，在刘备与刘璋会面的第一时间就将刘璋抓捕。法正还专门提醒过刘备，刘备却说，这件事儿仓促不得。谋士庞统也劝谏刘备趁会面时逮捕刘璋，则可不动用武力就获得一州。刘备说，刚刚进入人家的地盘，恩德与信义还没有建立起来，目前绝不能这样做。刘备不仅没有对刘璋下手，反而上表举荐刘璋为代理镇西大将军兼益州牧；刘璋也推荐刘备为代理大司马兼司隶校尉。刘备及其军队到达成都之后，双方的官兵相处和谐融洽。他们友好相处三个多月后，刘璋想，邀请刘备及其军队来到益州地盘上已经"欢饮百余日"，不能继续白白养活其兵马，于是要求他率军去攻打汉中的张鲁。为激发刘备的积极性，刘璋为刘备增加了兵马，拨给他大量军用物资，同时还命令驻军在白水关（今陕西汉中市宁强县西南）的益州部队全归刘备指挥。但刘备并没有按照刘璋的意旨去攻打汉中的张鲁，而是向北进发，到达了蜀郡葭萌县（治所在今四川广元市昭化区）。葭萌县系盆地、丘陵向山区的过渡地带，地形地貌以中低山为主，水陆交通方便，可谓八方通衢。刘备在这里广施恩德，收买人心，把葭萌作为自己在益州的一块重要根据地来经营。

建安十七年（公元 212 年）冬，"凤雏"庞统在葭萌县为刘备夺取益州谋划了上、中、下三种策略。上策是，立即暗中挑选精兵，昼夜不停地急行军直接奔袭成都，攻打刘璋。刘璋不懂军事，根本没有防备，如果刘备率军突然赶到，他一定措手不及，这样就可以一举拿下成都。自从刘备率军进入益州之后，白水军督杨怀、高沛曾多次上疏刘璋，要求赶紧把刘备送回荆州。根据这种情况，中策是将计就计，派人告诉杨怀、高沛，荆州发生了紧急情况，刘备需要赶紧回去救援。同时安排人员为刘备打点行装，做出马上就要起身回荆州的样子。杨怀、高沛这两个将领既敬仰刘备的英名，又希望刘备快点儿离开。当他们得知刘备将要回荆州时，肯定会轻装骑马为刘备送行，届时可乘机把他们逮住，收编他们的部队，然后再向成都进军，攻打刘璋。下策是，刘备率军退回到白帝城，与留守在荆州的力量联合在一起，再慢慢策划攻取益州的办法。庞统将这上、中、下三策都向刘备做了详细汇报，并建议说，无论采取哪一种策略，必须赶紧定夺，如果迟疑不决，就会陷入严重的困境！刘备经过慎重考虑，决定采用庞统的中策。

在刘备与刘璋的军事斗争即将拉开序幕之际，曹操与孙权的濡须之战也将打响。建安十七年（公元 212 年）腊月，曹操率领号称四十万大军的骑兵和步兵，向濡须发起进攻。孙权写信给刘备，要求刘备回军救援。刘备认为此举是为孙权"打工"，夺取益州是建立自己的基业，所以没有给孙权回复，而是集中精力干自己的事。刘备充分利用孙权告急这个由头，进一步敲刘璋的竹杠，要求他为自己增加兵力和军用物资。刘备在给刘璋的信中说，孙权和我本为唇齿相依、相互支持的好伙伴，现在孙权派驻濡须的将领周瑜兵力不足，如果不赶快去救援，曹操一定会夺取荆州，进而侵犯益州边界。刘备的这封信一方面对刘璋要求他讨伐张鲁而他没有照做作出了回应，另一方面也借机要求刘璋为他增拨一万名士兵和相当数量的军用物资。刘璋接到刘备的信后思考良久，最后决定给刘备调拨四千人，要求的军用物资只给了一半。刘备知道刘璋已经看出了自己的异谋，干脆撕下面具，以刘璋吝啬不义为借口，煽动其部下将士们的斗志。他说：我们全体将士都在为益州讨伐强敌，大家出生入死，劳苦不堪，而刘璋这个铁公鸡却如此吝啬，难道我们还要为他卖命吗？所以，大家要做好讨伐刘璋的战斗准备！

此时，广汉郡太守张肃已经获知弟弟张松吃里爬外的情况，他担心引发祸患而连累自己，竟然向刘璋举报了弟弟张松的密谋。刘璋立即下令将张松逮捕并处斩，同时向各关口、要塞的守将们发出紧急文书，命令他们今后不要与刘备往来。

张松出事，意味着刘备与刘璋的军事斗争提前公开化、白热化。刘备立即采用庞统的中策，召见尚不知道张松出事的白水军督杨怀、高沛，训斥他们对客人无礼，并将这两位将领拉出去杀掉。刘备率军直接进入杨怀、高沛的驻地白水关，收编了他们的部队，而后继续进军，一举占领了涪县。

刘璋获得刘备杀将攻城的消息后，立即召集众官商议。益州从事郑度（广汉人）说：刘备孤军深入，虽对外声称领兵五万，而实际上兵不满万，而且士卒并非一心一意地归附于他，再说他没有后勤保障，"野谷是资，军无辎重"。针对这种状况，我建议把巴西（古郡名，治所在阆中县，今四川南充阆中市）和梓潼（古县名，为广汉郡治所，今四川梓潼县）境内的老百姓全部驱赶到内水（亦称内江，今四川涪江）、涪水（又作涪陵江，今乌江）以西，把两地官库中的粮食、物资和田野里的庄稼全部毁掉，我们守着高垒深沟和坚固工事即可，坐观其变。如果刘备率军前来挑战，我们坚守不出，不予理会。他们无处抢劫粮草，我判断过不了百天，刘备就会自动撤退。等他们撤退时我们再进行攻击，就可以将刘备生擒。刘备获得这个情报之后，非常害怕刘璋真的如此操作，就会把自己逼上绝路，于是便向法正询问对策。曾经在刘璋手下干了多年的法正对刘璋的脾气秉性和行事风格非常了解，他说：刘璋最终肯定不会采用郑度的计策，您大可不必为此担心。事情的发展果然不出法正所料，刘璋确实没有采用郑度的计策。他对郑度等人说：我听说过抗击敌人保护百姓，从来没有听说过迁移百姓来躲避敌人的。

郑度给刘璋出的困败刘备的好主意，连刘备听说之后都感到胆战心惊，可刘璋却认为郑度是胡说八道，让郑度背铺盖卷走人。张松给刘璋出的引进刘备、灭掉自己的主意，刘璋反而感到很有道理，非采纳不可。无论是黄权、王累，还是郑度，谁劝也白劝，谁劝谁吃亏。

建安十八年（公元 213 年）夏，刘璋派遣部将张任、刘璝、冷苞、邓贤、吴懿等，各自率军正面抗击刘备，可他们谁都不是刘备的对手，其中吴懿根本不敢与刘备交手，率军向刘备投降；其他与刘备交战的将领都被刘备打败，各自率领残兵退守到绵竹县据守。

很快，刘璋又派代理护军李严、参军费观前去集结和指挥躲避在绵竹的败将残兵，准备再与刘备交战，但这两位将领经过私下商量，带领自己的部众投降了刘备。刘备的势力更加强大，于是派遣手下的将领分兵占领了周边各县。刘璋的部将张任、刘璝以及刘璋的儿子刘循等退守至雒城（今四川广汉市），刘备率军将该城包围起来。时间久了，益州从事张任（蜀郡人）憋不住了，他率领军队出城在金雁桥一带与刘备军队交战，张任战败被擒。刘备听说张任是一位忠勇之士，于是让军士劝他投降。张任厉声回答说：我终究是不会侍奉二主的。军士将张任斩杀。

刘备包围雒城将近一年，城中的士兵不断爬上城墙侦察，并瞅准机会向刘备的军队射箭。"凤雏"庞统被流箭射死，时年三十六岁。为表彰庞统的功勋，刘备追授庞统为关内侯，后又追谥为靖侯。刘备任命庞统的父亲为议郎，后升任谏议大夫，诸葛亮亲自为他主持授官仪式。

庞统死后，法正及时顶上去做了刘备的谋士，主动为刘备出谋划策。由于雒城久攻不下，法正便以老部下和见证者的名义写信给刘璋，他在信中说：我虽蒙受了不忠的诽谤，但我自认为并没有辜负您的恩德，仍顾念君臣的名分和义务。左将军刘备进入益州，不得已而举兵，但他对您依然怀有旧情，始终没有恶意，希望您能够改变态度，以保住家门之尊贵。刘璋对法正的信置之不理，并未回复。后来，刘备终于攻破雒城，并乘势而进，率领大军将成都城包围。（据《资治通鉴》第六六卷，《三国志·蜀书·先主传》《三国志·蜀书·庞统法正传》《三国志·蜀书·刘二牧传》）

（三）刘璋被围，献城投降

建安十九年（公元 214 年），在长期包围成都而难以攻破时，刘备下令大后方的诸葛亮等率军前来助战，以便进一步加大对刘璋的威慑力。诸葛亮接到命令后，安排关羽守卫荆州，自己与张飞、赵云等率军前去增援刘备。他们进入益州地界后便展开了军事进攻，走一路打一路，见一城拔一城，首先攻克并拿下了巴东郡（建安六年，益州牧刘璋改固陵郡为巴东郡。治所在鱼复县，即今重庆市奉节县东），紧接着又攻破江州，打败并生擒了巴郡太守严颜。在这里，诸葛亮又兵分两路，一路由赵云带领部分兵力去攻打江阳（今四川泸州市）、犍为郡；另一路由张飞带领部分兵力先后袭击了巴西郡和德阳（古县名。元初四年，即公元 117 年，德阳县治所迁于龙凤场，即今四川遂宁市船山区）。诸葛亮分兵顺路拔城的目的，就是为了显示刘备军事实力的强大，切断益州牧刘璋的外围势力，迫使刘璋献城投降。赵云和张飞各自完成任务之后，先后率部到达成都，与刘备一起合围成都。

张飞，与刘备是同乡，都是涿郡人，年轻时就与刘备交好，当初刘备起步时，他参与了刘备的招兵买马，后来与关羽一起在刘备麾下为将。刘备跟从曹操破吕布、随还许都后，曹操拜张飞为中郎将。刘备长期没有自己的地盘，总是在军阀混战的夹缝中求生存，张飞跟随刘备东奔西走。后来，在长坂坡之战中，刘备好不容易拼凑起来的一支部队被曹军击垮，张飞主动负责断后。他据水断桥，瞋目横矛，大声呼喊："身是张益德也，可来共决死！"敌军皆不敢靠近，刘备才得以脱身。刘备平定荆南后，任命张飞为宜都太守、征虏将军，后又调守南郡。张飞为刘备看家护院，令敌军闻风丧胆。刘备西进益州围攻刘璋时，张飞与诸葛亮等率军溯江而上增援，他们分兵攻破沿江多个城邑。张飞击败刘璋的部将巴郡太守严颜，并将其活捉。平定益州后，刘备任命张飞兼任巴西太守。曹将张郃别督诸军下巴西，欲徙其民于汉中，进军宕渠、蒙头、荡石，与张飞相拒五十余日。张飞率精卒万余人，从他道邀张郃军交战。因山道迮狭，张郃的部队前后不得相救，遂被张飞打败。张郃弃马缘山，独与麾下十余人从小路逃走，退兵南郑，巴西郡得以获安。刘备自立为汉中王后，任命张飞为右将军。蜀汉章武元年（公元 221 年），张飞被晋升为车骑将军兼司隶校尉，晋爵西乡侯。张飞的雄武威猛仅次于关羽，魏国谋臣程昱夸赞他具有万夫不当之气概。

就在此时，刘备接到了西凉军阀马超请求归降的密信，他非常高兴，立即派兵协助马超入蜀。马超到达成都后，刘备调拨给他一支部队，让他包围成都城北面，进一步加大对城内刘璋的威慑。

马超来成都攻城的消息传入城中，当地人都知道马超的厉害，再加上刘备手下的名将诸葛亮、张飞、赵云等也都云集而来，城中军民惶惶不可终日，刘璋的心理防线崩溃。十天之后，刘备派遣从事中郎简雍进入成都劝降刘璋。

简雍，字宪和，涿郡人，年少时就与刘备交情深厚。刘备起兵后，简雍跟随刘备征战多年。他"优游风议，性简傲跌宕"，性情倨傲，悠闲自得，大大咧咧，即使在刘备的坐席上，也是"犹箕踞倾倚，威仪不肃，自纵适"。与诸葛亮以下的人在一起时，他一个人就占一张坐榻，手枕着脖子躺着与人家讲话。当时，由于发生旱灾，粮食歉收，各级官府都禁止制酒、饮酒，特别规定"酿者有刑"。官府的小吏从一户人家"索得酿具"，"论者欲令与作酒者同罚"。对此，简雍不以为然，他认为虽然这户人家存有酿酒工具，但不能定罪人家就是酿酒了。此时，简雍与刘备游观，见一男一女行于道路，他对刘备说："彼人欲行淫，何以不缚？"刘备说："卿何以知之？"简雍回答说："彼有其具，与欲酿者同。"刘备哈哈大笑，于是叫人释放了那户藏有酿酒工具的人。简雍一句风趣幽默的玩笑话儿，使得这户人家免受处罚，简雍的智慧和行事风格大都如此。刘备进入荆州后，简雍经常被派做说客，往来出使各地，为刘备做了很多有益的工作，被提拔为参与军事决策的从事中郎。刘备率军来到益州之后，曾与刘璋及其部将"欢饮百余日"。简雍是个见面即熟的人，刘璋很喜欢他这种性格，所以对简雍很亲近。这次刘备围攻成都多日，条件成熟之后，简雍派简雍入城劝说刘璋投降。简雍运用其幽默、滑稽和轻松的语言，终于将刘璋说服，刘璋决定向刘备投降。

当时，刘璋手头有精兵三万人，粮食和丝帛能够支撑一年，因此，部分官吏和百姓不愿投降，打算同刘备打持久战。刘璋对他们说：我们父子两代统领益州已二十多年，对这块土地上的百姓没有作出什么贡献。现在，州内的百姓已苦战三年，暴尸荒野，无人掩埋，这都是因为我刘璋无能的缘故，我实在不忍心再让百姓受苦啊！于是，刘璋命令士兵打开城门，自己在简雍的陪同下向刘备投降，其部属们无不伤心落泪。

刘备接受了刘璋的投降，并任命他为振威将军，派人把他送往公安县。刘备归还了大军入城后缴获的刘璋的私人财物，并让刘璋佩戴上具有讽刺意味的振威将军的印绶。刘备收编了刘璋的军队，其统治的地域和军事实力更加强大，为其日后建立蜀国奠定了基础。（据《资治通鉴》第六七卷，《三国志·蜀书·关张马黄赵传》《三国志·蜀书·许麋孙简伊秦传》《三国志·蜀书·刘二牧传》）

三、刘备多措并举，苦心经营益州

刘备夺取益州，是他起兵以来所取得的最为辉煌的胜利成果。为欢庆胜利，刘备大摆酒宴犒赏将士。他取出刘璋积存的金银财宝和钱币，赏赐有功的将士。每一位有功人员，都得到了数量不菲的奖励。诸葛亮、法正、张飞，包括留守荆州的关羽等，得到的赏赐最为厚重，每人黄金五百斤、白银一千斤、钱币五千万、锦缎一千匹。可见，刘焉、刘璋父子在益州担任州牧多年，积存了巨额财富，但只是给大耳朵刘备这个有福之人充当了保管员而已。刘备把粮食、丝帛等物品归还原主。刘备拿下益州，自兼益州牧后，主要做了以下工作。

（一）才尽其用，海纳百川

刘备开始组建军队和地方领导班子。在这次文武官员任命当中，刘备坚持团结一切可以团结的力量，尤其是刘璋手下的文武官员，特别是大胆重用刘璋手下那些口碑好、愿意真心归附的部将，

最大限度地调动各方面的积极因素。他一共提拔重用了十七位重量
级人物，其中既有跟随刘备征战多年的老部将，也有在夺取益州时
立有功劳的新面孔；既有刘璋的政治异己，也有刘璋的姻亲故旧；
既有围困成都之前向刘备投降归附的人，也有以前竭力反对刘备入
蜀的人，还有刘备以前看不上的人。这充分显示了刘备在夺地之初
用人上的宽怀大度和海纳百川。

一是任命原从事中郎麋竺为安汉将军。麋竺原为徐州富商，后
被徐州牧陶谦任命为别驾从事。陶谦死后，他奉陶谦遗命迎接刘备
进入徐州兼任徐州牧。麋竺与他的弟弟麋芳拒绝曹操的任命而跟随
刘备效力，在刘备极其困难的时刻以家财助军，帮助刘备渡过了难
关。这次随刘备入蜀，麋竺做了不少具体工作。刘备任命他为安汉
将军，为刘备手下文臣武将之最。

二是任命军师中郎将诸葛亮为军师将军；原益州郡太守董和为
掌军中郎将，与诸葛亮共掌左将军、大司马府事。

董和，字幼宰，祖籍为巴郡江州。东汉末年，董和率领家族迁
至南郡枝江县（今湖北宜昌市代管枝江市）。起初，益州牧刘璋任
命他到牛鞞县（属犍为郡，治所在今四川成都市代管简阳市西北绛
溪河北岸）做县长，后来又调任到江原县（治所在今四川成都市代
管崇州市东南十五公里江源场东））做县长、到成都县任县令。董
和的基层治理经验非常丰富，为官清正，为人正派，对自己要求非
常严格。他在三个县做一把手，主要政绩和贡献是扭转了其任职所
在地的奢靡之风。

东汉时，蜀地物产丰富，奢侈之风盛行，那些地主、老财和商

人穿戴如同王侯，饮食美味佳肴、玉液琼浆，办理婚娶嫁娶之事宜几乎倾尽家财。董和以自身节俭为吏民做出示范，他粗衣素食，艰苦朴素，防止在衣食住行上有丝毫浪费，一言一行都以符合封建礼制为行为准则，他在所任职的县大力倡导勤俭节约，狠刹奢靡之风，吏民们畏惧他的威严而不敢冒犯。于是县里一些豪强因害怕董和政令严厉，都到刘璋那里频频建言，希望将董和调到巴东属国担任都尉，刘璋也打算按此办理。可是，令刘璋没想到是，县里的吏民扶老携幼挽留董和者达数千人，刘璋只好让董和再留任两年，然后提拔他担任了益州郡（治所在今云南昆明市晋宁区）太守。他在郡太守任上仍然同以前一样节俭爱民，勤奋敬业。董和在与当地少数民族打交道时，总是以诚相待，遇事替他们着想，因此少数民族对他十分拥戴。刘备拿下益州和蜀地之后，征召董和为掌军中郎将，与军师将军诸葛亮并署左将军大司马府事。自董和居官食禄以来，对外治理安抚边疆少数民族，对内参与军国大事，辛辛苦苦二十余年，临终时家中财产竟然不值一石粮食的钱。

三是任命将军中最低一级的裨将军黄忠为讨虏将军。

黄忠，字汉升，南阳（今河南南阳市）人。他原为荆州牧刘表手下的中郎将，与刘表的侄子刘磐一起驻守在长沙郡攸县（治所在今湖南株洲市攸县之东、攸水之南）。曹操拿下荆州之后，原荆州牧刘琮手下的文臣武将都归附了曹操。曹操任命黄忠为代理裨将军，仍任原职，归长沙太守韩玄管辖。刘备平定荆南四郡时，黄忠又归附了刘备，并随刘备一起进入益州。在葭萌时，黄忠奉刘备之命回军攻打刘璋，"常身先登陷陈（阵），勇毅冠三军"。于是，这回被刘备提拔重用。

四是任命简雍为昭德将军、孙乾为秉忠将军、伊籍为从事中郎。

孙乾，字公祐，青州北海国（山东潍坊市昌乐县）人。孙乾最初被儒家经学大师郑玄推举给州府为吏，在刘备领徐州牧时被辟为从事。建安元年（公元 196 年），刘备被吕布击败后，孙乾"随从周旋"。建安五年（公元 200 年），刘备背叛曹操，想向北与袁绍联合，"遣（孙）乾自结袁绍"。次年，刘备被曹操击败，向南投靠刘表，遣孙乾和糜竺先与刘表见面接头，孙乾对各种事情处理得都很妥当，刘备十分满意，开始重用他。孙乾与糜竺、简雍同任左将军从事中郎。刘表曾写信劝说袁尚与哥哥袁谭和解，信中说：自己每与刘备、孙乾等谈及你们兄弟自相残杀之事，"未尝不痛心入骨，相为悲伤也"，可见刘表对孙乾的重视程度是很高的。刘备拿下成都后，孙乾被任命为秉忠将军，其待遇仅次于糜竺，与简雍相同，但孙乾不久就病逝了。

伊籍，字机伯，山阳郡高平县人。伊籍青年时期依附同乡人、荆州牧刘表。他头脑灵活，能言善辩。刘备进入荆州后，伊籍经常与刘备往来，打算归附刘备。刘表死后，伊籍追随刘备南渡长江，后随刘备进入益州。这次刘备任命他为左将军从事中郎，所受礼遇仅次于简雍、孙乾等。后来刘备派遣他出使东吴，孙权听说他甚有辩才，想以言辞来污辱他。伊籍刚进孙权大殿入拜行礼，孙权就对他说：你侍奉无道之君很辛劳吧。伊籍当即回答：一拜一起，未足为劳。其随机应变之敏捷，"类皆如此"。后来刘备任命伊籍为左将军从事中郎，不久又提拔他为昭文将军。伊籍参与了《蜀科》制定。

五是任命原军议校尉法正为蜀郡太守兼扬武将军。自从法正亲赴荆州将刘备引入益州以来，刘备对法正非常信任和器重。刘备为了拉拢益州地方势力，急需与蜀地大族豪强结纳关系。此时，有人劝说刘备迎娶吴懿的妹妹吴氏。

吴懿（又作吴壹），字子远，兖州陈留郡（今河南开封市）人。吴懿的父亲与刘焉关系很好。刘焉被朝廷任命为益州牧后，吴懿之父就带着儿子吴懿、女儿吴氏等全家人随刘焉入蜀。刘焉还让跟随自己入蜀的三子刘瑁迎娶了吴氏。刘璋担任益州牧时，吴懿为中郎将。刘备攻占广汉郡涪城时，刘璋派中郎将吴懿等几位将领率军与刘备交战，都被刘备击败后退守绵竹，而吴懿却率领其部众向刘备投降，被任命为讨逆将军。刘瑁因癫狂病去世后，吴懿的妹妹吴氏就成了小寡妇。当有人提出让刘备聘娶吴懿的妹妹、刘璋的寡嫂时，刘备认为自己与刘瑁同族，这么做不合礼制。法正劝谏说：春秋时期，晋国的第二十二任君主晋文公娶了他侄子姬圉的老婆，也就是前任君主晋怀公姬圉的夫人怀嬴，而且生下一子姬乐。晋文公娶了他侄子的老婆为妻，并没有受到当时和后世的指责，何况您与刘瑁之间又不是近亲属，迎娶刘瑁的寡妻吴氏没有不符合礼制的问题。于是，刘备遂纳吴氏为夫人。

六是任命偏将军马超为平西将军，并命令他督南郡的临沮县（治所在今湖北宜昌市远安县西北）。马超的爵位仍然沿用以前朝廷所封的都亭侯。刘备还想夺取凉州，考虑到马超在羌人中有威信，便提拔他为骠骑将军，兼任凉州牧，进封犛乡侯。可是，第二年马超就死了。马超死后，刘备追谥他为威侯，马超的儿子马承承其爵位。

七是任命李严为犍为太守、费观为巴郡太守、黄权为偏将军、许靖为长史、庞羲为司马、刘巴为西曹掾、彭羕为益州治中从事。

李严，后改名为李平，字正方，南阳（今河南南阳市）人。李严年轻时为郡吏，以才干而知名。受到荆州牧刘表的器重，"使历诸郡县"。曹操拿下荆州时，李严正在秭归县（治所位于今湖北宜昌市秭归县）担任县令。当他听说荆州牧刘琮投降的消息后，便弃官投奔益州牧刘璋，被刘璋任命为成都县令，"复有能名"。建安十八年（公元213年），刘璋任命李严为代理护军，在绵竹一带抵抗刘备军队，但李严率部投降了刘备，被刘备任命为裨将军。成都平定后，刘备任命他为兴业将军兼犍为郡太守。刘备针对刘璋治理下的益州法纪松弛、德政不举、威刑不肃的突出问题，安排军师将军诸葛亮牵头，扬武将军兼蜀郡太守法正、昭文将军伊籍、西曹掾刘巴和兴业将军兼犍为太守李严参与，五人一起制定《蜀科》，《蜀科》后来成了蜀汉法律体系的基础。

费观，字宾伯，江夏郦县（今河南信阳市罗山县西南）人。他出身于江夏费氏大族。费氏家族与刘璋家族世代交好。费观的族姑是刘焉的正妻、刘璋的生母，刘璋女儿又是费观的妻子。同时，费观还是蜀汉大臣费祎的族父。建安十八年（公元213年），刘璋命令费观与李严率军拒刘备于绵竹，可是，刘备率军抵达后，他与李严一起率部投降了刘备。刘备占领成都后，费观被任命为裨将军，后又被提拔为巴郡太守、江州都督。

黄权，字公衡，巴西郡阆中县人。黄权年轻时在巴西郡做吏员，被益州牧刘璋征召为主簿。别驾从事张松向益州牧刘璋建议引进左将军刘备入蜀、协助讨伐割据汉中的张鲁时，黄权认为，引进刘备将会给益州带来巨大风险，于是劝谏说，不能让刘备进入益州，应该关闭边界，以等待时局的稳定。刘璋不听，最终还是派人迎请刘备，并把黄权贬降到广汉县做县长。及至刘备袭取益州，特别是刘备大军包围成都之后期，益州所属各郡、县都望风而动，纷纷向刘备投降，只有黄权紧闭城门予以坚拒。刘璋向刘备投降时，黄权才跟着刘璋归附了刘备。这次刘备任命黄权为代理偏将军，以进一步观察考验他。刘备在其军事行动中发现，黄权作战勇猛顽强，舍生忘死，为蜀汉政权巩固和发展做出了突出贡献。最后，黄权被任命为车骑将军，仪同"三司"。

许靖，字文休，南郡平舆县（今河南驻马店市平舆县）人。他年轻时就与堂弟许邵一同成名，都以评论人物而闻名遐迩，但二人"私情不协"。许邵做汝南郡（东汉时属豫州，东汉以后治所屡迁，多在今河南驻马店市平舆县）功曹时，用计让许靖被官府录用失败，许靖只好靠赶马磨面来养活自己。直到颍川郡颍阴县（今河南许昌市）人刘翊担任了汝南太守，才举荐许靖担任了吏员，后又任尚书郎。兴平二年（公元195年），许靖去往交阯郡（治所在龙编县，今越南北宁省仙游之东），受到了交阯太守士燮的敬重和厚待。巨鹿人张翔奉命出使交阯，想凭着自己的权势征召许靖，试图与许靖订下誓约，许靖拒不答应。许靖写信给曹操，希望他能安宁国家，恩济百姓，并提出了其他一些意见和建议。张翔怨恨许靖不为己所用，就把他打算寄给曹操的信简搜查出来，全部扔到水里。后来益州牧刘璋专门派遣使者征召许靖，许靖随使者来到益州，先后被刘璋任命为巴郡太守和广汉太守。建安十六年（公元211年），许靖接替王商出任蜀郡太守。刘备率军包围成都时，许靖企图越城逃跑，为刘璋所获。刘璋投降了，可许靖却迟迟不肯投降，成都即将被攻破时，许靖才打算投降。刘备认为这人看不清大势，因此不想给他安排职务。法正劝谏刘备说：您现在刚开始创建大业。许靖的虚名早已传播天下，对天下之人您又不可能挨家挨户地去作说明，如果不能对他以礼待之，天下之人就会因此说您看不起贤才。对许靖还是用起来为好。刘备这才任命他为左将军府长史。

庞羲，河南（今河南洛阳市一带）人。庞羲与益州牧刘焉有通家之好，他在朝廷担任议郎时，刘焉的长子、左中郎将刘范曾密谋引兵袭长安，事泄被杀，于是庞羲带领刘范诸子入蜀，被授任为中郎将。刘璋袭位后，派遣庞羲攻打张鲁，庞羲未能攻克，但仍被任命为巴西太守，以抵御张鲁南侵。后庞羲"遂专权势"，于是遭到谗言攻击，并为刘璋所疑，庞羲为缓和与刘璋的关系，将自己的女儿嫁给刘璋的长子刘循为妻，又厚谢于刘璋，"事乃安"。庞羲与刘璋是儿女亲家，但与刘璋并不一心，早在刘备包围成都之前就投降了刘备。刘备任命他为左将军府司马。当刘备将刘璋等人转移到公安县时，庞羲请求把刘璋的儿子、自己的女婿刘循留在益州，刘备答应了他。

刘巴，字子初，零陵郡烝阳（今湖南邵阳市代管邵东市）人。

他年少时就有名气，荆州牧刘表连续几次征召他做官，并举荐他为茂才，他都没有应允。曹操南下荆州，收降了荆州牧刘琮，刘备逃奔江陵，荆州士人和百姓跟随刘备者甚众，而刘巴却向北投奔了曹操，曹操任用他为掾属。曹操曾经派遣刘巴去招降和接收长沙、零陵和桂阳三郡。当时，正赶上刘备已经将这三个郡拿下，刘巴无法完成曹操交给他的任务，极度失望，打算从交州一带转道回北方。当时交州治所还在广信县（今广西梧州市），建安十五年（公元210年）交州治所才移至番禺县（今广东广州市番禺区）。这个时候，诸葛亮正在临蒸县（治所为今湖南衡阳市），当他得知刘巴即将失望而返的消息后，就写信劝刘巴说，与其空手而归、没法给曹操交差，不如投奔刘备。刘巴不同意向刘备投降，但也不敢再回北方，于是进入蜀地投奔了刘璋。后来，刘璋打算迎接刘备进入蜀地，刘巴则劝谏说，刘备是一代奸雄，他进入蜀地必定害人，但刘璋对刘巴的话置若罔闻。当刘备进入蜀地之后，刘巴再次劝谏刘璋说，如果让刘备去征讨张鲁，那就等于放虎归山，刘璋依然不听。于是刘巴闭门称病，不再过问政事。刘备围攻成都时，曾向军队下达命令说，在进入成都城之后，谁也不准伤害刘巴，否则诛杀三族！刘璋投降之后，刘巴急忙请罪，刘备不加责备。诸葛亮也多次推荐刘巴，刘备起用刘巴为左将军西曹掾。刘巴为人清廉节俭，不治产业，又考虑到自己并非一开始就归附刘备的人，害怕受到猜疑，因此总是恭敬寡言，退朝居家不与人私自交往，不是公事不发表自己的意见。

彭羕，字永年，广汉人。他身高八尺，性格孤傲，对绝大多数人轻视不睬。彭羕在州府做书佐时，由于性格问题得罪了不少人，有人就在益州牧刘璋面前诽谤他。刘璋判他髡刑，剃去头发，戴上刑具，罚做苦役。此时刘备进入益州，沿江北上。彭羕趁刘璋行将败北、看守不严之机，跑出来想归附刘备。他先去面见庞统。庞统与彭羕并无旧交，又赶上当时有客在座，彭羕便径直在庞统的榻上躺下，他对庞统说：等客人走了以后，我要同你聊聊。庞统会客完毕，回头坐到彭羕跟前，彭羕又要庞统先弄点好吃的。一起吃完饭之后，他才同庞统谈话。庞统一一照做，还留他过夜，第二天又谈了一天。庞统对彭羕非常赞赏，于是就将他引荐给法正。法正以前就很了解彭羕，于是也向刘备推荐彭羕，刘备也认为彭羕非同常人，于是就把他留了下来，并多次让彭羕传达军令，指导教授诸位将领。彭羕的工作很称刘备的心意，刘备对他的才能也很赏识，不断提高他的待遇。成都平定后，刘备提拔彭羕为治中从事。

八是任命霍峻为梓潼郡太守。

霍峻，字仲邈，南郡枝江人。霍峻的胞兄霍笃，曾经在家乡拉起了数百人的队伍造反，后来归附了荆州牧刘表。霍笃病逝后，刘表下令由霍峻代管这支队伍。建安十三年（公元208年），刘表去世后，霍峻便率部投奔了刘备，被任命为中郎将，后随刘备入蜀。刘备从葭萌率军还袭刘璋时，留下霍峻守卫葭萌城。盘踞汉中的张鲁看到葭萌城空虚，便派遣手下将领杨昂忽悠霍峻，请求与霍峻一起守城，以增加霍峻的防卫力量，其真实目的是想借机夺取葭萌。霍峻看穿了他们的阴谋，坚决予以回绝，使张鲁和杨昂巧夺葭萌的图谋破产。后来，刘璋的部将扶禁、向存等率领一万余人的军队围攻葭萌城将近一年，企图攻取该城。霍峻手下的守城士卒只有数百人，防守压力巨大。在敌强我弱、岌岌可危的形势下，霍峻瞅准敌人疲惫之机，挑选部分精兵，出其不意冲出城外，大破敌军，斩获了敌将向存的首级，扶禁见势不妙，率军逃跑，葭萌城得以解围。成都平定之后，刘备将广汉郡十三个县一分为二，增设梓潼郡，任命霍峻为梓潼郡太守、裨将军。益州北部的重要关隘几乎都在梓潼郡地域之内，防守任务十分艰巨，刘备把霍峻放在那里，与时任巴西太守张飞共同守边，这让刘备心里非常踏实。

刘备以"海纳百川，有容乃大""谦以待人，宽以处世"的理念任用官吏，上上下下反响良好，"备皆处之显任，尽其器能，有志之士，无不竞劝，益州之民，是以大和"。同时，刘备还注重加强对官吏的明察暗访和监督检查，发现"问题官员"及时查处。一次，他在巡查中发现，广都县（治所在今四川成都市双流区境内）新任县长蒋琬工作不在状态，"众事不治"，且又烂醉如泥。刘备大怒，打算判处蒋琬死罪。诸葛亮为蒋琬求情说，蒋琬是栋梁之材，不是治理小县的料。他施政以安定百姓为本，不善于做表面文章，希望主公对他重新考察。刘备便没有给蒋琬定罪，只是免去了他的官职。这件事对地方官吏震动很大，从此再也没人敢于在工作时间喝酒、懈怠政务了。（据《资治通鉴》第六六、六七卷，《三国志·蜀书·董刘马陈董吕传》《三国志·蜀书·关张马黄赵传》《三国志·蜀书·许麋孙简伊秦传》《三国志·蜀书·刘彭廖李刘魏杨传》《三国志·蜀书·蒋琬费祎姜维传》《三国志·蜀书·黄李吕马王张传》《三国志·蜀书·庞统法正传》《三国志·蜀书·霍王向张杨费传》）

（二）虚心纳谏，不侵民利

在围攻成都时，为激发士卒们的战斗热情，刘备曾经向士兵们许诺：如果攻破成都，刘璋官府仓库里的财物，你们可以随便拿，我绝不干预。刘璋投降、刘备大军入城之后，士兵们纷纷扔掉兵器，奔向官府的仓库，将里面的东西都抢走了。由于刘备本身没有辎重，全靠缴获战利品补充军需，刘璋的官库空了，刘备又开始为今后的军需物资发愁。此时，西曹掾刘巴向刘备献计说，只要铸造出一种值百钱的钱币，平抑物价，命令官吏设立官市，让商品流通起来，物资匮乏的问题就会迎刃而解。刘备采纳了刘巴的建议，果然几个月之后，州府官库里的财物就逐渐充盈起来，有效解决了军需问题。

当时，还有人曾经建议把成都肥沃的田地和城中豪宅分配给将领们，赵云则公开站出来反对，他想到历史上遇到的类似问题以及处理此类问题的成功案例。他说，汉初时，霍去病就曾认为，匈奴尚未消灭，不能贪图享乐。等到天下太平之后，将士们重归故里，在自己的田地里耕种劳作，这样才能安得其所。赵云作为一名武将，不仅对历史事件如此熟悉，还善于运用历史上的成功经验来做将领们的思想工作，并取得了较好的效果，令人惊叹！

（三）加强法治，严法治蜀

过去，在刘焉、刘璋两代益州牧的统治之下，益州的各级官吏和老百姓普遍缺乏法治观念和法律意识，官府随意性大，官吏任性妄为，老百姓不懂法、不守法。就连长期在刘璋手下担任军议校尉的法正，在被刘备任命为蜀郡太守、扬武将军之后，依然法律意识淡薄。

法正作为刘备的重要谋臣，实际上目无法纪。他心胸狭隘，睚眦必报，擅自处死了几个毁谤过他的人。有人对诸葛亮说：法正在蜀郡无法无天、横行霸道，将军应禀告主公，对他的行为加以限制。诸葛亮回答说：主公在公安时，北怕曹操强大，东怕孙权威逼，内怕孙夫人生变。自从法正辅佐主公之后，主公不再受制于人，如今怎么会好意思制止法正不由个人的意志行事呢？

虽然诸葛亮嘴上这么说，但他一直在想，目无法纪并不是法正一个人的问题，而是长期以来缺乏法治环境所造成的恶果。因此，必须从法治建设的基础抓起。实际上，刘备也是这样认为的。于是，刘备命令军师将军诸葛亮牵头，召集兴业将军李严、扬武将军法正、昭文将军伊籍、左将军西曹掾刘巴五人一起研究制定《蜀科》，改变刘璋治下无法可依、以言代法、以情代法、官比法大、无法无天等严重问题。《蜀科》制定后，严法治蜀、从严约束官吏的施政行为，加上严厉打击地方豪强的不法行为，引起了部分官吏和豪强的不满，在他们的造谣惑众下，"人多怨叹者"，并以消极态度抵制蜀汉政权。此时，法正向诸葛亮进言说：以前刘邦入关后约法三章，秦地百姓感恩戴德。现在，您借助威权占据了一州之地，统领益州刚刚开始，尚未施加恩惠进行安抚，就出台这么严格的法律，不适应当地人们的意愿。况且从外来客与本地主之间的关系来讲，客人的姿态应该降低，希望您"缓刑弛禁"，放宽约束。但诸葛亮认为，不能照抄照搬汉初的法令，应当因时制宜，懂得变通，于是他写了一封《答法正书》给法正。

诸葛亮说：您只知道事物的一个方面，而不知道它的另一个方面。秦王朝昏庸无道，政苛民怨，所以陈胜、吴广揭竿而起，大声一呼整个秦王朝就土崩瓦解了。而汉高祖刘邦汲取秦朝灭亡的教训，采取宽大为怀的政策获得了成功。刘璋的情况却是不一样的，他糊涂软弱。从刘焉统治益州开始，刘家两代全靠感情来维系上下关系，互相奉承，德政不能实行，法律失去威严。本地官员专权跋扈、为所欲为，上下关系遭到破坏。提拔当官以示宠爱，当官位顶住了益州的天、不能再高时，反而被臣下所轻视。州牧顺从臣下的要求、施加恩惠得不到满足时，臣下便会轻狂怠慢。蜀地政风败坏到这个程度，可以说就是因为长期缺乏法治造成的。所以，我现在就是要加强法治建设，强化广大吏民的法治观念，树立法律法令的威严，努力形成依法行政、依法办事的浓厚氛围，渐渐地人们就会知道我的恩德。没有规矩不成方圆。以爵位限定官员的地位，加爵的人就会感到荣耀。荣耀和恩德相辅相成，上下之间都要有一定的规矩，大家都遵守这个规矩，按规矩办事，这是治国理政的重要原则。只有凸显这个原则，国家治理才能取得明显成效。

诸葛亮明确提出了威法限爵、恩荣并济、上下有节的依法治吏先进理念。诸葛亮所说的这番话，分析和阐述思路清晰，理论性和针对性强，法正再也没有说什么。当时还有人批评诸葛亮"惜赦"，对此，诸葛亮鲜明地提出了"治世以大德，不以小惠"的主张，从正面压制了他们的不当言论。诸葛亮自谓道："吾心如秤，不为人作轻重。"诸葛亮依法惩处了一些违法犯罪的高官，但他们很少有不服气的。比如，廖立以前曾被诸葛亮称赞为"楚之良才"，官至长水校尉，可是他升官之后，"坐自贵大，臧否群士"；李严父子，以前都受过诸葛亮的提携之恩，后来李严因遇霖雨，运粮不继。诸葛亮发现并掌握他们的违法事实之后，先后上疏劾之，分别将廖立、李严废为平民，流放到外地。但廖立、李严并没有怨恨诸葛亮，反而在诸葛亮病逝之后都痛哭流涕。为此，陈寿在写《诸葛亮传》时曾评论说："诸葛亮之为相国也，抚百姓，示仪轨，约官职，从权制，开诚心，布公道；尽忠益时者虽仇必赏，犯法怠慢者虽亲必罚，服罪输情者虽重必释，游辞巧饰者虽轻必戮；善无微而不赏，恶无纤而不贬。"因此，"邦域之内，咸畏而爱之，刑政虽峻而无怨者，以其用心平而劝戒明也"。陈寿还在《进诸葛亮集表》中赞扬诸葛亮说："科教严明，赏罚必信，无恶不惩，无善不显，至于吏不容奸，人怀自厉，道不拾遗，强不侵弱，风化肃然。"（据《资治通鉴》第七五卷，《三国志·蜀书·诸葛亮传》《三国志·蜀书·庞统法正传》）

四、张鲁献地降曹，刘备攻杀夏侯渊夺得汉中

刘备夺取益州之后，就想进攻汉中，打掉张鲁，实现益州一统。曹操也想占领汉中，以便对刘备刚刚夺取的益州形成威慑。周瑜已经制定好了攻打汉中的计划并得到了孙权的批准。在周瑜收拾行装欲率军出发之时，突发疾病死在巴丘（古县名，属庐陵郡，治所在今江西吉安市陕江县邱镇北里许村）。凭张鲁的那点儿本事和

军事实力，他既抵挡不住刘备，也打不过孙权，更抵抗不了曹操。但是无论是刘备、孙权，还是曹操，谁想一口吃掉张鲁也不是那么容易的事。

（一）曹操亲率大军攻打汉中，张鲁等军阀因惧而降

张鲁是东汉末年割据汉中的军阀、"五斗米道"第三代天师。多年来，汉中地区信仰"五斗米道"的信徒都被张鲁祖孙三代洗了脑子。起初，张鲁的祖父张陵由老家沛国丰县（今江苏徐州市丰县）来到蜀地，学道于鹄鸣山（在今四川成都市大邑县西北三十里鹤鸣乡境内）中，他"造作道书以惑百姓，从受道者出五斗米，故世号米贼"。张陵死后，张鲁的父亲张衡"行其道"；张衡死后，张鲁"复行之"。早年，益州牧刘焉任命张鲁为督义司马，与别部司马张脩（汉中人，今属陕西）率领部众一起击杀了朝廷任命的汉中太守苏固（扶风人，今陕西咸阳市代管兴平市东南人）。不久，张鲁又将张脩袭杀，并夺其部众，扩充了自己的军事实力。益州牧刘焉死后，其子刘璋继承了他的职位。由于张鲁不顺从刘璋，刘璋"尽杀鲁母家室"。于是，张鲁满怀仇恨遂据汉中，以鬼道教民，自号"师君"。来学道者，初名为"鬼卒"，受道已深者被称为"祭酒"，领部众多者被授予"治头大祭酒"之衔。张鲁教育信众"以诚信不欺诈，有病自首其过，大都与黄巾相似"。诸祭酒皆作"义舍"，置米肉于内，无人看管，免费提供给路人食用，并宣扬说，行路者量腹取食，如果取之过多造成浪费，则"鬼道辄病之"。张鲁盘踞汉中已经二十多年，他在忽悠老百姓方面积累了丰富经验，

同时也积存了巨额财富。以前由于曹操忙于平定北方和攻打孙权、刘备等，无暇顾及汉中，于是曹操对张鲁暂时实行安抚政策，基本上默认张鲁在汉中的郡守地位，这就使得张鲁更加肆无忌惮，逐步做大做强。直到建安二十年（公元 215 年），曹操才腾出手来武力解决张鲁的问题。他亲率大军西征汉中，讨伐张鲁。

曹军抵达阳平关时，张鲁就想投降曹操，但他的弟弟张卫却不愿意。于是，张卫拉出数万兵马占领了阳平关，在那里坚决阻止曹操进入汉中。阳平关是进入汉中的重要关口，曹操大军在这里遇到了张卫军队的抵抗，无法通过。可是，张卫的军队太不经打，很快就死伤一大片，剩下的人见势不妙都溃散了。张鲁闻讯后非常恐惧，欲向曹操投降。其手下的功曹、谋士阎圃（巴西郡人）劝谏张鲁说：现在您因为兵败而向曹操投降，肯定不会得到重用，不如先去巴中依附少数民族賨人首领杜濩、任约和七姓夷王朴胡，而后再向曹操献礼称臣，这样就会得到曹操的重用。

阎圃还给张鲁出主意说，下一步有两条路可选，要么北降曹操，要么东投刘备。张鲁说，我宁可做曹公的"打工仔"，也不做刘备的席上客。于是，张鲁采纳了阎圃提出的建议，率军前往巴中（今四川盆地）。

在张鲁离开之前，身边之人想把这些年来积藏在仓库中的宝物和粮食全部烧掉。张鲁说，我已有了归附朝廷的意思，可这只是一厢情愿，未能让曹公知晓。今天我们离开这里，不过是避开锋芒，并没有其他意图。宝物和粮食应当归国家所有。张鲁将库中的宝物等清点归整并封存好之后，才去了巴中。

曹操率军抵达汉中时，张鲁已经逃跑。曹操没有费什么劲就得到了汉中，包括张鲁的库存珍宝、粮食等。曹操在得到这块土地后着重做了一项工作，就是安排都护将军夏侯渊留守汉中，屯驻阳平关以拒刘备，并牵头督导荡寇将军张郃、平寇将军徐晃等平定"三巴"，相当于今四川嘉陵江和綦江流域以东大部分地区。

（二）刘备攻打汉中前期不顺，后击杀曹将夏侯渊

曹操率军入驻南郑后，听说张鲁逃离时，有意识地将库存珍宝、粮食为他全部留了下来，对此曹操深受感动，于是立即派遣使者去巴中慰问张鲁。张鲁也向曹操示好，鼓动賨人部落首领杜濩、任约和七姓夷王朴胡各自率领部众向曹操投降，以便为自己降曹探路。曹操非常欢迎他们来降，于是任命朴胡为巴东太守、杜濩为巴西太守、任约为巴郡太守，并将三人都封为列侯。张鲁见曹操厚待归降者，于是就带领全家人去谒见曹操。曹操任命张鲁为镇南将军，封阆中侯（一作"襄平侯"），食邑一万户。后来，曹操将张鲁及其全家都带回邺城，并赐封张鲁的五个儿子为列侯。曹操还让自己的儿子曹宇（操与环夫人之子，与曹冲是同母兄弟）娶了张鲁的女儿为妻。

在刘备阵营，偏将军黄权获知曹操攻打汉中的消息后，就向刘备进言说：汉中对于我们来说非常重要。如果汉中被曹操拿下，那么"三巴"就很难保住，这等于割去蜀地的四肢。刘备认为黄权的观察和分析颇有道理，于是将黄权提拔为护军，并派遣他率领部分兵马，以保护张鲁生命安全的名义，把张鲁迎接到蜀地。

当黄权等赶到巴中时，张鲁等已向曹操投降。于是，黄权乘机攻打朴胡、任约和杜濩，并将他们打败。曹操立即派遣张郃率领军队攻占"三巴"，并开始把"三巴"地区的老百姓迁徙到汉中。

随着张鲁降曹，投奔和依附张鲁的几个西部小军阀庞德、程银、侯选等也都向曹操投降，曹操恢复了程银、侯选的官职和爵位。对骁勇善战的庞德，曹操高看一眼，将他提拔为立义将军，封关门亭侯，食邑三百民户。后来，庞德成为曹操麾下的名将。

曹操回到邺城之后，又任命驻守汉中的夏侯渊为征西将军，进一步提升了他的权威。按说夏侯渊作为保卫汉中的三军主将，应该对汉中这块新到手的土地好好地进行研究谋划和安排部署。可是，夏侯渊认为没有战事就是没事。于是，他就率领军队去攻打武都县、下辨县等地的氐羌部落，缴获他们谷子、高粱等十余万斛。其实，夏侯渊并不缺乏粮食，光张鲁留下的库存够他们三军将士吃上几年。张郃也按照曹操临走时的安排，率领部队把巴地的老百姓迁往汉中。

刘备发现曹军占领了汉中，张郃又率军攻巴，并将巴地的百姓都迁到汉中，便立即命令征虏将军张飞率领一万名精兵去抗击张郃。

当张郃的军队正赶着百姓走到宕渠时，张飞率领的军队截住了他们的去路。因双方都是强将精兵，这仗一打就是五十多天，僵持不下。后来，张飞观察地形后发现，在宕渠至汉中道路上的瓦口有一段非常狭窄的山道。于是，张飞便趁夜假装撤退，而后把军队埋伏在那段狭窄山道的前面，准备迎头痛击张郃。张郃看到张飞已率军撤走，便率领军队和迁徙百姓往汉中方向移动。张郃的部众犹如一条长蛇缓慢前行，当通过那段狭窄山道时，部队首尾不能相顾。张飞的军队截住张郃前部一顿猛打，致其伤亡惨重，张郃只带领十几个骑兵逃跑，之后再与后部的兵卒会合，撤回汉中治所南郑。

张飞打败张郃之后，法正给刘备出主意说：曹操收降了张鲁，占据了汉中，命令夏侯渊、张郃留在那里固守。据我观察，夏侯渊、张郃的才能比不上我军将领，张飞打败张郃就是一个很好的例证。所以，现在举兵进攻汉中，肯定能取得胜利。如果丧失这个绝好机会，今后肯定会出现忧患。我们占领汉中以后，组织那里的农民广开农田，大力生产和储存粮食，等待可乘之机。搞得好可以把曹操打败，恢复皇家威权；次之，可以蚕食雍州和凉州，拓展我们的疆土；最次，也可以据险固守，与曹操长期对峙。这个机会是上天赐予的，千万不可白白丧失掉！

善于捕捉机遇的刘备赞成法正的观点和策略，亲自率领赵云、黄忠等将领作为主力部队，进军夏侯渊把守的阳平关，企图突破此关，攻取南郑，拿下汉中。阳平关南临汉江和巴山，北依秦岭，西隔咸河，与走马岭上的南郑遥遥相对，雄踞于西通巴蜀的金牛道口和北抵秦陇的陈仓道口，与汉江南、北的定军山互为掎角之势，是汉中盆地的西边门户，同时也是巴蜀通往关中的北端前沿，地理位置十分险要。因此，刘备的主力部队久攻不下，便与夏侯渊的军队相持对抗。

为防范曹操派出援军，刘备又派遣张飞、马超、吴兰、雷铜等驻军武都，把守下辨，以阻挡可能从关中方向开进来的援兵。

建安二十三年（公元 218 年），曹操得知刘备进攻汉中的消息后，立即命令都护将军曹洪为主帅，曹休为骑都尉和参军，率领当时曹军中最精锐的"虎豹骑"开赴前线拒敌。为培养、锻炼曹休，曹操在出征之前对他说：你虽然名义上是参军，但实际上就是这支部队的主帅。曹洪得知此令后，把军中事务全都委托给曹休负责。当曹洪率军抵达下辨时，张飞等人正屯驻在固山（位于今甘肃陇南市成县境内），张飞令吴兰为先锋，"领军哨出"。张飞还放出话来，说要切断曹军的后路。在此情况下，曹洪召集将领们一起研究应对之策。曹休说：按常理，如果张飞确实要切断我军的后路，应该隐蔽行动，而现在他们却公开叫嚷，这说明他们是在虚张声势，实际上根本做不到。因此，我军应该趁敌人尚未集结之际，迅速攻击吴兰。只要打败吴兰，张飞、马超等自然就会撤走。曹洪认为曹休的分析很有道理，于是就采纳了他的建议，由曹休率领战力极强的"虎豹骑"率先发起对吴兰先锋部队的攻击。此时，吴兰以为曹洪等已被张飞等拖住，所以根本没有防备，大惊之下被曹军一击即溃，张飞的副将吴兰被杀死。张飞、马超等听说吴兰全军覆没，立即从固山撤军。"下辨之战"是刘备与曹操汉中争夺战的前哨战，曹军取得了"开门红"。

张飞等率领的军队在下辨企图拦截和封堵曹军通往汉中的通道失败后，刘备又派出陈式（最初为低级军官，由于英勇善战而逐步成长为高级将领）领兵去切断在下辨以南直线距离不到一百公里左右的马鸣阁道。马鸣阁道位于今四川广元市，是由关中通往汉中的险要咽喉，切断这个咽喉，就会使曹军无法去往汉中施援夏侯渊，这样就能将夏侯渊困死在阳平关。夏侯渊听到消息之后，便派遣徐晃领兵从岔路攻击，终将陈式击破，"贼自投山谷，多死者"。曹操闻讯后非常高兴，专门发来诏令说："此阁道，汉中之险要咽喉也。刘备欲断绝外内，以取汉中。将军一举，克夺贼计，善之善者也。"

下辨和马鸣阁道拦截行动失败后，刘备又去攻击张郃。当时张郃率领少量部队驻扎在阳平关不远处的广石（今陕西汉中市勉县之西）。刘备将一万多精兵分成十股，向张郃的部队发起夜袭。张郃率领亲兵拼死奋战，刘备最终也没有攻下广石。

自从刘备亲率大军攻打汉中以来，前期进攻并不顺利，"攻之不能克"。于是，刘备"急书发益州兵"。留守益州主持全面工作的诸葛亮接到刘备调兵的命令之后，就询问犍为郡从事杨洪应该怎么办。

杨洪，字季休，犍为郡武阳（今四川眉山市彭山区）人。杨洪年少时不爱读书，但对继母极为孝顺，在家乡一带颇有孝名。刘璋担任益州牧时，杨洪曾在益州多个郡府为吏。他忠诚廉洁，做事宽厚大度。刘备担任益州牧后，犍为太守李严将杨洪任命为功曹，在郡府中总揽众务，职统诸曹，且握有群吏升迁黜免之权，在郡太守自辟的属吏中地位最为尊显。太守李严打算把犍为郡治所搬迁到他处，功曹杨洪认为不妥，极力劝谏未被采纳，于是便辞去功曹职务，请求退居。李严就把他作为益州府蜀部从事人选推荐到州府，并向诸葛亮进行了汇报。

正在此时，刘备从攻打汉中的前方发来急信，要求后方发兵增援。诸葛亮以此事询问杨洪，杨洪回答说：汉中乃益州的咽喉，也是存亡的关键，如果没有汉中，那么蜀地也将保不住。曹军屯兵汉中，这是家门口的祸害。现在我军急夺汉中，男人应该参战，女人应该运粮，发兵前线刻不容缓，没有什么可犹豫的。从诸葛亮的角度看，透过杨洪这几句话就可以发现，杨洪的政治立场、大局意识、胸怀襟度和不怕困难的担当精神都是很不错的。

当时扬武将军兼蜀郡太守跟随刘备打仗，驻扎在阳平关，正在与夏侯渊对峙，蜀郡暂时无人主持工作。蜀郡是益州各郡的领头羊，其支前工作好坏对全州各郡影响极大，可是当时蜀郡没有人操持征兵征粮之事。诸葛亮根据犍为郡太守李严的推荐，特别是这次对杨洪的现场测试和考察情况，打算让杨洪担任代理蜀郡太守，以发挥其在全州的示范带头作用。于是诸葛亮就此事紧急上表请示，得到了刘备的批准。这样，杨洪立即走马上任，第一时间就把支前工作牢牢抓在手上，各项军需保障工作做得很好。由于杨洪工作出色，实绩突出，不久就成为正式的蜀郡太守。

杨洪到蜀郡任职后，便向李严推荐自己手下的书佐何祗为犍为郡功曹人选，说此人"有才策"，但没几天，诸葛亮又以同样的方式选拔何祗为广汉太守。这是近两千年前诸葛亮所发明的选官用官法，主要以当时最大的大事、最难得的难事为考题，现场考察识别拟提拔使用主官人选，这一创造性方法至今仍然具有重要的借鉴和参考意义。当时益州吏民"咸服诸葛亮能尽时人之器用也"。

诸葛亮主持后方工作不松不断不乱，有力支持和保障了刘备在前方打仗的需要。尽管刘备在兵员数量和后勤保障上占有优势，但曹军作为防守方，凭着有利地形和坚固的工事拼命死守，刘备屡屡进攻均不能攻破。两军胶着对峙了一年多，双边将士力尽筋疲、困乏怠倦。

率先摆脱长期胶着状态的是刘备一方。刘备的高级谋士法正给刘备出主意说：将士们都拴在这里打持久战、消耗战，总不是个办法，我们可调整一下战术思路，不在阳平关与曹军缠斗，可绕过阳平关去占领定军山。一方面，可以居高临下控制阳平关至汉中的必经之路；另一方面，那里距离汉中治所南郑不远，随时可以向南郑发起攻击，对整个汉中郡构成战略威慑。定军山附近的兴势山（在今陕西汉中市洋县东北十公里）山形如盆，外甚险，中有大谷，适合屯兵。

刘备感到法正这个思路不错，他的战略目标不在于与夏侯渊缠斗时间的长短，而是要拿下汉中，只要占领了汉中，夏侯渊和张郃再在阳平关死守就失去了任何军事意义。

建安二十四年（公元 219 年）初，刘备利用夜色作掩护，悄悄将部队从阳平关撤出，向南渡过沔水（今汉水），顺着山势缓缓而行，最后在定军山、兴势山扎营。夏侯渊发现刘备从阳平关撤走，占领了定军山、兴势山，感到刘备大军占领定军山比占领阳平关更具威胁性，如果不拔掉这个钉子，汉中之地就很难保住。于是，夏侯渊与张郃决定将五万精兵分成两路，从两个不同方向包抄定军山。这样就把本来不多的兵力分成两个部分，为刘备大军各个击破提供了方便，这是夏侯渊、张郃战术上的重大失误。法正发现夏侯渊用兵之败笔后，向刘备建议派出一部分兵力围堵张郃，围而不打，主要是控制张郃，使他不能与夏侯渊会合起来形成合力；刘备大军主力则集中消灭夏侯渊。刘备再次采纳了法正的建议。

刘备充分利用占据高地的地理优势、军需保障优势和兵员能够及时补充的优势，做好了攻打夏侯渊的一切准备。此时，法正再次向刘备建议说：我军居高临下，可以向夏侯渊发起攻击了。于是，刘备便命令讨虏将军黄忠向山下的夏侯渊发起冲锋。夏侯渊抵挡不住，节节败退，黄忠率军穷追猛打，斩杀了曹军主帅夏侯渊和益州刺史赵颙。张郃见势不妙，率领部分军队迅速撤退。

定军山之战，刘备大军取得了压倒性胜利，士气高涨。曹军大败，不仅夏侯渊、赵颙和众多将士命丧疆场，而且军中士气低落，人心不稳。夏侯渊的司马郭淮和督军杜袭把被黄忠打散的官兵集合起来，带到安全地带。

郭淮，字伯济，太原阳曲（今山西太原市）人。建安（公元196年至220年）中，被推举为孝廉，不久担任了平原府丞，为郡守的佐官，协助郡守总管全郡行政事务。曹丕任五官中郎将时，召郭淮为门下贼曹，负责讨伐盗贼事宜。后来郭淮转任丞相兵曹议令史，参与军事谋议。曹操征伐汉中张鲁时，郭淮跟随出战。张鲁投降后，曹操留下征西将军夏侯渊守卫汉中，郭淮为夏侯渊的军司马。夏侯渊与刘备交战时，郭淮因有病未能参加。夏侯渊战死疆场后，群龙无首，军中大乱，郭淮立即挺身而出。

司马郭淮与丞相长史、督军杜袭（颍川"四大名士"之一，济阴太守杜根之孙）一起商量，共同推举张郃为军中主帅，并发布号令说，张郃将军是著名将领，是刘备的克星。目前，夏侯渊将军已死，军情紧迫，只有在张郃将军的统一指挥下，大家才能转危为安，转败为胜。

张郃原为袁绍的将领，在官渡之战时投降曹操，被任命为偏将军。他跟随曹操平定河北，跟随张辽平定淮南，跟随夏侯渊平定凉州，跟随曹操夺取汉中。在奉命率部进攻巴西和迁徙那里的百姓到汉中时，被张飞击败。曹操不仅没有怪罪他，还任命他为荡寇将军。在郭淮、杜袭和广大将士推举之下，张郃临危受命，立马出来统率军队，巡视阵地，部署战备。官兵们也都自觉服从张郃的指挥，听从他的命令，军心重新得以稳定。张郃率领残兵败将渡过汉水，逃到阳平。

刘备打算乘胜向逃到阳平的张郃败军发起攻击。消息传出后，张郃及其将领们认为寡不敌众，打算依托汉水列阵抵抗。郭淮不同意这样部署。他说：这样布阵显示我们势力弱小，不足以挫败敌人。我们应该远离汉水列阵，引诱刘备渡河进攻，等他们渡过一半左右时，我军再发起攻击，这样就可以打败敌军。张郃及其将领们都同意郭淮的意见，于是远离汉水列好阵势。当刘备得知曹军列阵以待的消息后却起了疑心，他命令士兵放弃渡河，与张郃军队隔水相持。张郃、郭淮一方面坚守阵地，另一方面派人将这里的军情向曹操报告，曹操完全同意张郃的部署，并派来使者将领兵主帅的符节授予张郃。（据《资治通鉴》第六七、六八卷，《三国志·魏书·张乐于张徐传》《三国志·蜀书·霍王向张杨费传》《三国志·魏书·诸夏侯曹传》《三国志·魏书·满田牵郭传》）

（三）曹操欲夺回汉中未能如愿，刘备将汉中收入囊中

为了挽回夏侯渊兵败带来的损失和负面影响，曹操来到长安，并在此集结军队。他将从这里出发，亲率大军挺进汉中，欲夺回得而复失的汉中之地。曹操到达后，驻扎在阳平关。

刘备得知曹操来战，便对他的部将们说：曹操虽然亲率大军来袭，但他已无力挽回败局，没有什么了不起，我们一定要占有汉中山川险要。于是，刘备集结军队，占据易守难攻的有利地形，始终不与曹军正面交锋。

为保证军需供应，曹操这次亲征还带来了大批军粮，但需要经过南郑的北山才能运送过来。刘备手下的猛将黄忠获得消息，便主动请缨，率部截击。在出发前，他与赵云等约定了返回时间。可是，黄忠严重超时未归，赵云担心出现什么不测，便率领数十骑出营查看，正巧与曹操大军猝然相遇。赵云立即率领骑兵以疾风迅雷之势冲向曹军。曹军弄不清楚后面还有多少兵马，也弄不清楚有无伏兵，于是迅速逃散。赵云等不敢恋战，且战且退，快速退回自己的大营。曹军被冲散之后再度集合，追赵云于军营之前。赵云命人打开营门，有意让曹军进入。曹军怀疑营中有埋伏，不敢冲入，赶紧掉头撤退。赵云又命人擂响战鼓，以边追边隐的方式乱箭送敌，只见箭射而不见追兵，曹军撤退的尾巴被赵云军队的强弩一阵猛射，死伤众多。溃退中的曹军非常惊恐，拼命逃跑，自相践踏，还有许多士兵落入汉水淹死。第二天一早，刘备亲自来到赵云的军营，查看了昨天的战场，非常高兴地对赵云说：赵子龙浑身都是

胆啊！

　　曹操与刘备在汉中对峙一个月，谁也没敢"玩胆"，刘备没敢从易守难攻的险要之地走出来偷袭曹操，曹操也没敢发兵攻击刘备屯驻的万夫难摧之地。由于定军山大败的阴影还笼罩着曹军，加之刘备大军躲在工事里面虎视眈眈地盯着曹军，再加上远离故土及单调乏味的军营生活，曹军中士气逐渐低落，有些士兵由于厌战而开了小差。曹操无意与刘备恋战，便于当年七月率领所有进攻汉中的军队回返长安。刘备趁机占领了汉中，终于实现了他夺取汉中、占有整个益州全部地盘的梦想。（据《资治通鉴》第六七、六八卷，《三国志·蜀书·先主传》）

五、关羽试图拿下樊城，孙权趁机占领南郡

　　刘备得到益州之后，孙权于建安二十年（公元 215 年），派遣中司马诸葛瑾向刘备"从求荆州诸郡"，可是"（刘）备不许"，他说："吾方图凉州，凉州定，乃尽以荆州与吴耳。"诸葛瑾"讨债"空手而归，惹怒了孙权。孙权说：这是有借无还，不过是找借口拖延时间罢了。他一气之下，将刘备在荆南所控制的四郡中的三郡，即零陵、长沙、桂阳都任命了郡太守。可是，当孙权的三位新太守走马上任时，却让刘备的大将"关羽尽驱之"。孙权气愤不已，命令吕蒙率军两万人去武力夺取这三郡。

（一）吕蒙以和平手段夺得荆南三郡

　　根据孙权提出的要求，吕蒙创造性地进行战术谋划。他首先向

刘备所控制的桂阳、长沙、零陵三郡发送劝降书，桂阳、长沙两郡太守"皆望风归附"，只有零陵太守郝普"城守不降"。

刘备获知两郡已降、一郡危在旦夕的消息后，深感形势危急，火速从益州"领兵五万"，"亲至公安"，并下令关羽将失去的桂阳、长沙两郡夺回来。当时孙权坐镇陆口，亲自指挥吴军各路兵马。孙权在前期派遣吕蒙率军攻取荆南的基础上，又下令鲁肃率领一万人屯驻益阳。益阳是长沙郡治所（位于今湖南益阳市赫山区）。孙权安排鲁肃驻守益阳，就是为了防备关羽再把已经归附的长沙郡夺走。为增加益阳的防卫力量，孙权又向吕蒙传送紧急文书，命令他不要再去攻打零陵郡了，赶紧回师增援鲁肃。此时吕蒙正率领两万人的军队开往零陵的途中，当他路过酃县（治所在今湖南衡阳市东酃湖侧）时，打听并找到了零陵太守郝普的老朋友邓玄之，并把他请到军中，欲让他去劝说郝普献城投降。

吕蒙收到孙权书面命令后，秘不传达，而是连夜召集将领安排攻打零陵事宜，并宣布说天亮时分就要出军拔城。零陵郡治所在泉陵县，距离此地大约一百多公里。吕蒙下令部队整装出发，并把这些行动故意透露给郑玄之。部署妥当之后，吕蒙就忽悠邓玄之说：郝普肯定想做忠义之事，可是他不了解外面的形势。目前左将军刘备在汉中已经被夏侯渊团团围住，关羽守在南郡不敢动弹，我们主公亲自来征伐，刘备的大将喊救命都来不及，哪还顾得上救援零陵！现在，我们已考虑周全，准备充分，马上就向零陵进发，可以说攻破城池易如反掌，郝普必死无疑，还要牵连他百岁的老娘，这多让人痛心啊！郝普就是信息太闭塞了，对外面的情况竟然一无所知，还惦记外援来解围呢。你是他的老朋友，应该赶快去见他，为他陈述祸福。于是郑玄之骑上快马去见郝普，吕蒙则率军紧随其后。郑玄之见到郝普之后，就把吕蒙的话原封不动地转述给他。郝普信以为真，吓出了一身冷汗，哆哆嗦嗦地表示愿意献城投降。邓玄之立即出城向吕蒙报信，说郝普一会儿就出城来降。吕蒙事先安排了几名将领各选百人埋伏到城门附近，待郝普一出城，立即抢入，守住城门。过了一会儿，郝普果然出城来降。吕蒙迎上前去，亲切地拉着郝普的手，并让他跟随自己一起上船。两人在船上聊了一会儿后，吕蒙拿出孙权的紧急文书，并拍手大笑。郝普接过文书，看了一眼，方知刘备已到公安，关羽已到益阳，才知中计，于是措颜无地，羞愧满面。吕蒙在军事任务紧急的情况下，兵不血刃就拿下了零陵。安排好固城事宜之后，吕蒙于当天率军赶赴益阳增援鲁肃，实现了"两不误"。（据《资治通鉴》第六七卷，《三国志·吴书·周瑜鲁肃吕蒙传》）

（二）曹操攻打汉中，刘备向孙权求和

自建安十九年（公元 214 年）刘备通知诸葛亮、张飞、赵云进入益州后，留守荆州的大将只有关羽一人。关羽事实上控制着荆州南郡大部、长沙郡、桂阳郡、零陵郡、武陵郡。可是，桂阳、长沙两郡已"望风归附"孙权，零陵郡又被吕蒙智取或曰骗走。鲁肃按照孙权的命令驻防长沙郡治所益阳，而刘备又命令关羽把"三郡"再夺回来。关羽与鲁肃临界统兵，双方疆土犬牙交错，多次发生争执和摩擦。作为孙刘联盟的积极维护者，鲁肃在已基本控制荆

南"三郡"的情况下，总是以大局为重，以友好的姿态积极化解矛盾和纠纷。但不管鲁肃怎么化解，只要"三郡"不还，关羽的心理就不会平衡，于是双边摩擦越来越频繁。鲁肃打算与关羽举行会谈，但他手下的将领们"疑恐有变"，劝他不要跟关羽谈。鲁肃说：事情发展到这个地步，应该把话说清楚。刘备忘恩负义、是非曲直还没有定论，关羽现在还不敢谋害我。于是，鲁肃发出会谈倡议，关羽同意了。两人见面后，鲁肃批评关羽不归还借给刘备的土地，关羽辩解说：乌林那次战役，我们主公亲自率军参战，竭尽全力打败了曹军，难道只能白辛苦一场，不应该拥有一块土地吗？鲁肃反驳说：当年我与刘备在长坂坡会面时，他的部众非常弱小，智竭计穷，士气低落，连曹军一个营的兵力都抵挡不了，只想逃得越远越好。我们主公可怜他无处安身，借给他土地和百姓（指荆州公安县），使他有了落脚之地，渡过了难关。而他却包藏祸心，虚情假意，辜负了我们主公对他的恩德。现在他已经得到了益州却背信弃义，不肯归还以前借给他的土地，现在还要兼并整个荆州。这样的事情连老百姓都难以忍受，更何况有志于天下的领袖人物呢！关羽无言以对。鲁肃与关羽谈判无果而终，双方僵持不下，战争一触即发。此时却传来曹操亲率大军攻打汉中的消息，刘备无力同时应对曹操和孙权，迫不得已派遣使者向孙权求和。经过协商，达成共识，双方以湘水为界，把荆州一分为二，长沙、江夏、桂阳以东归孙权，南郡、零陵、武陵以西归刘备。（据《资治通鉴》第六七卷）

（三）关羽进攻樊城，斩杀庞德并"水淹七军"

刘备与孙权议和之后，便率军返回了江州，把他从益州带回来的那五万人马又带了回去。可是，关羽心里憋着气，他原来控制五个郡，而"湘水划界"之后却只剩下三个。现在，即使他想从鲁肃、吕蒙那里再夺回来，一来实力不济，二来孙刘两家刚刚缔结了新的和约，于是关羽便盯上了曹操在荆州的根据地。开始，关羽策反了曹军驻守南阳郡治所宛城的将领侯音和卫开，侯、卫二人在城内发动了叛乱，欲里应外合攻占宛城，但由于曹军外部的紧急施救和镇压，夺取荆州南阳郡的图谋破产了。于是，关羽就把进攻的目标转向了曹仁驻守的樊城。建安二十四年（公元219年），关羽安排糜芳守卫江陵、傅士仁防守公安，自己率军去攻打樊城。

糜芳最初随哥哥糜竺跟随徐州牧陶谦。陶谦病逝后，兄弟二人追随了刘备。刘备从孙权手中借得南郡之后，任命糜芳为南郡太守，但糜芳与荆州守将关羽不和。傅士仁是幽州广阳郡（今北京西南一带）人。傅士仁从刘备最初举兵开始就一直跟随刘备。关羽留守荆州后，傅士仁归关羽领导，屯驻于公安。可是，关羽对待傅士仁、糜芳的态度很是傲慢，以至于糜芳、傅士仁都对关羽心怀不满。

曹操获得关羽袭击樊城的消息之后，立即派遣左将军于禁督领七军共三万余人，开赴樊城增援曹仁。于禁到达后，曹仁便安排他和庞德等人驻守在樊城之北大约十里的地方，以拦截和抗击关羽攻城。

于禁和庞德所屯兵之地，是汉水河道的改道之处，地势低洼，宜藏伏兵。他们埋伏到这里后，正赶上天降霖雨十余日，爆发了"汉水溢流"、洪水滔天的严重水患，平地水深达数丈。于禁的七路兵马和庞德的部队都被大水所淹。关羽正是抓住这一天赐良机，乘大船率军进攻。关羽的军队都在船上射箭，而于禁和庞德的士兵泡在水里拼命挣扎，完全丧失了战斗力，死伤无数。由于周边一片汪洋，于禁等将领无处可逃，只好乖乖向关羽投降。只有庞德站在大堤上，身穿铠甲，手拉弓射，朝关羽的大船射击。庞德手下的将军董衡、董超等欲向关羽投降，都被庞德当场斩杀。后来关羽的士兵发现只有庞德等几个人在拼命反抗，于是乘船向庞德发起攻击。此时，水势愈来愈大，庞德的箭也用完了，双方马上就要短兵接战。庞德对督将成何说：良将不怕死，烈士不毁节。寻求活命，苟且偷生，既非良将，也非烈士。今天就是我死的日子。说完与麾下将士三人，共乘小船欲回曹仁本营，但由于水大浪急，小船被掀翻，庞德抱住翻船拼死挣扎，终于被关羽的军队俘虏。庞德面见关羽时，却始终不肯下跪。关羽对他说：你的兄长在汉中，我打算让你做我的将领，你为什么不早早投降呢？庞德站着大骂关羽说：魏王统率百万大军，威震天下。刘备只不过是个庸才，岂能和魏王相比！我宁可做国家的鬼，也不做贼人的将领！于是，关羽便将庞德杀了，将于禁等降将押送到江陵监狱关押起来。

关羽打垮于禁、庞德及其军队之后，便乘胜向驻守樊城的曹仁发起猛攻。当时樊城进水，墙倒屋塌，城中军民对天灾和敌侵一起来惊恐不安。有人对曹仁说：现在的危难不是我们的力量所能应对的，应该趁关羽的包围圈尚未完成之际，赶紧乘轻便船只连夜逃走。汝南太守满宠建议说：山洪来之猛，去之速，不会滞留太久。据说关羽已派遣别的部队开赴郏下。目前，许都以南到处都在攻伐。关羽之所以不敢再向前推进，就是因为害怕我军攻击他的后路。现在如果我们撤军，黄河以南我们不再有立足之地。您应该在这里坚守以待。

曹仁认为满宠的话是正确的。撤军容易，一旦敌军占领樊城，再来夺取就非常困难了。于是，他派人牵来一匹白马沉入河中，祭祀河伯，祈求河神将洪水退走；与将士们一起盟誓，勠力同心，共守樊城。当时，留在樊城的曹仁军队只有数千人，未被洪水淹没的城墙仅有几尺高，天然屏障就是洪水。关羽率领水军乘船来到城下，随即分散开来将樊城包围。为切断樊城的外援，关羽又派遣属将把驻守襄阳城的曹操属将章陵太守、横海将军吕常包围起来，使吕常不能出兵施救。樊城到了最危险的时候。

在关羽取得了水淹于禁七军大捷、对曹仁和吕常造成强大攻势的震慑下，原先曹操所任命的荆州刺史胡修、南乡太守傅方都向关羽投降。

弘农郡陆浑县（治所在今河南洛阳市嵩县陆浑镇）县长张固大量征发当地青壮年农民服徭役，催逼很急，百姓怨恨，当地农民孙狼等趁机挑头，组织发起农民起义。他们攻破县城，杀死县主簿，而后率领起义队伍南下，投靠了关羽。

当时，许都以南很多地方的小股起义武装、山贼团伙等也都竞相归附关羽，并接受他的印号，甘愿成为关羽的支党。由此，关羽风声鹤起，声名远扬，四方好汉投靠如云，啸聚人马越来越多，军队士气越来越旺，一时间关羽风光无限，威震中原。（据《资治通鉴》第六八卷，《三国志·蜀书·先主传》《三国志·蜀书·关张马黄赵传》《三国志·蜀书·许麋孙简伊秦传》《三国志·蜀书·邓张宗杨传》《三国志·魏书·张乐于张徐传》《三国志·魏书·二李臧文吕许典二庞阎传》《三国志·魏书·满田牟郭传》）

（四）曹军解围樊城，吕蒙夺得南郡并斩杀关羽

魏王曹操考虑到汉献帝在许都，距关羽较近，为确保安全，他打算迁都，以避开关羽的锋芒和锐气。对此，司马懿等对曹操说：于禁等人战败投降，是因为被大水淹没，并不是因为攻战失利。刘备和孙权从外表上看关系密切，实际上各怀鬼胎。如今关羽得志，孙权必然醋意大发。我建议派人劝说孙权，让他威胁关羽的后方，我们可答应孙权把江南封给他，这样樊城之围自然就解除了。司马懿这个计策很高明，不用遣将出兵，而是让孙权去对抗关羽，替曹操打仗。

这次曹操采纳了司马懿的策略，在鼓动孙权袭击关羽后方的同时，命令驻扎宛城的平寇将军徐晃和征东将军张辽以及兖州刺史裴潜、豫州刺史吕贡等派遣军队火速增援曹仁。徐晃认为自己的军队大都是新兵，很难与关羽抗衡，当他领军行进到樊城之北的阳陵陂时便驻扎下来，没敢往前走，以等待援军的到来。曹操传令徐商、吕建等将领，要求他们"须兵马集至"，去增援徐晃；还派遣殷署率领十二营兵马听从徐晃的指挥。在曹操的亲自指挥下，各方都对

徐晃给予了大力支持，增强了徐晃战胜关羽的信心和勇气。当时关羽的前锋部队屯驻在郾城（古县名，治所在今河南漯河市郾城区），徐晃命令士兵佯装挖掘壕沟，断其后路。蜀军的前锋部队害怕被围歼，烧毁营垒撤离，徐晃遂得郾城。之后，徐晃两面连营，逐步向包围樊城的蜀军逼近，以至于徐晃的军营离关羽的围兵最近之处只有三丈。关羽的主力部队屯驻在围头（樊城之北），另有一部屯驻在四冢（在樊城附近）。徐晃采取声东击西的战术，扬言攻击围头，却出其不意突袭四冢。关羽害怕失去四冢，亲率步兵和骑兵五千人去救援四冢。随后，两军展开混战，关羽被徐晃击败逃跑，徐晃率军穷追不舍，一直追进关羽军队的营寨。该营寨外围有深壕及鹿寨十重，如果从营外强攻是非常困难的。徐晃及其军队随着逃进营寨的敌军冲入敌军的营寨后，找到并斩杀了投降关羽的荆州刺史胡修、南乡太守傅方。至此，关羽的军队受到沉重打击，损失惨重，樊城之围自解。

徐晃端掉了关羽的两个军营，俘获了大量士兵和物资，关羽军中粮草成了大问题。在后方负责军需供应的糜芳、傅士仁因为与关羽不和，并不真心实意地支援关羽，粮草供应跟不上。关羽非常生气，他放话说，回去之后，一定要好好收拾他们！糜芳、傅士仁获得消息后，恐惧不安。在这种情况下，孙权暗中派人去诱降糜芳、傅士仁，并派遣吕蒙偷袭南郡，顺利夺得了江陵和公安。

关羽和军中将领的家属多在江陵，他们得知江陵失陷后，纷纷逃往麦城（今湖北宜昌市代管当阳市东南二十二公里两河乡麦城村）。关羽无奈也随之逃奔麦城，随后又率领数十骑逃向益州。

孙权命令潘璋等把好关羽逃亡益州的道路，绝不能让他跑了。

潘璋又奉命率军到达临沮，埋伏在夹石之间，正巧遇上关羽逃跑经过此地。潘璋手下的司马马忠在章乡（一作漳乡。今湖北宜昌市代管当阳市东北漳水北岸）俘获了关羽及其长子关平、都督赵累等。潘璋将关羽等押送到孙权那里。孙权劝他投降，关羽厉声大骂，誓死不从。于是孙权将关羽父子斩杀，并将关羽的首级送给曹操。曹操以诸侯之礼将其首级安葬于洛阳，孙权也将关羽的无头尸安葬在当阳关陵（今湖北当阳市西北三公里处）。随后，孙权分出宜都郡的巫县（治所在今重庆市巫县北）和秭归两个县作为固陵郡，任命潘璋为固陵太守、振威将军，封爵溧阳侯。（据《资治通鉴》第六八卷，《三国志·魏书·张乐于张徐传》《三国志·吴书·程黄韩蒋周陈董甘陵徐潘丁传》）

六、刘备再夺两郡，先在沔阳称王后在成都称帝

自从最初冀州中山大商人张世平、苏双慷慨解囊，送给刘备大量的金钱，刘备才得以招兵买马、起兵造反开始，多年来刘备南征北战，东投西靠，屡仆屡起，经历过多次失败，但他每次都能跌倒后再爬起来，在逆境中找到光亮，侥幸得到一块土地。又经过多次无中生有和得而复失的频繁更替之后，刘备手下的兵马越来越多，地盘也越来越大。刘备夺得益州之后，又打败了曹军名将夏侯渊、张郃等，从曹操手中夺得了具有重大战略地位的汉中郡，刘备的发家之路越走越顺，尤其值得赞叹的是，刘备同曹操决裂以来第一次单独取得打败曹操的巨大胜利，大大鼓舞了蜀军将士们的信心和勇气，全军上下意气风发，斗志昂扬。在这样的大好形势下，刘备没

停下前进的脚步，他还要继续攻城夺地，企图以"一把锈犁"来"拓荒荡野"。

（一）拓土两郡，鸡飞蛋打

刘备占领汉中之后，由于大军主力需要保卫胜利成果，暂时不敢拉出去攻伐，以防曹操再把汉中夺走，于是刘备命令宜都郡太守孟达（扶风郡郿县人）率军去攻打房陵郡（治所在房陵县，今湖北十堰市房县）。建安十六年（公元 211 年），孟达作为益州牧刘璋的属下，跟随法正率领四千人的队伍从益州出发去荆州迎接刘备入蜀，但二人都背叛了刘璋，归附了刘备。刘备将他们带来的军队留下，安排孟达留驻南郡治所江陵。刘备平定益州后，任命孟达为宜都（建安十四年，即公元 209 年，刘备改临江郡而置，属荆州。治所在夷陵县，即今湖北宜昌市东南长江北岸）太守。孟达接到刘备要他率军攻打房陵郡的命令后，便取道南郡秭归县，北攻房陵郡，杀死了房陵郡太守蒯祺。蒯祺死后，刘备将房陵郡收进囊中，并任命孟达的亲信邓辅为房陵郡太守。

接着，孟达继续进攻上庸郡。刘备担心孟达攻不下来，便命令副军中郎将刘封从汉中顺沔水而下，去统领孟达的军队。

刘封本为罗侯寇氏的儿子、长沙刘氏的外甥。刘备在荆州时，因当时没有儿子，便将寇氏的儿子收为养子，起名刘封。建安十六年（公元 211 年），刘备率军入蜀，从葭萌还军进攻刘璋，当时刘封二十多岁，"有武艺，气力过人"。他带兵与诸葛亮、张飞等逆流沿江西上，攻无不克。益州平定以后，刘封被任命为副军中郎将。

建安二十四年（公元 219 年），刘封奉养父之命，到达上庸与孟达会合。上庸太守申耽见孟达、刘封都来攻城，自认为孤军抵抗只能是死路一条，于是举兵投降。为表示其归心不变，申耽主动将自己的妻儿等送往成都做人质。刘备将上庸郡纳入自己的地盘，并任命申耽为征北将军仍兼上庸太守，任命申耽的弟弟申仪为建信将军兼西城郡（治所在西城县，今陕西安康市西北）太守，提拔刘封为副军将军。

关羽围攻樊城、襄阳时，曾要求孟达和刘封发兵援助，由于当时眼看关羽胜利在望，而他们驻守的上庸、房陵两郡刚刚归附，人心尚未稳定下来，因此孟达和刘封拒绝出兵。不料，关羽的战局急转直下，时间不长就被吴军打垮。关羽被杀后，刘备对孟达、刘封不肯救援关羽非常恼火。孟达与刘封互相争斗不和，刘封抢走孟达的仪仗乐队，孟达既害怕自己挨整，又愤恨刘封强势霸道，于是写信给刘备请辞，而后率领自己的部众数千人投降了曹魏。

魏国将房陵、上庸、西城三郡合并，组成新城郡，任命孟达兼任新城太守。同时，魏国派遣右将军徐晃、征南将军夏侯尚同孟达一道攻袭刘封。在开打之前，孟达写信劝告刘封归降魏国，他在信中说：你与刘备名义上是父子，实际上不过是道路相遇之人。你没有骨肉之情而握有权势，没有君臣之义却做了高官。征战你有偏师统率的威风，平时你有副军将军的称号，你的大名无人不知。可是，自从阿斗被立为太子，有识之人都为你感到寒心。我猜测，刘备一旦将疑心变为怨恨，你的处境就非常危险了。如今你领兵在外，暂时可以获得平安；如果我们大军推进，你将失去土地空手而归，我真担心你的危险。如今你背弃亲生父母而做人家的养子，不合孝道；明明知道灾祸将要发生而安然不动，非明智之举；听到有利于自己前途和命运的忠告而不采纳，反而怀疑，此乃不义。你现在弃蜀东归，返祖归根，继承你寇氏家族的香火，不算背叛亲族；侍奉北面的君主，归附朝廷，不算抛弃旧主；如果你这样做，即使刘备发怒，但也够不上叛乱，还免除了自己被治罪甚至被处死的危险。如果你能幡然醒悟，归附朝廷，不仅可与我平起平坐，受到三百户食邑的封赐，继续统治罗侯之国，而且可扩大土地，成为首次受封之侯。你现在应当趁早决断，免得后悔。可是，刘封没有听从孟达的劝告。此时，申耽、申仪两兄弟投降了魏国。

孤立无援的刘封被徐晃、孟达等一举击败，空着手回到成都。刘备批评他欺凌孟达，且不救援关羽。诸葛亮考虑刘封刚烈勇猛，怕将来刘备死后最终难以驾驭和制服，便劝谏刘备借此机会除掉刘封，于是刘备让他自尽。刘封叹息说：真悔恨当初没听从孟达的劝告！（据《资治通鉴》第六八卷，《三国志·蜀书·庞统法正传》《三国志·蜀书·刘彭廖李刘魏杨传》）

（二）刘备在沔阳自称汉中王，建立独立王国

建安二十四年（公元219年）七月，刘备便产生了称王的想法。蜀汉群臣顺应刘备的意图，一百二十名文臣武将和各界人士联名上疏汉献帝，呼吁赐封刘备为汉中王。上疏者排在前十位的分别是：平西将军、都亭侯马超，左将军长史兼镇军将军许靖，营司马庞羲，议曹从事中郎、军议中郎将射援，军师将军诸葛亮，荡寇将

军、汉寿亭侯关羽，征虏将军、新亭侯张飞，征西将军黄忠，镇远将军赖恭，扬武将军法正等。

　　奏疏引经据典，谈古论今，从古代唐尧无比圣明而朝中却有"四凶"横行，被大舜制服起论，而后先后论述了周成王仁贤有道却有"四国作乱"（指商、管、蔡、霍四国在周成王时作乱），被周公搞定；高后临朝听政而诸吕窃权，汉昭帝幼年登基而上官桀阴谋叛乱，被朱虚侯刘章、博陆侯霍光镇压下去。由此得出结论，从历史看，制服逆贼和平定叛乱非得有大舜、周公、刘章、霍光那样的时代英雄不可。意思很明显，而今刘备就是这样的英雄。该奏疏以历史为铺垫，接下来给汉献帝戴了一顶高帽，并严肃指出了他所面临的现实威胁，奏疏说：汉献帝以伟人之身、伟人之德君临天下，但正赶上国运不济的多事之秋，前有董卓发难，后有曹操篡权；曹氏杀害皇后、鸩毒太子，祸乱国家，危害百姓，致使陛下长期劳碌忧愁，困顿于一个小县城里面，汉家宗庙无人祭祀，天下臣民不得皇恩，奸贼欺君篡政意在抢夺皇权。奏疏论到这里，笔锋一转，把当今如同大舜、周公、刘章、霍光一样的"时代英雄"刘备抬了出来。奏疏接着说：在这样的严峻形势下，左将军兼司隶校尉，豫、荆、益三州州牧，宜城亭侯刘备，承受朝廷爵禄，志在尽力汉室，为国难而献身；他窥破曹贼谋篡先兆，挺身而出，与车骑将军董承共谋诛杀曹氏，以稳定国家、安定社稷。不料董承行事不慎，机密泄漏，曹操才得以苟延性命而继续作恶于天下。奏疏还表达了奏者对国家的忧虑，又进一步阐述了群臣拥戴刘备称王的理由及其重要性、必要性，并宣示了称王之后的疆土范围等。奏疏最后说，我们这些做臣子的人，常常担心汉室祸起，大则如同阎乐杀害秦二世，小则如同王莽废黜孺子婴，日夜忧虑不安，战战兢兢。刘备乃皇室后裔，汉朝重臣，一心为国，志在平乱。自从他在汉中击败曹操之后，天下英雄豪杰纷纷归附。而今他爵位不高，未赐九锡，不能以此捍卫社稷，立传世之功德。作为臣下奉诏在外，朝廷的命令和礼节都被阻隔，实在令人寒心。当前国家正处于危难之时，曹操外则吞并天下，内则残害群臣，从朝廷到地方并未结成抗御曹氏的联合阵线。我们这些做臣子的人擅自根据朝廷的典章，加封刘备为汉中王，授官大司马，督统六军（天子所统领的军队），召结同盟，扫除叛贼，依托汉中、蜀、巴、广汉、犍为等郡所辖土地和百姓建立王国，按照汉初诸侯王的先例设官置府。此为因时而变之举，只图有利于国家，这种专权行事的方式应为可行。即使万一有什么不妥，将来功业告成之后，为臣们将退而承担假托诏命之罪，虽死也无怨恨。

这份奏疏既不是写给上级的请示报告，也不是备案文书，而是一份"刘备称王告知书"。联名奏疏呈报之后，刘备就在汉中沔阳（今陕西汉中市勉县）设置坛场，军民排队相列，百官依秩陪位，并在称王仪式上宣读了群臣的奏章，宣读完毕，即给刘备敬献王冠。从此，刘备成为汉中王。

刘备还专门向汉献帝呈报了奏章。该奏章主要讲了三层意思：第一层，刘备谦虚自己，说明忠心，颂扬汉献帝。他说：我刘备作为充数之才，承担着上将之重任，督统三军（古代的"三军"指的是左军、中军和右军），奉旨在外，却未能除掉贼臣，匡扶朝廷，使得陛下圣明的教化长期处于衰微状态，天下四分五裂，动荡不安，对此我夜不能寐，肝心若裂。之前董卓制造祸乱，而后乱臣贼子狂妄猖獗，横行无忌，祸乱国家，危害百姓。全凭陛下高德神威，天助人应，或忠勇志士举兵讨贼，或天降灾祸惩罚顽凶，乱臣贼子犹如冰雪融化一样消失，但只有曹操未被除掉，他篡夺国家权力，凶恣挠法，祸国殃民。以前我曾经与车骑将军董承策划讨伐曹氏，不料机密泄露，导致董承等人被害，我奔逃流离，连个落脚的地方也没有，不仅忠义之心难以实现，反倒使得曹操更加丧心病狂，他杀皇后、毒皇子，恶贯满盈，罪行滔天。我虽召结盟友，一心想着匡扶朝廷，终因秉性懦弱缺乏雄威，以至多年功业不成，壮志未酬。我常常担心自己早逝，而辜负国家恩望，梦中长叹，寝食难安。第二层，刘备自己没有称王的想法，但属僚们参照古制，非逼自己称王不可。刘备在上表中说，属僚们都认为，从前《虞书》有言：厚待亲族，并用众多贤明之士共同辅佐朝政，自五帝对该义理修改以来，代代相传而不衰。周朝沿袭夏、商的礼制，分封姬姓诸侯国，后来也确实得到了同姓诸侯国辅佐之福。高祖刘邦创立汉朝，尊崇王室子弟，封立九个诸侯国，最终靠各路诸侯诛灭诸吕，保住了刘姓的江山社稷。刘备以"臣僚们"引述的历史案例来开导汉献帝，以便使献帝正确对待刘备称王。接着，刘备既谈了当前刘氏皇族面临的威胁，又谈了自己在臣僚们的"劝导"之下思想认识得到"提高"的过程。他说：现在曹操厌恨直臣、仇视忠良，其追随者众多，尽管曹操包藏祸心，但他篡权窃国的罪恶目的已原形毕露。有鉴于当前宗室衰微，皇族中没有人处于权要之位，而今属僚们参照古制，以权宜之计，上表尊我为大司马、汉中王。我退而思之，受国家厚恩，负一方重任，出力而未见到实效，自己所得超过了所付，不宜再空居高位而招致更多的非议。可是属僚们却不干，他们以大义逼迫我称王。面对贼寇未灭、国难当头、朝廷危急、国将不国的严峻形势，我忧虑自责，不能再懦弱和缺乏雄威了，但求扛起以死报国的重担，只要能安靖朝纲、匡扶社稷，即使赴汤蹈火，我也在所不辞，又岂敢过分考虑不逾常规而无所作为，致使将来后悔呢！第三层，刘备向汉献帝表达了自己的忠心和决心，并退还了象征以前职位和爵位的印绶。刘备在上表的最后说，我暂且顺从属僚们的意志，拜受汉中王的印玺，以提升朝廷的声威。抬头想到爵号，位高而宠厚，低头思虑报国，任重而道远，诚惶诚恐，惴惴不安，如临万丈深渊。我将尽心尽力效忠朝廷，激励奖劝六军将士，督率天下忠义志士，顺应天时，消灭逆贼，安定社稷，以回报陛下恩德的万分之一。谨拜上奏章，借驿使交还原来授予我的左将军、宜城亭侯印绶。老实说，刘备的奏疏既是安抚汉献帝，也是为自己的政治野心打掩护。

称王仪式结束后，汉中王刘备提拔魏延为都督，命令他镇守汉中。

魏延，字文长，义阳（今河南南阳市新野县）人。建安十六年（公元 211 年），魏延率领私人武装跟随刘备，数有战功，曾被提拔为牙门将军。建安十九年，魏延随刘备进入益州后参与了攻克雒城和包围成都等战役，特别是在"定军山之战"中与黄忠一起打败了夏侯渊，颇受刘备的宠信。但魏延这个人"既善养士卒，勇猛过人，又性矜高"，过于自负。刘备自立为汉中王之后，打算将都城设在成都，这样就需要一位重要将领镇守汉川。当时大家都议论说，肯定是张飞，张飞也认为必定是自己。出乎意料的是，刘备却提拔魏延为督守汉中的镇远将军，领汉中太守一职。对此，蜀军上下都感到惊讶。刘备大宴群臣时，询问魏延说：现在对你委以重任，你有何打算？魏延回答说：若曹操带领天下兵马来侵，请大王命令我去抗击他；如果是其他将领带领十万人马来侵，请大王命令我吃掉他。刘备听后十分满意，群将也为魏延这番话而称赞其雄。汉中王刘备把守卫汉中的事情安排好之后，就退往成都去了。（据《三国志·蜀书·先主传》《三国志·蜀书·刘彭廖李刘魏杨传》）

（三）刘备在成都称帝，建立蜀国

建安二十五年（公元 220 年）正月，曹操去世，世子曹丕即位魏王。是年冬，曹丕称帝，建尊号为魏文帝，改年号为黄初。在古代，由于信息传播方式落后，益州之地有传言说，汉献帝刘协被杀害，于是汉中王刘备身着丧服，讣告其统治区各地为献帝发丧，并追谥他为"孝愍皇帝"。而实际情况是，曹丕称帝前后并没有伤害汉献帝的生命，而是将他降封为"山阳公"，刘协直到青龙二年（公元 234 年）三月才病逝。刘备提前 14 年就为汉献帝刘协举办了所谓"葬礼"。

受曹丕称帝的影响，蜀地官员也纷纷向汉中王刘备报告所谓祥瑞之事，"日月相属"，每天每月都有此类消息。阳泉侯刘豹、议郎向举、司金中郎将张裔等十几名官员联名上奏说："臣闻圣王先天而天不违，后天而奉天时，故应际而生，与神合契。愿大王应天顺民，速即洪业，以宁海内。"太傅许靖、安汉将军糜竺、军师将军诸葛亮等上奏说："曹丕篡弑，湮灭汉室，窃据神器，劫迫忠良，酷烈无道。人鬼忿毒，咸思刘氏。""宜即帝位，以篡二祖，绍嗣昭穆，天下幸甚。"蜀地臣民上书者前后计八百之多，纷纷报告描述祥瑞之兆，请求刘备改王为帝。尽管如此，但也有人提出反对意见，此人就是前部司马费诗。

费诗，字公举，犍为郡南安县（今四川乐山市）人。刘璋做益州牧时，费诗为绵竹县令。刘备攻打绵竹时，费诗率先献城投降。成都平定后，刘备任命费诗为督军从事，后转任牂牁太守，不久调任前部司马。刘备称王后，派遣费诗前往荆州宣布关羽为前将军的任命诏书，当关羽得知黄忠为后将军时，非常生气，不肯接受任命。费诗对关羽说：创立帝王大业的人，所任用的人才并非都是一模一样的，从前萧何、曹参与汉高祖刘邦从小就是好朋友，而陈平、韩信都是后来加入刘邦团队的，可是论排位，韩信排在最前面，但没有听说过萧何、曹参因此有过任何怨言。如今汉中王念黄忠在定军山之战中杀死夏侯渊的功劳，对其厚加恩宠，可是他内心深处难道真的会把您与他同等看待吗？并且您与汉中王譬如一体，休戚与共，祸福同当，我要是您的话，绝不会计较排位前后、爵禄高低这些名誉地位的事。我乃一介使臣，奉命行事，您若真的不受封，我就返回了，只是对您的举止感到惋惜，恐怕您有后悔之日啊！关羽大为感悟，随即接受了任命。

群臣商议打算共推汉中王刘备为帝，费诗不以为然。他上疏说：殿下以曹操父子逼主篡位，所以才招聚士众，共讨曹贼。如今大敌尚未消灭，自己先做起皇帝来，恐怕人们内心对您的动机有所怀疑。"昔高祖与楚约，先破秦者王。及屠咸阳，获子婴，犹怀推让，况今殿下未出门庭，便欲自立邪！愚臣诚不为殿下取也。"应该说，费诗这个意见对刘备来说，有利于大局和长远，但他悖逆了刘备的本意，于是刘备将费诗贬降为益州部永昌从事。

排除了费诗干扰之后，再也没有人敢于提出反对意见了。汉昭烈帝刘备于章武元年（公元 221 年）四月初六，在今四川成都市登基称帝。其祭告天地的表文是这样说的：皇帝刘备恭谨奉献黑牛祭品，告示天地神灵，汉有天下，历数无疆。从前王莽篡位，光武皇帝勃然震怒，将其诛灭，社稷复存。而今曹操倚仗武力作恶天下，诛杀皇后及太子，罪恶滔天，天理不容。曹操的儿子曹丕，继承其父衣钵，凶残悖逆，窃国篡位。群臣诸将认为汉家社稷堕废，应由刘备加以修复，承嗣高祖、世祖大业，替天行道，恭行天罚。刘备自知德行浅陋，惧怯难当大任。征询庶民及藩属部落首领意见，大家都认为"天命不可以不答，祖业不可以久替，四海不可以无主"，天下仰慕刘备一人。刘备岂敢违抗天命，且担心汉阼（大堂前东西的台阶，这里比喻接续皇位的人）中断无继，故慎选吉日，与百官登坛祭告，领受皇帝印玺。现举行祭天地之礼，将登基之事告类于天神，伏祈神赐福于汉朝，使天下永远安定！刘备登基之后便大赦罪犯，更改年号。他任命诸葛亮为丞相，许靖为司徒；设置百官，建立宗庙，合祭汉高祖以下列祖列宗；立吴夫人为皇后；立刘禅为皇太子，刘禅所娶的张飞之女被立为皇太子妃。

　　此前，刘备称汉中王，名义上汉中还算是东汉王朝的"藩属国"，称帝则意味着刘备就是蜀汉的最高统治者。刘备从左将军、州牧一直到"王"，再到"帝"，疾步如飞。大器晚成的刘备终于干成了一件载入史册的大事，成为历史上的政治"牛人"之一。（据《资治通鉴》第六九卷，《三国志·蜀书·霍王向张杨费传》《三国志·蜀书·先主传》)

3

东吴的南延与西扩

赤壁之战以曹军大败而结束，曹操下令烧毁了没有来得及运走的船只，而后领兵撤退，二十多万士兵因瘟疫和饥饿死了大半。周瑜、刘备率军追击曹操败军至南郡。在这里，曹操安排曹仁、徐晃守卫南郡的江陵，乐进守卫南郡的襄阳，文聘驻守江夏（江夏郡北部），满宠屯驻于南郡的当阳，而后，曹操率军撤回北方。随后，东吴为争夺南郡，派遣周瑜率军与曹仁等展开了长达一年多的南郡之战，杀死曹军很多兵卒，曹仁固守江陵非常艰难，终于弃城逃走。孙权任命周瑜为南郡太守，统治了南郡的大部分地盘。

一、孙权两次围攻合肥皆不能克

建安十三年（公元 208 年）腊月，在南郡之战期间，孙权一方面派遣长史张昭率军攻打九江郡当涂县（治所在今安徽怀远县东南马头城），可是张昭出兵不利，未能攻克；另一方面，二十六岁的孙权亲率大军攻打并包围了曹操的南方桥头堡合肥。

（一）刘馥打下良好群众基础，孙权首次攻庐不克

曹操什么时候、通过什么样的方式控制了合肥呢？要把这个问

题说清楚，还得从扬州刺史刘馥说起。

刘馥，字元颖，沛郡相县（今安徽淮北市濉溪县）人，起初因避乱来到扬州。建安元年（公元 196 年），刘馥成功说服袁术手下的东城县令戚寄和同乡秦翊率部与自己一起投奔了曹操。曹操非常高兴，任命刘馥为司徒府掾史。后来，孙策命令庐江太守李述引兵杀死了朝廷任命的扬州刺史严象。在扬州没有刺史的政治空档期和混乱期，庐江人梅乾、雷绪和陈兰（原为袁术部将，后落草为寇）相互勾结，趁机在江淮地区作乱。他们聚积数万人马，攻掠郡县，引发社会动乱。当时，曹操正在官渡与袁绍苦战，无暇他顾，便上表献帝，举荐刘馥担任了扬州刺史，并将扬州的事情全权托付给刘馥办理。刘馥接受任命后，独自一人骑马前往扬州合肥县。

合肥县属九江郡。东汉光武帝于建武元年（公元 25 年）改合肥县为合肥侯国。刘馥担任扬州刺史后，废合肥侯国，复改合肥县，并将扬州治所设在合肥。上任之初，刘馥面临的问题成堆，但最大的问题是，梅乾、雷绪、陈兰团伙搞打砸抢杀，弄得官府和百姓不得安宁。刘馥亲自出面做工作，使梅乾、雷绪、陈兰得到了安抚，他们还不断上缴财物，支持刘馥的工作。之后，刘馥大力推行恩抚和教化，取得了明显的治理成效，成千上万外逃避难的人渡江越岭返回故乡。刘馥又推广许都的屯田积谷经验，大力实施屯田制，同时组织百姓兴建了农田水利工程，兴修治理了芍陂、茄陂、七门堰、吴塘等阻水的土堰，扩大灌溉面积，大大改善了农业生产条件，提高了粮食产量，官府和百姓都有了粮食储备。刘馥还致力于复兴儒学，大力兴建学校，集中众儒生搞好教学，培养人才。为确保一方平安，刘馥积蓄了大量石头、砖瓦、木材等建筑材料，加高、加固了城垒，编织了成千上万个草苫，积储了几千斛油脂等，为防守合肥不被敌人攻破付出了艰苦努力。不幸的是，建安十三年（公元 208 年），刘馥病重，扬州别驾蒋济主持工作。

蒋济，字子通，楚国平阿（今安徽蚌埠市怀远县）人。他年轻时在江淮一带颇有名气，曾任楚国上计吏，后转任扬州别驾，有专车可乘，事无不统，官秩为百石。蒋济"兼资文武，志节慷慨"，"才策谋略，世之奇士"。

赤壁之战后，孙权利用曹操兵败力竭、无暇南顾的机会，于建安十三年腊月亲自率领十万大军攻打合肥。当时正赶上数日大雨，为保护城墙，蒋济指挥守城的军民用刘馥以前准备的草苫蓑席覆盖城墙，夜间点燃油脂照亮城外，观察敌情，发现异常及时采取相应的防御措施。由于蒋济是首次指挥军队抵御孙权大军，缺乏实战经验，再加上守军人少，他迫切希望曹操派出援军施救。

曹操获得孙权围攻合肥的消息后，也是如芒在背，坐立不安。由于赤壁兵败和遭遇疾疫，曹操已无力遣将出兵去救援合肥。可是，如果不去救援，那就等于向外界释放出"曹操垮了"的信号，势必助长敌方威风，灭掉己方士气。曹操想来想去，决定派遣将军张喜带领一千名骑兵，经过汝南郡时与该郡的地方部队合兵，施援合肥。然而，由于"颇复疾疫"，张喜的援军迟迟不能出发。

蒋济苦等张喜救援未果，只好自己绞尽脑汁琢磨御敌之策，终生一计，便向病中的刘馥作了汇报，得到了刘馥的同意。于是，蒋济立即诈称收到了张喜将军的书信，他所率领的四万多名步兵、骑兵已经到达了庐江郡雩娄县，扬州府应立即派遣主簿前去迎接。蒋济亲自起草书信，遣三部使把这一消息告诉守城将士，一部使入城，另外两部使有意让敌军捉住。

由于合肥城池坚固，再加上城中军民合力御敌，孙权始终未能撕开口子。建安十四年春，"孙权围合肥，久不下"，"亲率轻骑欲身往突敌"，孙权的谋士、长史张纮劝谏说：将军依仗自身勇气和锐气，轻视强大凶暴的敌人，使得全军上下都为您的安危担心。即使您能杀死敌将，夺得战旗，威震敌军，这也不过是一位偏将军所干的事情。请求将军抑制勇气和冲动，胸怀霸王之计。孙权听从了张纮的劝说，"乃止"。此时，孙权俘获了蒋济派出的信使，误认为蒋济制造的这个假情报是真消息，于是烧毁围城的器材，率军撤走，合肥才得以解围。

扬州刺史刘馥去世后，当地广大吏民追思怀念其恩德。刘馥担任扬州刺史八年，为百姓办了很多实事、好事，打下了良好的群众基础，老百姓对朝廷和朝廷命官有较深的感情。他们都相信朝廷和官府，不愿让其他军阀占领和统治合肥，因此主动与守军一起御敌。孙权围庐一百多天，终因损失惨重和获悉曹军救援大军将至而撤退。孙权撤走后，蒋济前往谯县，向正在那里的曹操当面汇报情况。曹操考虑，为了防备今后孙权再次攻击，欲将淮南地区的老百姓内迁。他对蒋济说：过去我同袁绍在官渡对峙时，迁徙东郡燕县（古县名，治所在今河南新乡市延津县之东北）、白马县（古县名，治所在今河南安阳市滑县之东）的老百姓，他们都没有逃跑，敌人也未敢掳掠。而今，我打算迁徙淮南的百姓，你认为怎么样？蒋济对曹操这个决策不以为然，他说：过去的情况与现在不同。过去是敌强我弱，不迁移百姓就一定会失去他们。自从您击败袁绍之后，北至柳城，南到江汉、荆州，无不臣服，您的威名震动天下，老百姓没有依附他人的愿望，就想在您的领导下安安稳稳地过日子。老百姓怀念故土，不愿意迁徙折腾，如果他们听说此事必定惊恐不安。但是曹操没有采纳蒋济的正确建议，仍然决定强制迁移江淮百姓，结果江淮地区大约有十万余人因害怕迁徙而逃到东吴境内。曹操这才意识到自己的决策是错误的，蒋济的建议是正确的。因此，他对蒋济的思想和才能颇为欣赏，派遣使臣把蒋济召到邺城。曹操见到蒋济后大笑并自嘲说：我本来是想让江淮的百姓避开东吴贼军，没想到反而把他们全都驱赶到东吴那边去了。由于曹操反思反省比较及时，及早废弃了迁民政策，所以跑到东吴属地的百姓又都返回了家园。

曹操扭转了思想弯子之后，便提拔蒋济为丹阳太守，将温恢任命为扬州刺史。可是没过几天，曹操再次任命蒋济为扬州别驾，让他重回合肥，协助温恢开展工作。

温恢，字曼基，太原郡祁县（今山西晋中市祁县）人。其父温恕，曾担任涿郡太守。温恕去世时，温恢才15岁。温恢家中非常富有，但他认为如今兵荒马乱，要这么多钱财没什么用，于是就把家财一朝散尽，以赈济宗族和乡亲。此举令家乡父老和州郡官府大加赞赏，于是郡府举荐温恢为孝廉。温恢被朝廷任命到廪丘县（治所在今山东菏泽市郓城县西北）做县长，后来又先后被提拔到鄢陵县（治所在今河南许昌市鄢陵县西北）、广川县（治所在今河北衡

水市景县广川镇）做县令，任彭城相、鲁相等职。他每到一地任
职，都有出色的表现和良好的口碑。后来，温恢出任丞相主簿，成
为曹操手下掌管文书等事的重要佐官，深受器重，后被曹操提拔为
扬州刺史。在温恢上任之前，曹操与其谈话说：我非常愿意把你留
在身边协助我做事，可是丞相府的事务实在不及治理扬州重要。所
以，我又让蒋济回扬州担任别驾，他对那里情况熟悉，给你当个助
手。同时，曹操又遣人告谕驻军合肥的将领张辽、乐进说：扬州刺
史温恢通晓军事，凡事你们都要与他共同商量。后来又有传闻说，
孙权率兵要第二次攻打合肥。温恢下令抓好屯军守备，组织百姓加
固工事，他对兖州刺史裴潜说：合肥虽有敌军入侵，但因为群众基
础好、城防坚固，不足为惧，我反而忧虑征南将军曹仁驻守的樊城
可能有什么不测。如今江水上涨，曹仁的部队是孤军深入，缺乏后
援，且没有做出长期的防备。一向以骁勇而闻名的关羽如果乘着水
势上升之利进军，肯定是个祸患。从温恢的这段话里就可以看出，
温恢已经做好了守卫合肥城的长期防备。刘馥治理扬州八年，温恢
任扬州刺史十二年，"有柱石之质"，"功勤明著"（曹丕语），他们
都相信和依靠群众，与当地群众一道打造了保卫合肥的铜墙铁壁。
（据《资治通鉴》第六六卷，《三国志·魏书·刘司马梁张温贾传》《三
国志·魏书·程郭董刘蒋刘传》）

（二）孙权二次伐庐，被张辽打得丢盔弃甲

建安二十年（公元215年），曹操亲率大军讨伐汉中张鲁。孙
权趁此机会又亲率十万大军再次围攻合肥，心心念念想把合肥弄到

东吴名下。但早在上年十月，曹操视察合肥返回许都时，就留下了名将张辽、李典和乐进，率领七千多精兵常年驻守。

曹操在讨伐张鲁前，曾经给担任合肥驻军护军职务的薛悌（兖州东郡人，即今山东聊城市人）留下一道指令，他在信封的边沿处写有"贼至乃发"四个字。薛悌一直没打开，这次孙权再攻合肥，薛悌等人打开一看，上面写着："若孙权至者，张、李将军出战，乐将军守，护军勿得与战。"诸将看到曹操手谕后，认为曹操这个指令没有考虑到来犯敌人众多，敌众我寡，因此对执行这个指示心存疑虑。张辽说：曹公远征汉中，如果坐等他派出的援军到达，敌人早就把合肥击破了。所以，我认为曹公这一指示的意思是，趁着敌人未集结时，予以迎头痛击，折其威势，以安众心，然后才可以据守。张辽根据自己的应对考虑，对曹操的指令作出了符合自己御敌之策的解释，乐进等将领心里明白曹操的本意并不是这样，但都缄默不言。张辽生气了，他说：成败之机，在此一战。诸位如果还有什么疑虑，我张辽将独自出战，与孙权大军一决胜负！李典原本与张辽有点小矛盾，被张辽的话感动了，他说：抗击孙权是国家大事，我们只是看您的战术如何部署而已，我不会因私人恩怨而损害大的原则，我请求与您一起出战！到了晚上，张辽募集了八百人的敢死队，杀牛设宴隆重犒赏，以鼓舞大家的斗志和信心。

第二天清晨，张辽带头冲锋陷阵，一连杀死数十人，并斩杀敌军两名将领。他大声呼喊：我就是张辽！一边喊，一边冲入敌军营区，直逼孙权大旗之下。孙权大惊失色，立即退至一处乱坟丘，用长戟抵御。张辽大声呼叫，要孙权下来决一死战，孙权却不敢下来。此时，孙权见张辽兵马不多，便下令将张辽重重包围。张辽带领部下数十人疯狂向外冲，终于冲出了层层包围。没有突围的士卒大声呼喊：张将军要抛弃我们吗？张辽听到后又拨马而回，再度冲杀，将那些没有突围的士卒全部救出。当时孙权的人马全都望风披靡，不敢阻挡。从清晨一直战斗到中午，东吴的军队死伤众多，丧失了战斗意志，张辽这才下令回城。回城之后，他立即安排部署守城，组织军民整修城防，提高警惕，从多个方面防范孙权攻城。

孙权包围合肥十几天也未能打开缺口，便下令撤军返回。大军已经上路出发，孙权和将领们已经到了逍遥津北岸（位于今合肥市老城区东北隅，南淝河渡口）。张辽等人站在高处观望吴军的撤退行动。当他看到吴军指挥旗帜殿后的情形后，便率领骑兵和步兵发起突袭。孙权命令已经撤走的大军赶快返回来救援，可是他们已经走远，一时开不回来。于是孙权命令吕蒙、甘宁等立即反击。此时，右部督凌统率领三百名亲兵冲入重围，保护孙权突围而逃。当他们来到逍遥津老桥时发现，曹军已将桥面毁坏，桥南边一侧的桥板已经拆走，有一丈多宽没有桥板。一名卫士立即走到孙权的马屁股后面，要孙权抓紧马鞍，放松缰绳，卫士用鞭狠抽战马，战马疾奔冲过断桥。此时，贺齐率领一支三千人的部队在逍遥津南迎接孙权，孙权才侥幸逃脱。凌统见孙权脱离了危险，又率领亲兵返回再战，亲兵全部战死，他也身负重伤。由于凌统从小就善于潜泳，他披甲忍痛潜入水中，从水下游到对岸。孙权回到船上后，看见凌统，十分惊喜。凌统痛惜自己的亲兵全军覆没，放声大哭。孙权用自己的衣袖为凌统擦泪，帮他更换衣服。贺齐也哭着对孙权说：主公尊贵无比，今后应该处处小心谨慎，今天发生的事情差一点儿造成巨大灾难。我们这些属将们如同天塌一样，惊恐万状，望您终身记住这一教训！孙权为贺齐擦眼泪，他一边擦，一边说：我一定要把这次教训铭刻在心！

孙权第二次围攻合肥失败之后，又分别于黄龙二年（公元 230年）、嘉禾二年（233 年）、嘉禾三年（234 年）先后三次攻打合肥，但皆"不克而还"。孙权终究没有撼动曹操设在南方的桥头堡合肥。（据《资治通鉴》第六七卷，《三国志·魏书·张乐于张徐传》《三国志·吴书·程黄韩蒋周陈董甘凌徐潘丁传》《三国志·吴书·吴主传》《三国志·吴书·贺全吕周钟离传》）

二、孙权乘交州内乱派步骘控制五岭以南

"五岭"是指越城岭、都庞岭、萌渚岭、大庾岭和骑田岭五大山脉，地处今广东、广西、湖南、江西等省交界处，是我国江南最大的横向带山脉。五岭山脉以南的地区简称岭南，主要是指广东、广西等广大地区。由于古代交通落后，五岭山脉阻碍了岭南地区与中原的经济联系，岭南的经济、文化发展长期落后于中原地区，被中原人称为"蛮夷之地"。东汉末年，朱符、张津两任刺史都因掌控不了当地的混乱局势而遭到杀害。

建安八年（公元 203 年），交阯刺史部所辖的交阯郡太守士燮上疏，建议朝廷公平对待交阯，交阯刺史部也应与全国其他州一样拥有州的地位。朝廷采纳了士燮的建议，将交阯刺史部改为交州，并将交阯刺史部刺史张津改任交州牧。不久，交州牧张津就被苍梧

郡都督区景杀死。

荆州牧刘表为控制交州，在张津死后便派遣赖恭（零陵郡人，今湖南永州市人）到交州担任交州牧。不久，交州苍梧郡太守史璜病逝，刘表便任命吴巨为苍梧郡太守。吴巨到任后，苍梧郡都督区景投靠了他。后来，吴巨与交州牧赖恭发生了矛盾，吴巨引兵把赖恭赶跑了。由于刘表已经去世，赖恭回到老家零陵后，便向孙权求救。

孙权认为，赖恭求救为自己控制交州提供了难得的机遇。过去，荆州牧刘表为控制交州，不仅派遣和任命刺史，还派遣郡太守。刘表死后，其接班人刘琮已经降曹。赤壁兵败后，曹操重心在于处理内部事务和休养生息，无暇南顾。孙权抓住这个天赐良机，选拔文武双全、能力突出的步骘担任交州牧，顶替了赖恭的位置，以便把交州控制在自己手中。本来赖恭向孙权求救，是希望孙权发兵去攻打吴巨，而孙权却任命了自己的下属步骘担任了交州牧。赖恭没想到是这种结果，无奈之下投奔了刘备。

步骘，字子山，临淮郡淮阴（今江苏淮安市淮阴区）人。他早年因躲避战乱孤身一人来到江东，举目无亲，穷困潦倒。在这里，他结识了与自己同样命运、孤身来江东避难的卫旌（广陵人，今江苏扬州市人）。步骘与卫旌同龄，又都爱好读书，于是两人就成了铁哥们。他们搭伙租地种瓜，白天到瓜田里劳作，夜晚在油灯下诵读诸子百家。会稽人焦矫曾担任过汝南郡征羌县（治所在今河南漯河市郾城区）县令，被当地人称为焦征羌，他经常放纵门客欺负外乡人。步骘和卫旌在这里谋生，害怕受到其门客的侵扰，于是从瓜田里摘了一筐鲜瓜，写好名帖，去给焦征羌送礼。当时焦征羌正在内室睡觉，步骘和卫旌站在院子里等候多时。卫旌想放下瓜回去，步骘却不同意，他说：我们就是因为害怕他的强横才来同他套近乎的，如果不见他就走，他会认为我们清高。过了很长时间，焦征羌睡醒了。他打开窗户看到院子里站着两个穷小子，于是自己坐在帷帐内，命令仆人在地上放一张席子，让步骘、卫旌坐在外面。卫旌感觉受侮辱，步骘却言谈自如。焦征羌留下他们二人吃饭，焦征羌自己坐在大餐案前，上面摆放了多种美味佳肴，而用小碗给他俩盛饭，又弄了一碟野菜放在他们面前。卫旌吃不下去，步骘却吃饱后才告辞出来。卫旌生气地对步骘说：你怎么能忍受这样的侮辱！步骘说：我们贫穷低贱，因此人家用贫贱之礼对待我们，这也是合乎礼仪的，何有耻辱之感？孙权担任讨虏将军时，步骘被召为主记，掌管记账和文书等事，深受孙权器重。于是孙权提拔他为吴郡海盐县（治所在今浙江嘉兴市代管平湖市乍浦镇东南）县长，后来又提拔他为车骑将军、东曹掾。数年后，孙权又让步骘兼任了鄱阳太守，一年之内又提拔步骘担任了交州牧、立武中郎将。

步骘接受任命后，率领一千名高级弓箭手，即刻取道南行。步骘到任后，交州的官员有人支持他，也有人反对他。支持步骘的人就是交阯郡太守士燮。

士燮，字威彦，苍梧郡广信县人。其父士赐为日南郡太守，该郡治所在西卷县（今越南东河市，其管辖的地域范围为今越南中部地区）。士燮少年时游学京师，在大学者刘陶（颍川颍阴人，今河南许昌市人）门下研习《左氏春秋》，颇得学问。后来士燮被举荐为孝廉，还被补任为尚书郎，又因公事被免官。其父去世后，士燮回老家服丧，期满后被举荐为茂才，随后被朝廷任命为巫县县令。中平四年（公元 187 年），五十岁的士燮升任交阯太守。士燮心胸宽阔，待人随和，礼贤下士，颇有人缘。由于中原地区战乱，不少知识分子都前往交阯避乱，他接纳安抚者数以百计。他还深入研究《左氏春秋》，并为其作注，深受学人赞扬。士燮兄弟几人都在交州不同郡担任太守，有力支撑着一州之政。

士燮的弟弟士壹，起初为郡督邮。原交州刺史丁宫被征召回京师，士壹一路护送，殷勤伺候。丁宫深表感激，临分手时对他说：我这个刺史有朝一日登上"三公"之位，一定征召你。后来丁宫担任了司徒，职掌民政，年终考课州郡长官，名义上管理太仆、大鸿胪、廷尉三卿，并参议大政，实际上权归尚书，"三公"上下行文，只受成事而已。于是丁宫就征召士壹到司徒府为吏。然而，由于路途遥远，等士壹到达时，丁宫刚好被免职，黄琬接替他的职务。但黄琬对士壹也很礼待。董卓作乱时，士壹逃归故里。当时交州刺史朱符被人杀害，州郡秩序一片混乱。士燮上表朝廷，建议任命士壹到合浦郡（治所在合浦县，今广西钦州市浦北县南旧州村）担任太守，被批准；士壹的弟弟士黄，原为徐闻县（治所在今广东湛江市徐闻县之南）县令，被提拔到九真郡（治所在胥浦县，今越南清化省东山县杨舍村）做太守；士黄的弟弟士武担任南海郡（治所在番禺县，今广东广州市）太守。他们每次出行都是鸣钟响鼓，笳笙箫管吹奏，车辆马匹浩浩荡荡，常有几十名卫士跟随，隆重气派，气氛张扬。他们的妻妾也都乘坐着置有帷幔、能坐能卧的小车，子弟、士卒骑马跟随其后，威风凛凛。士燮这样做不是为了摆谱，而是以此来震慑当地各少数民族，以使他们顺服。

张津被区景杀死后，朝廷任命士燮为绥南中郎将，总督七郡，仍兼任交阯太守，并赐予玺印。当时正值天下大乱，道路不通，而士燮依然如期派遣使者，去京城给朝廷进献贡物。对此，皇帝深受感动，特意再次下诏，任命他为安远将军、封爵龙度亭侯。步骘到任后，士燮便率领兄弟们敬奉捧场，接受步骘的节制调度。

反对步骘的人就是刘表所任命的苍梧太守吴巨。吴巨早年与刘备交好，建安十三年（公元 208 年）长坂坡之战时，刘备被曹操打得一败涂地，鲁肃问刘备打算到哪里去，刘备说想去投奔苍梧太守吴巨。鲁肃劝刘备说，吴巨是个没有作为的庸人，不久就可能被人吞并，你投奔他干什么！于是刘备听从了鲁肃的劝告，放弃了原来的打算。苍梧太守吴巨对步骘来交州担任州牧，外表归附而内心背离，暗中怀有异心。吴巨要求自己手下的都督区景不要与步骘见面。结果吴巨自己却禁不住步骘的频繁邀请，终于与区景一起前往，步骘趁机杀死了吴巨和区景，立威交州，名声大振，从此"岭南始服属于权"。

鉴于士燮的诚心归附，孙权任命他为左将军。建安（公元 196 年至公元 220 年）末年，士燮主动遣送儿子士廞去东吴做人质。孙权任命士廞为武昌太守，还将士燮的儿子、侄子们都任命为中郎将。士燮非常感激，于是主动劝导什邡侯雍齿之后雍闿（建宁人，今云南曲靖市人）率领郡内百姓东依孙权。孙权对士燮更加赞赏，将他提拔为卫将军，封龙编侯，还提拔他的弟弟士壹为偏将军，封都乡侯。士燮经常派遣使者去东吴进献香料和细纹葛布，每次都是数以千计，还进献好马数百匹，其特产如象牙、翡翠、明珠、犀角、大贝、琉璃、玳瑁，以及热带水果椰子、香蕉、龙眼等，都是年年进贡，"权辄为书，厚加宠赐，以答慰之"。士燮担任交阯郡太守四十多年，直到东吴黄武五年（公元226年）九十岁时去世。士燮为政开明，在他任职期间，中原许多人南下交阯避难，带去了先进的生产技术和儒学文化，促进了当地经济的发展和文化的繁荣，受到了今越南中部以北地区广大民众的拥戴和赞赏，他们将士燮尊奉为"南交学祖""士王"。

孙权通过步骘和士燮把交州牢牢地控制在手。后来，孙权考虑到交阯偏僻遥远，便分合浦以北为广州，任命吕岱（广陵海陵人，今江苏南通如皋市人）为广州刺史；交阯以南为交州，任命戴良（汝南郡慎阳人，即今河南驻马店市正阳县人）为交州刺史。两位刺史上任后，打击盗贼，平定叛乱，并主动加强与南洋群岛的沟通联系，宣传东吴恩威，使那些岛国首领也纷纷遣使向东吴进贡。（据《资治通鉴》第六六卷，《三国志·吴书·刘繇太史慈士燮传》《三国志·吴书·张顾诸葛步传》）

三、再次平定山越叛乱，迁都建业并建设濡须坞

孙权成功控制交州之后，致力于经营后方。他打掉了丹阳郡歙县大族首领的聚众作乱，迁都建业，在长江边上兴建濡须坞，以防范和抵御曹操的进攻，同时也在为东吴西扩做准备。

（一）贺齐平定山越叛乱，彻底打掉作乱团伙

孙权初掌东吴军政大权时，曾经对江西和闽越部分地区的山越叛乱进行了集中打击，社会治安形势明显好转，后来扬州丹阳郡所辖的歙县、黟县等山民武装叛乱又死灰复燃。歙县即今安徽黄山市歙县，地处皖南山区，其地形如塌鼻状盆地，丘陵起伏，溪谷纵横，有黄山山脉高耸于西北，天目山至白际山脉屏障于东南，并以今浙江、新安江谷地和练江谷地为两大山系的接合部。黟县即今黄山市黟县，地处黄山山脉及其南北两坡上，境内群山环抱，峰峦绵延，山高谷深，山场森林覆盖率极高。这两个县的山越势力以深山密林为营寨，经常下山抢掠，聚众闹事，活动猖獗，不仅影响当地社会稳定，还不断发生反吴叛乱事件。为稳定东吴境内局势、安定民心，孙权安排具有丰富伐越经验的威武中郎将贺齐率军剿灭这两个县的山越势力。

歙县山越头子金奇率领万户左右的山民，屯于歙县以北十公里的安勒山，另一位山越头子毛甘也统领万户左右的山民屯于歙县县城内的乌聊山；黟县山越头子陈仆、祖山等率领两万户山民屯于黟县西南五公里的林历山。林历山有千丈岩，四面悬崖峭壁，高达数十丈，周长十五公里左右，山路危狭，荆棘丛生，仅容一人可攀，叛众居高临下推滚石块，根本无法进攻。

起初，贺齐的军队驻扎在林历山下，徘徊多日，无从下手，如一无所获就无法向孙权交待。于是，贺齐亲自勘察地形，秘密募选身手敏捷的壮士，携带铁橛、铁戈，拓山为路，白天隐蔽在险要之

处,晚上乘着夜色用铁戈别开岩石缝隙,悄悄攀登上山,然后悬下绳索,把下面的士卒提上去了一百多人。贺齐命令他们分散开来,从四面八方敲响战鼓,吹起号角。居住在山顶营寨的首领陈仆、祖山及其族众听到鼓号齐鸣,惊慌失措,那些扼守上山路口的人全都逃回了营寨。贺齐趁机率领部队一个个沿着危狭的山路攀登到山顶,向营寨发起猛攻,斩首七千余级,一举端了陈仆、祖山的老窝。

贺齐消灭了黟县山越团伙,对歙县产生了强大的震慑作用。歙县的山越头子金奇、毛甘犹如"已近掘野鼠","恐惧气如缕",很快就率领部众下山,向贺齐投降,黟县和歙县的山越全部平定,受到当地百姓的欢迎。为巩固成果,维护这两个区县的长期稳定,孙权新成立了新都郡,把黟县、歙县从丹阳郡拿出来,与不久前平定的几个县一起划入新都郡,任命"山越克星"贺齐为新都郡太守,并加授偏将军,统领一支部队长期驻守,以防山越东山再起,从根本上解决了这一地区的山越叛乱问题。"林历山之战"是我国古代战争史上山区作战攻山拔寨、出奇制胜的典型战例之一,为后世山区用兵,战后用人和治理都提供了可资借鉴的经验。(据《三国志·吴书·贺全吕周锺离传》)

(二)迁都建业,以利西扩

赤壁之战后,孙权将妹妹嫁给了刘备。后来由于孙刘在荆州的争夺,双方的关系越来越僵。建安十六年(公元211年),孙权乘刘备进入益州用兵之机,派出大船将妹妹接回东吴。孙夫人带上刘

备的宝贝儿子阿斗一起上船，沿江而下开赴东吴。当时留守荆州的
张飞、赵云听到这个消息后，担心孙夫人如果把刘禅带走，孙权极
有可能把刘禅作为人质予以扣留，因此立即部署军队在长江上进行
拦截，硬是把刘禅从东吴船上抢了回来。孙夫人与刘备一起生活了
三年，未生子女，回到东吴之后再也没有回去。孙权将妹妹接回之
后，心里面的一块石头总算落了地。他将集中精力考虑内部建设包
括迁都等问题。

　　建安五年（公元 200 年）孙策死后，曹操"欲因丧伐之"，在
侍御史张纮的劝说下，曹操上表推荐孙权为讨虏将军、会稽太守，
那时，东吴的大本营设在吴郡（今江苏苏州市）。建安十三年（公
元 208 年），曹操给孙权写信恐吓说："今治水军八十万众，方与将
军会猎于吴。"孙权先后两次与将领和谋士商议如何应对曹操的挑
战，最后，孙权下定决心，发出了"孤与老贼势不两立"的怒吼，
并拔刀砍奏案说："诸将吏敢复有言当迎操者，与此案同！"就在孙
权挥刀"砍案"前后，孙权将大本营从吴郡迁到了京口，以便于靠
前指挥和调兵遣将。随着东吴的不断强大，孙权的战略重点是西
扩，而京口就显得不太适应形势的发展和进攻战略的需要了。在这
种情况下，孙权的谋士张纮发现，秣陵（今南京市）山川雄伟，地
势险要，有帝王之气，秣陵在京口以西大约七十多公里，比京口
更靠近荆州。如果把东吴治所从京口搬到秣陵，会更有利于成就
霸业。不过秣陵这个名字不太吉利，不如改名叫"建业"祥瑞，意
为建都立业。于是，张纮"劝孙权以为治所"，孙权采纳了张纮的
建议，于建安十六年（公元 211 年）把东吴的治所搬迁到秣陵，第

二年下令修建"石头城"，将秣陵改名为"建业"。东吴这次治所搬迁，标志着孙权的势力范围由偏东开始转向长江中游发展。（据《资治通鉴》第六三、六五、六六卷）

（三）建设濡须坞，防范曹操攻吴

东吴的政治中心搬到建业之后，有一位最初不善于学习的武将，却正在思考建业今后的防守问题，这名武将就是被孙权评价为"人长而进益"的吕蒙。《三国志》作者陈寿认为："吕蒙勇而有谋，断识军计，谲郝普，擒关羽，最其妙者。初虽轻果妄杀，终于克己，有国士之量，岂徒武将而已乎！"

吕蒙在南郡之战中发挥了重要参谋智囊作用。当时，甘宁率领数百名精兵从小路行军，去攻取江陵上游的夷陵（今湖北宜昌市），并顺利占领了该城。曹仁获得消息后，立即派出一支五六千人的部队去围攻甘宁，企图夺回这一战略要地。甘宁派人出城向周瑜求援。吕蒙建议，由凌统留守，自己与周瑜、程普一道率军救援。周瑜采纳了吕蒙的建议，与众将一起率领军队救援，向围攻夷陵的曹仁军队发起猛攻。曹仁部众损失过半，连夜逃遁，夷陵之围解除了。吕蒙又建议周瑜派兵三百人用树枝等堵挡险要路口，以便曹军逃跑时可以得到他们的战马。周瑜再次采纳了吕蒙的计策，又缴获曹军战马三百匹，用连并起来的船只载回东吴。吴军乘胜渡江建营，进击曹军。曹仁弃城逃走，吴军占领了南郡。吕蒙返回京口后，孙权提拔他为偏将军，兼任庐江郡寻阳县（治所在今湖北黄冈市黄梅县）县令。在任前谈话时，孙权针对吕蒙重武轻文、不善于读书的缺点，向吕蒙提要求说："卿今当涂掌事。不可不学"，你现在身居要职，掌握一县大权，一定要加强读书学习。吕蒙推托军务繁忙，没有工夫学。孙权反驳说："孤岂欲卿治经为博士邪！但当涉猎，见往事耳，卿言多务，孰若孤？孤常读书，自以为大有所益。"我不是想让你一天到晚搂着一大摞书籍去钻研儒家经典，日后成为一名大名鼎鼎的博士。我认为，不管是做文臣还是当武将，都需要通过读书了解一些历史，汲取其中的经验教训。你说事务繁忙，难道你处理的公务比我还多吗？我经常读书，深感很有收获。孙权的谈心谈话使吕蒙顿悟。从此，他便加强了读书学习，日积月累，吕蒙所读的书超过了宿儒耆旧，并对书中的问题进行深入思考，丰富了他的理论知识，拓宽了视野，提升了战略思维和军事谋划能力。吕蒙用功读书甚至达到了手不释卷、口不绝吟的程度。一次，吕蒙在睡梦中竟然将《易经》背诵了一遍，然后惊醒。身边的人问他惊醒的原因，他说：我刚才梦见伏羲、周文王、周公与我谈论世代治乱兴衰之事，以及日月星辰变化之理，无一不是精妙之极。可见吕蒙对读书的用心和入脑程度。

周瑜去世后，鲁肃接任了周瑜的职务。有一次，鲁肃前往陆口时，正好路过吕蒙军营。鲁肃是一代儒将，认为吕蒙乃武夫出身，对他有些轻视，不想与他见面。有人劝鲁肃说："吕将军功名日显，不可以故意待也，君宜顾之。"于是，鲁肃去拜访吕蒙。吕蒙非常高兴，设宴款待鲁肃。在酒桌上，吕蒙询问鲁肃："君受重任，与关羽为邻，将何计略以备不虞？"鲁肃没有多想，脱口而出："临时施宜。"吕蒙说：现在孙、刘虽说是一家，但关羽可是一个如同熊虎一样的将领，说不定什么时候就会对您发起突然袭击，为什么不制定预案呢？于是，吕蒙详细分析了两军的优势劣势、用兵特点、各自的地形地貌、外援情况以及攻防必须把握的关键等，并为鲁肃策划了五种应对方案，说得鲁肃一愣一愣的。鲁肃越席而起，走到吕蒙身边，亲切地拍着吕蒙的臂膀，叫着他的表字说："吕子明，吾不知卿才略所及乃至于此也。"饭后，鲁肃遂拜见了吕蒙的母亲，结友而别。吕蒙钝学累功、磨砺自强的生动故事，成为我国古代将领不遑启处、以勤补拙的成功典型，他的故事至今还广泛流传。

吕蒙认为，建业作为东吴的都城紧靠长江，曹操的势力范围已经延伸到了居巢县。东吴所控制的含山县（治所在今安徽马鞍山市含山县）和无为县（治所在今安徽芜湖市代管无为市）与居巢县相邻。赤壁之战失败后，曹操窝着一肚子气，或早或晚一定会伐吴雪恨。曹操伐吴必攻建业，而进攻建业必定要从巢湖经濡须水入江，而后顺江而下，直逼建业城。建业城西距巢湖约一百六十公里，距濡须口约一百七十五公里。从战略安全考虑，应该在濡须口岸边建设屯兵的营坞，并在那里驻军防守，以便及早发现和拦截曹军顺江而下进攻建业城。吕蒙琢磨成熟之后，就向孙权提出了这一建议。孙权手下的其他将领不赞成吕蒙的建议，他们说："上岸击贼，洗足入船，何用坞为！"吕蒙说："兵有利钝，战无百胜，如有邂逅，敌步骑蹙人，不暇及水，其得入船乎？"孙权反复思考后认为吕蒙的建议是正确的，应该予以采纳。于是，孙权下令在濡须水口建造屯兵营寨，并将其称为"濡须坞"。后来，孙权与曹操军事斗争的实践证明，孙权这一战略决策是非常必要、非常及时、非常正确的。如果孙权不在濡须建设军营驻扎军队，曹军攻打东吴就会从巢湖上船，经濡须口入江，然后顺江而下，直达建业城。那么，后来发生的几次"濡须之战"恐怕要挪到孙权的都城建业去打了。在建业打仗，孙权就没了回旋余地，建业也会直接面临曹操大军的威胁。由此来看，靠知识和兵器武装起来的吕将军，要比只佩戴刀枪弓箭的吴下阿蒙要强大得多、厉害得多。（据《三国志·吴书·周瑜鲁肃吕蒙传》，《资治通鉴》第六六卷）

四、两次"濡须之战"，曹操均未攻入东吴

孙权建成濡须坞并屯兵驻守之后，孙吴与曹魏之间先后发生过四次"濡须之战"。第三次"濡须之战"发生在曹魏黄初四年、东吴黄武二年（公元 223 年），因三国时代已经开启，所以，这里只介绍一下前两次。

（一）首次"濡须之战"，曹军只攻破东吴江西大营

建安十七年（公元 212 年），孙权迁都建业后，又是建设"石头城"，又是在濡须山上筑城、在七宝山上建西关，还在濡须口旁边修筑偃月形的濡须坞。曹操获知这些情况，尤其是孙权把秣陵改名为建业后，非常生气。建业的意思就是要建都立业。曹操推测孙权要撇开朝廷自立门户了，所以，他必须不惜一切代价灭掉孙权的"建业"。

建安十八年春，曹操亲自率领号称四十万大军征伐孙权，经巢湖攻进到濡须口。孙权以甘宁领兵三千人为前部督，自己亲率七万

人的主力部队进驻濡须。当时，驻守在外地的孙权部将周泰也率军前来抵挡曹军。

为率先挫伤曹军锐气，孙权密令甘宁组织少量精锐士兵夜袭曹军前营。为此，孙权特意赏赐甘宁米酒若干。甘宁领受任务后，便挑选了一百多名精兵，饮酒共食。甘宁用银碗斟酒，自己先喝两碗，然后斟给他手下都督。都督却跪在地上，拒绝接酒。甘宁拔出刀来，放置膝上，严厉喝斥他说："卿见知于至尊，熟与甘宁？甘宁尚不惜死，卿何以独惜死乎？"都督见甘宁厉色疾言，立马站起来施礼，恭恭敬敬地接过酒碗一饮而尽。而后，斟酒给士兵，每人一银碗。等到二更人们熟睡之时，甘宁便率领勇士们轻装疾行，摸到曹军营下，拔掉鹿寨，冲入军营，斩首数十级。此次吴军的特别行动对魏军造成极大恐慌，他们误以为东吴大军来袭，纷纷起身应战，举起火把、擂鼓呐喊。等到曹军集结起来举火如星时，甘宁已经回到了东吴军营，而后立即去向孙权进行汇报。孙权笑着说：这下可把曹操吓一跳了吧？我只是想试试你的胆子而已。于是赏赐甘宁绢一千匹、战刀一百把，并增兵两千人。从此，孙权更加看重甘宁，并高兴地说：曹操有张辽，我有甘宁，完全可以对付他们。曹军为报复吴军的偷袭，用重兵围攻孙权的长江西面大营，俘获了固守在这里的吴军都督公孙阳，同样对吴军产生了极大的震慑作用。

曹军还欲趁夜偷渡到江中的小岛上，吴军水兵发现后立即组织围攻，结果俘获曹军水兵三千多人，落水溺亡者也有数千人。曹军吸取教训后，据守营垒不出。孙权派出装满柴草后又蒙上布帐的船只，去曹操水军营前观察，当接近曹营时，曹操命令士兵放箭，大量箭矢插在船上导致船身失去平衡，于是吴军调转船头，用船的另一面迎接曹操的箭矢，以寻求平衡。这就是历史上著名的"草船借箭"的故事。后来，吴军多次前来"借箭"，曹操下令弓弩不得妄发，吴军只得空船而归。

曹操和孙权两军在濡须长期对峙，对双方来说都有压力。孙权给曹操写信说：长江春水即将上涨，您应当赶快撤军。另附一张纸条，上面写着：您不死，我就不得安宁。曹操看了孙权的信和纸条并没有生气，他对手下的将领们说：孙权所说的春水即将上涨这件事是真的，在这一点上孙权没有欺骗我。面对波涛汹涌、滚滚东去的长江水，曹操无法进军，长期驻守又消耗粮食，所以撤军而还。第一次"濡须之战"，两军相持一个多月，最终以曹操北撤而结束。但对东吴军队来说，这次战役也是对濡须坞建成之后的一次实战检验，他们可根据战役中暴露出来的江西大营容易被突破等突出问题，进一步完善和加固防御工事，以更好地保护东吴和建业的安全。（据《三国志·吴书·程黄韩蒋周陈董甘凌徐潘丁传》《资治通鉴》第六六卷）

（二）第二次"濡须之战"，曹操获得名义上的胜利

首次"濡须之战"后，孙权高度重视濡须口的战略防御问题。他把精兵强将和主力部队调往濡须口筑城和驻守，选拔出万名强弩手，紧盯濡须水与长江交会处，严防死守魏军入江东进。孙权任命吕蒙为都督，统一指挥屯驻濡须坞的吴军，同时以蒋钦为濡须督，协助吕蒙督诸将。

　　蒋钦，字公奕，九江郡寿春人。他早年跟随孙策征伐，被任命为别部司马。在孙策初辟江东时，随其平定丹阳、吴郡、会稽和豫章四郡，而后被派到鄱阳郡葛阳县（治所在今江西上饶市弋阳县西葛溪水之北），掌捕盗之事的县尉，后来又先后担任过三个县的县长。由于蒋钦讨伐平定山越有功，被提拔为西部都尉。建安八年（公元 203 年），以吕合、秦狼为首领的山越爆发大规模叛乱，影响遍及东冶（今福建福州市）等五县。孙权命令西部校尉蒋钦、督军校尉吕岱率军镇压，将叛军击败，生擒吕合、秦狼，五个县恢复了社会稳定。蒋钦因功被任命为讨越中郎将，以昭阳（今湖南邵阳市代管邵东市东）等两县为奉邑。贺齐讨伐黟县贼寇时，蒋钦督率一万人的部队，与贺齐合力进击讨伐，将该县贼寇平定。蒋钦还随孙权围攻合肥，曾在逍遥津北面与突袭孙权的曹军名将张辽苦战，蒋钦因功被提拔为荡寇将军，兼濡须督。后来，蒋钦被调到京都担任右护军，掌管诉讼之事。孙权曾进入蒋钦家后堂，见其母亲使用的是粗布帷帐和素色被子，蒋家妻妾穿着一般布裙。孙权赞叹蒋钦能做到富贵时坚守节俭，当即命令御府为其母制作锦被、改换帷帐，蒋氏妻妾的衣服也都换上了锦绣绸缎。

　　此前，蒋钦率军屯驻丹阳郡宣城县（治所在今安徽芜湖市南陵县东弋江镇），讨伐豫章贼寇。时任芜湖县（治所在今安徽芜湖县北咸保圩水阳江畔）县令徐盛逮捕了他手下一名严重违法的屯守官，并上奏孙权要求将其斩首。孙权考虑到蒋钦在远地领兵出战而未应允。徐盛由此认为自己与蒋钦结下了怨恨，而蒋钦却认为徐盛是一位坚持原则、无私无畏的优秀县令。

孙权把吕蒙和蒋钦放在濡须口领兵把守，而后就回建业了。曹操也于建安二十一年（公元 216 年）二月回到邺城。

次年正月，魏王曹操亲率大军进驻居巢。孙权闻讯后，也从建业来到濡须，坐镇指挥，欲迎战魏军。自认为与蒋钦结仇的原芜湖县令、现为中郎将的徐盛也来参战。徐盛非常担心蒋钦会借机对自己实施打击报复。可是，蒋钦在孙策面前"每称徐盛之善"，介绍徐盛的优点和才干。孙权问蒋钦为什么老是夸赞徐盛。蒋钦回答说：徐盛忠诚正直，有胆有识，工作勤勉，是一位统领万人的杰出将领人选。如今大业尚未建成，臣下有责任和义务为东吴寻求人才，岂敢怀着私人恩怨而遮蔽贤能呢？孙权对蒋钦的政治站位和大局观念深表赞赏。

不久，魏军向濡须发起进击。可是，江淮地区连续多日都是风雨天气，攻守双方都受到恶劣天气的影响。魏王曹操命令将领张辽和臧霸作为先锋，率军先行，但在行军过程中遭遇了持续的大雨。他们踏着泥泞不堪的道路缓慢前行，终于到达了江边，而主力大军尚未到达。

此时，江水猛涨，浪涛翻滚。东吴的舰船虽逆水行舟，但由于他们技术娴熟，训练有素，犹如水鸟一般游弋自如。面对滚滚江水和船若棋布的吴军舰船，张辽、臧霸及其将士们普遍缺乏战胜吴军的信心，甚至不少人表现得惊恐不安。张辽认为，魏军既缺乏船只，又缺乏水兵，面对持续升高的水面，从保护魏军将士生命安全的角度考虑，意欲自作主张把军队撤回。而臧霸仍坚持执行魏王的屯驻命令不动摇，反对撤军，他说：魏王命令我们屯驻，而您却要撤军。魏王那么英明，他当然知道天气恶劣，怎么会舍弃我们而不管呢？张辽听从了臧霸的建议，于是屯驻下来。第二天，他们就接到了魏王的撤军令，这才撤军。魏军回到大营之后，张辽把事情的经过向曹操作了汇报。曹操对臧霸不畏艰险、坚决服从命令的勇气非常赞赏，任命他为扬威将军。

东吴水军虽然有很强的适应不同环境下水面巡逻和作战的能力，但同样受到恶劣天气的严峻挑战，偏将军董袭乘"五楼船"昼夜在水面上巡逻，行到深夜时，突遇狂风突袭，五楼船被狂风巨浪掀翻，一些将士欲乘走舸逃走，他们也请董袭一起上船逃回岸上。董袭大怒，厉声说：我领受孙将军的重任，在江面上防备敌人，岂能脱身而去，谁胆敢再说逃走立斩不赦！于是无人敢逃脱。当夜船沉，董袭淹死。董袭是孙家的爱将，也是孙权老母吴夫人喜欢和信任的三位文臣武将之一。孙权闻讯战功累累的董承以身殉吴的噩耗之后，痛惜万分。他换上丧服，亲自参加董袭的葬礼，慰问家属，并对董家的生活照顾十分优厚。

天气好转之后，魏军进驻长江以西、居巢以东一个名叫郝豀的地方休整。不久，魏军又向吴军发起进攻。当魏军前锋部队刚一到达濡须，就遭到了吴军的迎头痛击，但曹操的大军很快就赶到了，再次向濡须口发起猛攻。

在曹魏大军的强烈攻势下，虽然吴军奋力抵抗，但终因军力不支而率先撤退。孙权派遣都尉徐详（吴郡乌程人，今浙江湖州市人）前往曹军大营"诣操请降"，曹操派遣使者回复，表示愿意建立友好关系，发誓与孙权重结姻亲关系。当年三月，魏王曹操留下夏侯惇统领曹仁、张辽等二十六支部队驻守居巢，自己率军撤回。

曹军收兵退走之后，孙权下令周泰以平虏将军的身份统领朱然、徐盛等驻守濡须，自己打算返回建业。但他听说朱然、徐盛等因周泰担任濡须驻军总指挥，而他们成了周泰的部下，于是很不服气，孙权只得暂时留下来，亲自出面做他们的思想工作。

朱然早年被朱治收为养子，与孙权是少年时的同学，两人关系非常要好。孙权统事后，朱然先后被任命为余姚县县令、山阴县县令，并监管五个县。孙权对朱然的治理能力非常认可，又提拔他到扬州临川郡（治所在临汝县，今江西抚州市临川区）担任郡太守。朱然只用十天时间就平定了山贼叛乱，然后又随吕蒙擒杀关羽，以军功升迁为昭武将军，封西安乡侯。吕蒙死后，朱然代替吕蒙镇守江陵。

徐盛是琅琊莒县（今山东日照市莒县）人。他年轻时由于遭遇战乱迁居到吴县（今江苏苏州市），以刚正和勇猛而闻名。他先后跟随孙策、孙权征战，被提拔为别部司马，又被任命到柴桑县（治所在今江西九江市柴区境内）做县令。徐盛曾率领五百人的部队，抵御黄祖之子黄射为首的数千人的攻击，并以少胜多，杀死杀伤黄射的部众千余人，大败黄射，从此黄射再也不敢侵犯柴桑。后来，孙权任命徐盛为校尉，派遣他到芜湖县担任县令。

在这次濡须保卫战中，徐盛获知蒋钦能够正确对待自己做芜湖县令时处罚他的吏员，丢掉了思想包袱，轻装上阵，表现得非常勇敢。当曹魏大军大举进攻横江时，徐盛率领所部前往迎战，不料突然遭遇大风，吴军的艨艟战船被吹到靠近魏军驻守的岸边，一些将领心中恐惧，不敢出战，唯有徐盛率领士兵上岸砍杀，敌军退走。风停后，徐盛才率军返回，孙权对他大加赞赏，并赐以"大壮"之名。

朱然、徐盛等将领都认为自己的资历和战功都很丰厚，而周泰出身寒微，凭什么受他领导！为了树立周泰的威信，孙权大摆酒宴，邀请诸位将领在悠扬的乐声中开怀畅饮。在宴会上，孙权下令周泰解开衣扣，用手指着周泰身上一道道的伤疤，询问周泰受伤的经过，周泰"辄记昔战斗处以对"。问答完毕之后，孙权让周泰穿好衣服，他"把其臂"流涕说：幼平（周泰的表字），你为了孙氏兄弟，像熊和虎一样勇猛作战，从来不顾惜自己的生命，我岂能不把你当作亲人，委以统率兵马的重任！第二天，孙权又派使者"授以御盖"，"于是（徐）盛等乃服"。孙权这才率军返回。孙权在发现和化解将领之间内部矛盾上非常及时，办法也挺有效。这是孙权领导和统御能力最为突出的一个特点。

第二次"濡须之战"，由于魏王曹操攻势猛烈，在重压之下，防卫濡须、抵御魏军的孙权被迫率军退走，并遣使请降，曹操名义上取得了胜利，而实质上孙权并没有失去一寸土地，伤亡损失也不大。（据《三国志·吴书·程黄韩蒋周陈董甘凌徐潘丁传》《三国志·魏书·二李臧文吕许典二庞阎传》《三国志·吴书·朱治朱然吕范朱桓传》,《资治通鉴》第六七、六八卷）

五、东吴在扬州和荆州的夺获

赤壁之战后，孙权在经营江东的同时，也开始攻城夺地，他从曹操手中夺回了除樊城、襄阳之外的南郡和皖城（今安徽安庆市代管潜山市梅城镇）等地，又向背叛统一战线的刘备发起了攻击。经过长达十年的攻夺，终于将刘备的势力驱逐出荆州，夺取了刘备名下的荆州地盘，进一步扩大了东吴实力。

（一）"皖城之战"，孙权从曹操手中夺回庐江郡

东汉末年，时任庐江太守陆康为远避战乱，将庐江郡治所迁至皖城，改六县为六安县。

当年孙策用计击败庐江太守刘勋、轻取皖城后，任命李术为庐江太守，拨给他三千人马守卫皖城。孙策去世后，李术不听从孙权的命令，孙权便领兵攻下皖城，斩杀了李术，任命孙河为威寇中郎将兼庐江太守。后来，孙权的弟弟、丹阳太守孙翊被手下所害，孙河前往丹阳郡治所宛陵，严厉指责丹阳大都督妫览等，妫览将孙河杀死。曹操趁孙权处理孙翊、孙河丧事之机，派遣朱光担任了庐江太守。这样，庐江郡又为曹操所控制。

建安十九年（公元214年），曹操给庐江太守朱光下令，要求他扩充军队，屯兵皖城，并组织军民大力开垦土地，广植稻谷。于是，朱光招降和收编了鄱阳一带的起义军，壮大了军事实力；组织农民大力发展农业生产。朱光这一系列举动引起了孙权团队的高度警觉。吕蒙向孙权建议说，皖城土地肥沃，现在朱光大面积种植水稻，如果到了秋季，曹操必定会增加驻军，以保护秋收。应该趁早把皖城拿下，这样可以减少攻城的代价。孙权采纳了吕蒙的意见，决定对皖城发起进攻。那一年是闰五月，雨季时间较长，江河水势

涨而不泄。孙权率军乘船沿江而上，进攻皖城。庐江太守朱光收聚部众据城坚守。孙权问计于各位将领，如何才能攻破城池。将领们认为应该堆筑土山，添置攻城器具。吕蒙不以为然，他说：制造攻城设备和堆土成山，太耗费工夫，需要多日才能完工。到那时，敌人城防已经巩固，援兵必定到来，我们将很难夺得皖城。况且我军趁雨多水大乘船而来，如果拖延时间，大水必定退去，我们回军就会遇到困难。据我观察，皖城并非固若金汤，目前我军士气高昂，如果四面齐攻，很快就能攻下，然后趁大水未退而回军，这才是大获全胜的策略。孙权采纳了他的建议，立即部署攻城。吕蒙向孙权推荐甘宁担任领兵攻城的升城督，孙权批准。于是甘宁手持白绢，身先士卒，爬上城墙；吕蒙命令精锐士卒紧随其后，天亮之前全部入城，两三个时辰就将皖城攻破，生擒了庐江太守朱光，俘获城中男女数万人，大获全胜。张辽其时已从合肥出发，率军支援，走到夹石（今安徽安庆市代管桐城市），听说皖城已经失陷，于是领兵撤回。

孙权从曹操手中夺得了庐江郡，但该郡有些县孙权并未占领。这样，该郡就一分为二：东吴的庐江郡，治所在舒城（今安徽合肥市庐江县）；曹魏的庐江郡，治所在阳泉（今安徽六安市霍邱县）。这次战役对孙权控制江淮地域起到了重要作用。孙权认为吕蒙功劳最大，重加奖赏，当下任命他为横江将军兼庐江太守。（据《资治通鉴》第六七卷，《三国志·吴书·周瑜鲁肃吕蒙传》）

（二）消灭关羽，将刘备势力赶出荆州

建安十四年（公元 209 年），周瑜击败曹仁，夺取了除樊城、襄阳之外的南郡。这是赤壁之战后孙权在荆州夺得的第一块土地。可是，第二年，刘备亲赴京口向孙权"借荆州"。鲁肃从维护孙刘联盟大局的长远考虑，劝谏孙权把荆州（实际上是南郡）借给刘备，他说：您英明神武，举世无双，可是曹操的势力太强大了。我们刚刚占有荆州，恩德信义尚未建立。如果把荆州借给刘备，让他去安抚那里的百姓，抵御曹操进攻，实属上策。这样，曹操就多了一个敌人，我们多了一个朋友。当时，孙权的妹妹还是刘备的夫人，再加上他对鲁肃充分信任，于是就同意了鲁肃的建议。同时，刘备借得南郡之后，就将原江夏太守刘琦所控制的夏口以西的半个江夏让了给孙权。这样江夏郡就为孙权、曹操双方所控制。刘备借得了荆州南郡，这一借就是十年。

建安十九年（公元 214 年），在刘备进入益州攻打雒城时，因谋士庞统被流矢射杀，刘备紧急召唤张飞、赵云、诸葛亮等进入益州支援，留下关羽这位大将独守荆州，掌管着荆州地区刘备所控制的南郡、长沙、零陵、武陵、桂阳五个郡，其防守任务十分艰巨。可是，关羽是个耐不住寂寞的人，让他看家护院，他不会乖乖地蹲在那里，死守那一亩三分地，而是要寻找一切机会去攻城略地，扩大地盘。

"湘水划界"之后，鲁肃从大局出发，仍然希望继续维持孙刘联盟，他曾经劝孙权说，曹操在南方的势力仍然存在，应该安抚和

结交关羽，与他联合起来共同对抗曹操，不能与他失去和睦。可
是，关羽不懂"统一战线"，他很勇猛，但并不高明，对盟军搞
"关门主义"。

孙刘联盟的积极推动者和维护者、横江将军鲁肃，于建安
二十二年（公元217年）在军中病逝，时年四十六岁。孙权怀着极
其悲痛的心情为他安排丧事，并亲自参加他的葬礼。诸葛亮获悉
后，也为鲁肃举行了祭悼仪式。

鲁肃是东吴的肱股之臣，杰出的战略家、外交家。自从建安五
年（公元200年），鲁肃在周瑜的引荐下投奔孙权以来，为东吴政
权效力十七年。他出身于士族之家，性格豪爽，仗义疏财，深得乡
人敬慕。当时，周瑜为居巢县长，因缺粮向鲁肃求助，鲁肃将一仓
三千斛粮食慷慨送给周瑜。从此，二人结为好友，为东吴政权共谋
大事，立下赫赫功绩。鲁肃具有战略思维和战略眼光，率先倡导和
启动了孙刘结盟抗曹。刘备兵败当阳长坂坡之后，鲁肃不辞辛劳，
不畏风险，主动跑去说服刘备走向联合，刘备派诸葛亮随鲁肃到柴
桑面见孙权，双方达成重要共识，孙刘联盟正式建立。赤壁之战
中，孙刘联军之所以以弱胜强，以少胜多，打败了曹操，很大程度
上应该归功于鲁肃和诸葛亮的积极谋划、运作和推动。后来，鲁肃
又劝说孙权把南郡借给刘备，避免了孙刘联盟过早破裂。当刘备得
到益州之后，孙权令诸葛瑾向刘备索要借给他的土地，刘备不肯归
还，双方剑拔弩张。在孙刘联盟面临破裂的严峻形势下，鲁肃主动
邀关羽会谈，尽管没有取得实质成果，但谈总比打要好。随后，孙
权与刘备商定，以"湘水为界"，平分荆州，暂时缓和了紧张气氛，

延缓了孙刘联盟决裂的时间。《三国志》作者陈寿说，鲁肃为人方正严肃，不好俗务，治军从严，令行禁止，虽在军阵，手不释卷，又善谈论，擅写文章，曲尽其妙，思度弘远，计谋高超，有过人之明。周瑜之后，鲁肃为之冠也。

鲁肃去世后，吕蒙接替鲁肃镇守陆口。他深刻感受到了关羽怀有兼并江南的野心。关羽的军队驻扎在吕蒙军营的上游，没准他什么时候就会杀向吕蒙，这种危险随时都有可能发生。于是，吕蒙秘密给孙权出主意说：刘备和关羽君臣自负，反复无常，对他们这样的人，我们绝不能以诚相待。目前，关羽之所以没有立即向东攻击我们，就是惧怕您的英明，以及我和其他将领们的存在。现在，如果不趁着我们身强力壮之时解除这一后患，等我们老了或走了，再与他较量还有可能吗？可是，孙权打算率军北上攻打徐州。吕蒙不赞成这一战略，说服孙权放弃了这一计划，但孙权并没有完全采纳吕蒙所出的主意，而是调集了主力部队再次进攻合肥。这期间，关羽一直遵守湘水划界的协定，并没有乘虚进攻东吴。

建安二十四年（公元 219 年）夏，关羽将进攻的矛头对准曹操设在荆州的据点，开始攻城拔寨。吕蒙见关羽率军北上围攻樊城、襄阳，便上疏孙权说：关羽攻打樊城、襄阳，却留下很多守兵留驻其大本营，肯定是害怕我们袭击其后方。我有一计，可夺回南郡。人们都知道我时常闹病，就以为我治病为名，分一部分老弱士兵和我一起回京。关羽听说这个消息后，就会撤掉留守大本营的守兵，全部开赴前线。届时，我们可以让大军走水路，乘船逆水而上，乘关羽不备、防守力量薄弱之机，夺取南郡，最后可擒获关羽。孙权采纳了吕蒙的计策。于是吕蒙就声称病重，孙权则公开下达文书，召吕蒙回京。关羽闻讯果然中计，把留守大本营的兵力调往樊城去围攻曹仁。吕蒙奉孙权之命返回京师养病，途经芜湖时，陆逊前去拜见他。

陆逊，字伯言，吴郡吴县（今江苏苏州市）人。虽然他出身于江东大族之家，但是个苦命的孩子，很小的时候父亲就死了，只得跟随其堂祖父庐江太守陆康在其为官之地生活。由于陆康与袁术不和，袁术欲发兵攻击陆康，为安全起见，陆康便让陆逊和家眷们都回到吴县。陆逊比陆康的儿子陆绩大几岁，便经常替陆康管理家务。他躬操井臼，勤勤恳恳，把家里收拾得井井有条、干干净净，陆康和家人都很满意。孙权做将军时，将二十一岁的陆逊征召到自己的幕府，先后担任东曹令史和西曹令史。陆逊在"两曹"都干得不错，孙权便命他到海昌县（治所在今浙江嘉兴市代管海宁市）担任屯田都尉，同时兼管县里政务。由于遭遇连年大旱，百姓饥饿愁苦，陆逊打开官仓放粮，以救助穷人，帮助他们渡过难关，随后又督促百姓种田养蚕，使灾民逐步摆脱贫困，解决了吃穿问题。当时，会稽、吴县、丹阳等地都有不少人因兵荒马乱而隐蔽在山林之中。陆逊上表孙权，陈述当前急需解决的问题，其中包括请求招募这些人中的青壮年从军。为此，陆逊主动先行先试，从这些人中招募了一批新兵，并率领他们讨伐会稽郡的山越，所到之处，山越无不降服，使多年来官府没有平定的山越叛乱得以平定，且陆逊的部队也在平叛中发展到两千多人。陆逊因功被提拔为定威校尉。孙权发现陆逊有发展后劲，于是就把亡兄孙策的女儿嫁给了他。有了这层关系，孙权对陆逊更加信任，多次征询他对时局的看法。陆逊曾建议说：当今群雄争霸，割据一方，他们都像豺狼一样，窥测时机出击兼并他人土地。我们要打败敌人，平定叛乱，没有大量的兵马是不行的。山越贼寇与我们怀有旧怨，他们依山据险，频频作乱。如果我们平定不了内乱，就很难图谋远方之敌。因此，当务之急就是招选精锐兵卒，扩充军队规模。孙权采纳了他的计策，任命陆逊为帐下右部督，负责自武昌至蒲圻一带的军事。当时，丹阳郡叛军首领费栈接受曹操的命令，煽动山越作乱，为曹操做内应。孙权派遣陆逊领兵讨伐。费栈的部众多而陆逊的兵少，如果真打实拼，陆逊干不过费栈，于是陆逊决定虚张声势，以弱充强。他增设了许多军旗、战鼓和号角，深更半夜潜入山谷之间，向敌众发起攻势，费栈及其部众听见众多杂乱的鼓号之声，以为大军已至，纷纷逃散。陆逊率军追击，将敌人打败。随后，陆逊整编东三郡的地方武装，将强者留下，让老弱回到地方安户。经过整编，陆逊集中了优秀兵员，提升了部队战斗力，使精兵规模达到了数万人。陆逊依靠这支队伍，铲除了旧有的贼患，恢复了社会安宁。会稽郡太守淳于式上表弹劾陆逊违法征用民众，所辖区域的百姓受其扰乱而愁苦。后来陆逊面见孙权，谈话之中，陆逊称赞淳于式是个好官。孙权问他：淳于式控告你，为什么你却称赞他？陆逊说：淳于式的心意是想休养百姓，所以控告我。如果我再诋毁他，那就是混淆视听，这种风气不可长！孙权说：这才是忠臣所为，普通人是做不到的。

　　陆逊驻军芜湖期间，吕蒙回途正好路过芜湖，陆逊便前去拜见，开口就对吕蒙说：关羽和您的驻地相邻，您在这个时候远离驻地东下，难道就不担心他在背后下手吗？吕蒙说：情况确如你所说那样，可是我病得很重。陆逊说：关羽自恃骁勇善战，欺压他人，因他刚刚取得水淹于禁七军的大功，更是狂妄自大、目中无人，一心致力于向北进攻曹魏，对我军未加怀疑，他听说您病重，必然更无防备，如果出其不意，攻其不备，就可以将他擒服。您见到主公，应该好好地谋划此事。吕蒙大惊，觉得眼前这个年轻人不简单，一眼就能把事情看透！为不泄露军机，吕蒙便说：关羽素来勇猛，我们很难与他为敌，况且他已占据荆州（南郡），大施恩德和信义，再加上刚刚取得战功，胆略和气势更加旺盛，可不易对付啊！吕蒙到京后，孙权问他谁可以接替他，吕蒙胸有成竹地回答说：陆逊头脑很不简单，深谋远虑，有担当重任的才干。他现在还没有显赫的名声，不为关羽所顾忌，没有比他更合适的人了。如果用他，就应该提醒他，表面上要隐藏起真实的意图，暗中观察有利形势，然后寻机击败关羽。于是孙权召见陆逊，任命他为偏将军、右部督，代替吕蒙。

陆逊到达陆口后，立即写信给关羽，陆逊在信中说：我是个愚笨之人，受命来到此地，非常仰慕将军的风采，很想受到您的有益教诲。曹操的名将于禁等人被您所俘，远近之人都对您钦佩不已，认为将军您的功勋永世长存。我粗疏迟钝，能力有限，无法胜任这个职位，但十分高兴能与将军为邻，钦佩您的威望和德行。倘若能承蒙您的教诲，那实在是一件幸事。关羽看过陆逊的信后，逐渐放松了对吴军的戒备。陆逊将关羽的态度等情况向孙权写了报告，并逐条拉出可以擒获关羽的要点。

孙权看到陆逊的报告，觉得时机已经成熟，便决定出兵袭击关羽的老窝南郡。此时，魏王曹操也正在拉拢孙权。孙权为了表示对朝廷的尊重和与曹操合作的诚意，写信给曹操，报告了自己拟讨伐关羽的情况，并希望魏王为之保密，不要把消息泄露出去，免得关羽有所防范。

曹操接到孙权的来信后，召集群臣开会商议，多数人认为应当为孙权保密。谋士董昭却说：军事行动注重权变，孙权的个人要求应该符合我们的利益。我们明着可以答应为他保密，但暗中要把消息泄露出去。当关羽知道孙权来信的内容以后，就必然回军保护自己的后方，那樊城之围不就解除了吗？这样我们就可以获利，还可以使孙权与关羽相互敌对又动弹不得，我们可以坐等他们都消耗得精疲力竭，再出兵消灭他们。如果我们为孙权保密而不泄露任何消息，只能让孙权获利，这不是上策。再说，在樊城被围困的我军官兵不知道有救兵前去救援，他们算计着城中的粮食不足以维持长期作战，心中必定惶恐不安。如果他们再产生其他想法，危害是很大的。况且关羽为人强悍，自恃江陵、公安两城防守坚固，肯定不会很快退兵。所以，还是把孙权讨伐关羽的消息泄露出去为好。曹操听完董昭所作的分析后非常赞赏，立即给救援曹仁的徐晃下令，将孙权的书信手抄本用箭分别射入被围困在樊城中的曹仁军队和城外关羽的军营。

曹仁的将士们看到孙权将要攻击关羽老窝的书信后士气大增，关羽见到此信却顾虑重重，犹豫不决。他担心自己围攻樊城，孙权却在他背后下手，可是他也不甘心主动放弃对樊城的围攻，前功尽弃。此时的关羽可谓是，"停杯投箸不能食，拔剑四顾心茫然"。

当孙权得知曹操将自己的军事计划泄露出去之后，非常懊恼。尽管如此，孙权不愿白白丧失这个机会，依然打算去袭击关羽的大本营，并任命征虏将军孙皎和吕蒙为左、右两路军队的最高统率，又安排吕蒙、陆逊作先锋。

孙皎，字叔朗，吴郡富春（今浙江杭州市富阳区）人。他是孙坚之侄，孙权的堂弟。孙皎初任护军校尉，领兵两千多人。曹操每次进攻濡须，孙皎都主动率军赶赴前线，带头冲锋陷阵，"号为精锐"。后来，孙皎升任都护征虏将军，代替程普监管江夏郡东吴控制的地区。黄盖和孙皎的哥哥孙瑜先后去世后，孙皎合并了他们的部队，统领的兵马众多。因是孙氏家族成员，他曾受封沙羡、云杜、南新、竟陵四个县的封地，且允许他自置长吏。孙皎轻财好施，乐于助人，喜欢结交朋友，与诸葛瑾关系最铁。他委任庐江人刘靖"以得失"，江夏人李允"以众事"，广陵人吴硕、河南人张梁"以军旅"，其"倾心亲待，莫不自尽"。由于江夏郡的地盘分别被东吴和曹魏分割，双方边界犬牙交错，孙皎曾派兵伺机抓捕边境地带曹方控制区的官吏，并要求将抓获的俘虏送到自己面前。可是，那些兵卒却抓获了一些曹方百姓。孙皎让那些百姓更换衣服之后，又把他们送了回去，同时向部队下令说：我要诛讨的是曹氏，他的百姓有什么罪？从今以后不许抓捕曹魏的老弱百姓。于是，江淮地区归附他的人很多。

后来，孙皎"尝以小故与甘宁忿争"有人劝说甘宁，不要与公子哥较劲了。甘宁却拧着脖子说："臣子一例，征虏（指孙皎）虽公子，何可专行侮人邪！吾值明主，但当输效力命，以报所天，诚不能随俗屈典矣。"不久，孙权听说了此事，就写信批评孙皎说：我与北方为敌已有十年，起初你年龄还小，现在你快 30 岁了。孔子有言"三十而立"，不光是学习五经的事儿。我让你统率精兵，担当大任，统领诸将于千里之外，不是让你放纵个人意志。最近听说你与甘宁饮酒，因酒醉发作，侵犯了他，他请求归属吕蒙管辖。甘宁这个人虽说粗鲁豪放，有他的不足之处，但总的说他还算是个大丈夫。我亲近他，并非偏爱他。我亲近爱护他，你却疏远憎恶他，你的做法经常与我唱反调，你想这样能长久吗？居家待人以敬，行事讲求简明，这样才可以统领百姓；以仁爱待人，宽容大度，就可以得到大家的拥护。对这两个问题你都不理解，怎么能够率统大军在远方抵御敌人呢？你逐渐长大，特地授予你重任，上有远方瞻望期待，下有亲兵朝夕相从，你怎么可以任性妄为、大发脾气呢？人非圣贤，谁能无过，贵在能改，你应认真汲取从前的教训，深切地进行自我批评。现特意让你的好友诸葛瑾转达我的心意。信写到这里，我心里非常难过，泪随笔落。孙皎"得书，上疏陈谢，遂与（甘）宁结厚"。孙权在及时发现并化解属将之间的矛盾和纠纷方面确实做得很到位。

孙权部署袭击南郡，打算让孙皎与吕蒙共同率军征伐。吕蒙获知后上疏孙权说：如果您认为征虏将军有本事，就应该用他；如果认为我有本事，就应该用我。过去周瑜、程普为左、右部都督，共同进攻江陵。虽说大事取决于周瑜，但程普自恃是沙场老将，都是都督，于是两人不够和睦，险些误了国家大事，这正是眼前必须引以为戒的啊！孙权向吕蒙道歉说：让你任大都督，孙皎为后续。

吕蒙接受任务后率军隐蔽前行，进至寻阳时，就把精兵隐藏在伪装的商船里，命令将士们穿上白衣，打扮成商人，雇佣百姓摇橹划桨，昼夜兼程，溯江急驶，直奔江陵。那些固守江防和站岗放哨的蜀军士兵被隐蔽伪装的吴军所蒙骗，猝不及防，全部被吴军生擒，成为俘虏。

在这次行动中，吕蒙特意让精通《易经》、兼通医术，但因犯了错误被孙权流放到丹阳郡泾县的虞翻跟随自己，吕蒙想利用这个机会"令（虞）翻得释也"。

虞翻就是那位深受孙权的哥哥孙策器重，于建安五年（公元200年）帮助孙策忽悠豫章郡太守华歆，使其打开门让城投降的时任富春县县长。孙策去世后，富春县有许多官吏打算奔丧。县长虞翻对他们说：我担心，如果大家离开城邑去奔丧，邻县山越很可能会趁机作乱。于是他要求大家留在城中，穿上丧服，就地哀悼。其他各县也都仿效富春县的做法，因此在治丧期间各县都平安无事。后来，虞翻被州府推举为茂才，北方朝廷召他为侍御史，虞翻没去任职；曹操为司空时，又征召他去做官，虞翻也没有应从。孙权统领东吴军政事务后，任命虞翻为骑都尉。虞翻性情疏直，多次犯颜谏争，屡使孙权生气，加之他性格不合群，也经常被他人诽谤诬陷，因此虞翻获罪，被流放到丹阳郡泾县。吕蒙知道虞翻博学多才，乃东吴名贤，因善尽忠言而受到打击迫害，便想利用这次率军攻取南郡的机会，以虞翻兼通医术之名，上表请求让他随军救治伤病，意欲待虞翻立功之后，劝谏孙权为他解罪。

吕蒙率军进入南郡后，先让原骑都尉虞翻写信诱降驻守公安的蜀将傅士仁。傅士仁归降后，吕蒙、虞翻又让傅士仁引吴军迫降固守在江陵的南郡太守麋芳。由于傅士仁、麋芳屡受关羽欺负，再加上他们在固守后方期间为关羽运送粮草不及时，关羽曾放话说，回军以后要收拾他俩，因此二人皆生叛心。傅士仁等人一到，麋芳便走出城门，献城投降。吕蒙非常高兴，打算在城外沙丘上娱乐，以庆祝胜利。此时虞翻劝谏吕蒙说，要防止城中有伏兵，在江陵城中只有麋芳与吴军是一心，其他人居心叵测，提醒吕蒙应尽快入城，控制要害部位。吕蒙幡然醒悟，及时率兵入城并分兵掌控险要之地，使那些本想伏击吴军的人来不及设好埋伏，其图谋就破产了。吕蒙终于夺回了被刘备占据十年的荆州南郡（但襄阳仍为曹操所占据）。在吴军和平收取公安、江陵两城的过程中，虞翻发挥了重要作用。

吕蒙俘获了关羽军中武官留在江陵的所有家属，并厚加抚慰。他还下令军队官兵不得骚扰百姓，不得擅自到居民家里索取。当时，吕蒙军中有一位基层军吏从居民家里拿了一个斗笠，用来覆盖铠甲。吕蒙认为，铠甲虽然是公家器物，但擅取民家斗笠来覆盖，违反了军令，于是挥泪将其处斩，在军中起到了强烈的震慑作用，致使军队达到了军纪严明、秋毫无犯的程度。

当时关羽已被曹军大将徐晃击败逃亡，又听说江陵失守，他惊恐不安，急忙率军回救。在途中，关羽数次派人与吕蒙联络，试图与其恢复和重建同盟关系。吕蒙热情接待关羽的使者，还安排他们慰问被俘获的蜀军将领家属。使者深受感动，有人还给亲朋好友写信，说得到了吕蒙的厚待。使者回到关羽军中，将领们得知家中不但平安无事，所受到的优待还超过了平时，与吴军打仗的斗志消沉下去。

由于吕蒙采取了灵活多变的战术，有效克服了由于孙权给曹操写信、曹操有意泄露军情而导致原定计划被严重破坏所带来的不利因素，实现了一举端掉关羽老窝、收复南郡的战略目标，人们再一次对吕蒙"刮目相看"。

孙权听说吕蒙已将江陵和公安顺利拿下，便先去了江陵，早先关羽在"水淹七军"战斗中俘获的曹操名将于禁就被囚禁在江陵监狱。孙权到达后将于禁释放，并召他来见。孙权对于禁很和善，两人聊了半天。过了几天，孙权骑马出来，让于禁与自己同行。虞翻见到后呵斥于禁说：你是个俘虏，竟然敢同我们主公的马齐头并进！说完拿着鞭子就要抽打于禁，被孙权喝止。孙权在楼船上同群臣宴饮，并让于禁参加。于禁看到歌舞和桌上的酒肉，便想起了自己的狱中生活，对比之下痛哭流涕。虞翻又说：你装模作样，打算以此来求得宽赦吗？虞翻依然像过去一样多嘴多舌，孙权对他很反感。由于东吴与魏国和解，孙权便想把于禁遣回魏国，虞翻又劝谏说：于禁吃了败仗，被关羽斩俘数万人，他本身就是个贪生怕死的降将，按照北方的习俗，于禁即使回去也得不到重用，虽然放了他对我们没有损失，但依旧如同放盗归山，不如将他斩了用来警示身为人臣却心存二心的人！孙权不听，毅然决定把于禁送回北方。在于禁离开时，群臣为于禁送行，虞翻当着大家的面，又对于禁说：你不要以为我们东吴没有人才，只不过是我的谋略不被重视而已。后来，虞翻又多次多嘴多舌，将孙权激怒，再次被流放到南部边疆地区的交州。

南郡被顺利拿下后，孙权派遣陆逊率军攻取荆州宜都郡。宜都太守樊友听到消息后弃城而逃，其所属各县官员以及蛮夷酋长等也都望风而降，宜都郡被划入孙权的地盘。

接着，陆逊又派属将李异率领水军、谢旌率步兵三千人去攻打蜀将詹晏、陈凤。他们截断险要之处，击败詹晏，活捉陈凤，又率军大破益州汉中郡房陵太守邓辅和南乡太守郭睦。此时，南郡秭归县大族文布、邓凯等招聚少数民族数千人，企图抵抗。陆逊又命令谢旌等率部攻讨，文布、邓凯逃走，投靠了行将败亡的关羽。陆逊派人前去诱降他们，只有文布率众归降。陆逊的部队所向披靡，势如破竹，又占领了秭归县、枝江县、夷道县，而后遣军把守关羽退回益州的通道。

关羽在曹操、孙权的两头打击之下，陷入进退失据、腹背受敌的困境。建安二十四年（公元 219 年），关羽逃到南郡，发现老根据地已经沦陷，刘备让他留守看护的荆州所有地盘已全部输光。关羽犹如一只丧家之犬，在儿子关平的劝说下败走麦城。孙权派诸葛瑾前去劝降，关羽内持定力，绝不答应。诸葛瑾向孙权汇报劝降关羽的情况，吕蒙在一旁插话说，他已经制定好了擒获关羽的计策了。

吕蒙安排临川郡太守、折冲校尉朱然率领部分士兵埋伏在麦城以北，安排别部司马、偏将军潘璋带领部分士兵埋伏在临沮，而后命令吴军从东、西、南三面攻打麦城，只留下北门不攻。关羽不愿困死在麦城，便用幡旗做成假人，立在城墙上装作守卫，然后从北门出城，打算沿着一条小路逃往益州。荆州议曹从事王甫劝说关羽应该走大路，大路比小路更安全。关羽说，即使有埋伏他也不怕。王甫见关羽不听从自己的忠告，便与他哭别。此时，关羽的将士们都跑散了，只有关羽和他的儿子关平等十几名骑兵一起出逃。没走多远，他们遇到朱然的士兵冲杀过来，便逃往临沮。在这里，关羽遇到了潘璋手下的司马马忠及其伏兵截路，他们用绊马绳将关羽等人绊倒，关羽父子及其随从都被活捉，被押送到孙权面前。孙权劝关羽投降，关羽誓死不从。孙权考虑良久，才将关羽父子推出去斩首。前不久，关羽曾梦见"猪啮脚"，自知不吉，于是他对儿子关平说："吾今年衰矣，然不得还！"吴军把关羽的脑袋砍了，他岂能"得还"！

潘璋，字文珪，东郡发干县（今山东聊城市冠县）人。他青年时期天性放荡，喜欢喝酒，但因家里贫穷，经常赊账买酒。当债主上门讨债时，潘璋说：别着急，等我以后富贵了再还。孙权 15 岁做阳羡县长时，对潘璋"奇爱之"，把他弄到了自己麾下。孙权让他招募士兵，潘璋募得 100 多人，"遂以为将"，把他当成将领来使用。后因潘璋讨伐山贼有功，被孙权提升为别部司马，掌领兵。后来又担任吴郡集市上铲除盗贼和奸恶小民的刺奸，维护市场秩序。因工作尽如人意，被提拔到豫章郡西安县（治所在今江西九江市武宁县石渡乡西安村）担任县长。当时刘表为荆州牧，西安县经常受到盗贼的骚扰。自从潘璋到任后，本地贼寇逃遁，外地盗贼不敢入境捣乱。后来，邻县建昌县（治所在今江西宜春市奉新县之西 70 公里）的盗贼又多了起来，社会秩序非常混乱，百姓恐慌。于是，孙权将潘璋调到建昌县做县令，并加授武猛校尉之职，要求他抓紧时间讨伐盗贼。潘璋一个月内就把盗贼全部平定，恢复了社会稳定。潘璋又召集建昌县的散兵游勇，得八百多人，而后便带领这支队伍回到建业。合肥之战时，魏国名将张辽突然率部杀来，东吴各位将领没有防备。陈武战死，宋谦、徐盛都败阵而逃，潘璋处在队伍后头，便策马向前，兵卒都转头接战。孙权甚为看重，任命他为偏将军。建安二十四年（公元 219 年），汉水流域大雨成灾，关羽趁机乘大船向于禁、庞统发起进攻，斩杀庞统，擒获于禁及其数万大军。由于关羽军队人数迅猛增加，吃饭成了大问题，于是关羽擅取了孙权设在湘关（即湘关口，潇湘二水合流之处，今湖南永州市西北）粮仓之中的大米。孙权再次派遣吕蒙、潘璋等人袭击关羽。关羽退守麦城。

关羽被处死后，南郡包括江陵、公安在内的各属县（不包括曹魏政权控制的樊城、襄阳）官吏，几乎全部归附了孙权，唯有治中从事潘濬声称有病，拒绝与孙权见面。孙权派人用床把潘濬抬来，潘濬脸朝下趴在床上不肯起来，哭泣哽咽，泪流不止。孙权称呼他的表字同他说话，并命左右之人用湿巾为他擦脸。潘濬起身下地，跪下不起。孙权当即任命他为东吴治中从事，并许诺今后凡涉及有关荆州的军事，全都听取他的意见。孙权最终把潘濬争取过来为己所用。

按照"湘水划界"的协议，本来划给刘备的武陵郡中有一位名叫樊伷的从事不愿意归附东吴，并发动当地各少数民族起事作乱。面对武陵郡出现的新情况，荆州都督请求调兵一万人去征讨樊伷，当时孙权没有表态，而是把潘浚招来询问计策。潘浚回答说：樊伷出身于南阳门第高贵、世代为官的家庭，这个人耍嘴皮子还行，但没有什么真本事。我看不用派一万人，五千人足可将他擒获。孙权随即派遣潘浚率领五千名兵卒前去讨伐，结果轻易就将樊伷等人斩首，使樊伷将武陵郡仍然归附刘备的图谋彻底破产。

武陵郡平定之后，孙权任命陆逊兼任宜都太守。陆逊率军到达宜都郡后，该郡各城邑官吏和各少数民族首领纷纷投降归附。陆逊报经孙权同意，将以金、银、铜三种金属制作的官印区分不同级别，分别授予他们，标志着他们已经正式成为东吴官员。

江陵一战后，刘备的势力完全退出荆州。为有利于靠近指挥，孙权将东吴的政治中心由建业移至公安。然而，就在孙权忙于迁都事宜之时，吕蒙却旧病复发，病情逐渐加重。当时，孙权居住在新都城公安。他把吕蒙接来安置在内殿，精心护理。孙权下令说，务必招募天下最高明的医生为吕蒙治病。每当医生给吕蒙治病时，孙权就难过落泪。孙权想多看吕蒙一眼，又怕他因劳碌而加重病情，于是命人凿通墙壁暗中观看。如发现吕蒙能吃下一点饭时，孙权就高兴，对身边的人有说有笑；如发现吕蒙不进饮食，孙权就长吁短叹，夜不能寐。吕蒙病情略有好转，孙权就下达赦令，并让群臣都来庆贺。后来，吕蒙病情加重，孙权亲自到床前探视，命道士为他祈祷，想保住他的性命。他询问吕蒙：假如你不能再起来为我效力，谁可以代替你镇守江陵？吕蒙回答说：朱然的胆识和守业能力充足有余，我认为他完全可以代替我完成使命。公元220年，吕蒙在孙权内殿去世，时年四十二岁。

　　孙权对失去吕蒙非常悲痛，他缩食减眠，以示哀悼。吕蒙生前得到过许多金银财宝和各种赏赐，都收藏在府库中，他嘱托有关人员，等他死后一定要把这些东西全部上缴给东吴政权。他还留下遗言，丧事务求俭约，不得奢侈。孙权得知后，愈益悲伤。吕蒙死后，其子吕霸袭爵，并赐给守墓人家三百户，免收田赋的土地五十顷。

　　孙权先后失去周瑜、鲁肃和吕蒙三位爱将和高参，痛惜不已，他与陆逊一起回顾和评论他们的功绩时说：周瑜勇武刚烈，有雄心大志，胆略过人，因此能够打败曹操，攻取荆州，在这方面很少有人能与他相比。周瑜将鲁肃推荐给我。我在同鲁肃谈话时谈到建立帝王大业之事，他有独到的见解，我很受启发，这是第一件痛快事。后来，曹操乘着收降刘琮的声势，扬言亲率水、陆大军八十万人伐吴，我让所有的将领提出对策，但他们谁也不愿意先回答，问到张昭、秦松时，他们都说应派遣使者拿着欢迎词，前去迎接曹操大军，只有鲁肃当即反驳，说不可，劝我迅速召回周瑜，命令他率领大军迎击曹操，终于取得了赤壁之战的重大胜利，这是第二件痛快事。此后，鲁肃劝我把荆州借给刘备，这是他的一个失误，但这不足以损害他的两大贡献。过去，周公对一个人不求全责备，所以我也忽略他的失误而重视他的贡献，常常把他比作邓禹。吕蒙年轻时，我认为他只是不怕艰难，果敢英勇不怕死而已；在他年长之后，学问越来越好，韬略往往出奇制胜，仅次于周瑜，只是在言谈议论方面不如周瑜罢了。然而，在谋划消灭关羽这一点上，吕蒙的才华超过了鲁肃。鲁肃在给我的信中说，成就帝王大业的人，都善于利用他人的力量开路，对关羽不值得忧虑。鲁肃没有提出应对关羽的具体方案，实际上他对付不了关羽，只是空说大话而已。我仍然原谅了他，没有对他进行批评。可是他带兵作战、安营驻守，都能做到令行禁止，在他的辖区之内，官员们能尽职尽责，治安良好，路不拾遗，他的治理能力和治理方法还是很好的。（据《资治通鉴》第六八、六九卷，《三国志·吴书·陆逊传》《三国志·吴书·宗室传》《三国志·吴书·吴主传》《三国志·吴书·周瑜鲁肃吕蒙传》，《三国志·蜀书·关张马黄赵传》《三国志·吴书·虞陆张骆陆吾朱传》及裴松之注引《虞翻别传》）

六、孙权稳住魏国，魏文帝封孙权为吴王

自建安二十二年（公元 217 年）第二次"濡须之战"，孙权请降，曹操同意修好，立誓重结姻亲关系以来，东吴与魏国和平相处，并联合起来打败和消灭了关羽，把刘备的势力赶出了荆州。曹操对孙权的积极配合还是比较满意的。建安二十四年，他上表献帝，任命孙权为骠骑将军，兼荆州牧，封爵南昌侯。以前，孙权在荆州的军事活动没有合法性，经过这次朝廷任命，孙权成了荆州的"法人代表"。

孙权非常清楚自己的实力，在已经与刘备决裂的情况下，暂时还不能与曹操闹掰，只好仍然将东吴作为曹魏的藩属。所以，孙权在得到朝廷任命和封爵之后，为表示对曹操的感谢，命令王惇在市场上买了一些马，以贡献朝廷；派遣校尉梁寓作为东吴的使者入朝进贡马匹等，还将吴军攻打皖城时俘获的庐江太守朱光送还曹魏，

充分体现出孙权的诚意。除此之外，孙权还特意上疏曹操，建议他顺应天命，即位称帝。孙权在安抚曹操上想的和做的都挺周到。在这一阶段，尽管孙权和曹操心里面都装着自己的"小九九"，但表面关系还算风平浪静。

建安二十五年（公元220年）正月，曹操去世，曹丕作为太子继承了丞相和魏王这两个职位。尽管曹操已故，但孙权并没有中断与魏国的联系，仍于当年农历七月派遣使者到朝廷进贡。到了冬天，魏王曹丕代汉称帝。第二年，刘备也迫不及待地在成都称起帝来。不图虚名而图江山稳固的孙权暂时没有称帝的冲动，但他把东吴的政治中心由公安迁到鄂州，将鄂州改名为武昌，并以武昌县（治所在今湖北鄂州市鄂城区）、下雉县（治所在今湖北黄石市阳新县之东）、寻阳县、阳新县（治所在今湖北阳新县之西南）、柴桑县（治所在今江西九江市）、沙羡县（治所在今湖北武汉市江夏区西金口）等六县为范围，设置了武昌郡，治所设在武昌县。

曹丕称帝后，孙权派遣使者到朝廷，请求将东吴作为魏国的藩属，又把曹军大将于禁送归魏国。对此，魏国群臣都表示祝贺，而唯有侍中刘晔不以为然，持有异见。

刘晔是阜陵王刘延的后裔，他在原庐江太守刘勋失败后，就投奔了曹操。曹操任命他为司空仓曹掾，掌管仓库粮食。建安二十年（公元215年），曹操征伐据守汉中的张鲁时任用刘晔为主簿，"晔自汉中还，为行军长史，兼领军"。刘晔长期跟随在曹操身边，为曹操出过不少奇计。黄初元年（公元220年），曹丕代汉称帝，刘晔升任为侍中，赐爵关内侯。这次孙权"遣使称臣，卑辞奉章，并送于禁等还，朝臣皆贺"，唯独刘晔再次发表了不同看法。

刘晔说：孙权无故求降，必有内急，他不久前袭杀关羽，刘备必然要出动大军进行讨伐，孙权外有强敌，内有众心不安，又恐惧我们趁机进攻，所以才俯首称臣，这样既可防止我们进攻，又想得到我们的支持，以加强自己的地位，迷惑他的敌人。如今天下三分，我们占有全国土地的五分之四，吴和蜀各自得到了仅仅一个州土地，他们依仗地势险要，依托长江大湖，出现危机时相互救援，结成统一战线，这样才对他们两个小国有利。而今他们之间却互相攻伐，这是上天要灭亡他们的啊！刘晔在深刻分析了东吴所面临的严峻形势之后，向魏文帝提出趁机伐吴的建议。他接着说：目前我们应该大举发兵，直接渡江袭击孙权。刘备从外面进攻，我们袭击他的腹地，不出十天，吴必亡。吴亡而蜀孤。即使把吴地割一半给蜀，蜀也不能久存，况且蜀得到的是边远之地，而我们得到却是吴的本土。正如刘晔所作的分析那样，孙权最担心、最害怕的就是刘备从西面攻，魏国从东面进，东西夹攻，自己必败无疑。所以，他在曹魏面前俯首称臣，目的就是希望魏国不要趁火打劫，攻伐东吴。刘晔的这个建议对孙权来说可是灭顶之灾的计策。可惜的是，三十四岁的魏文帝曹丕没有听从刘晔的建议。他说：孙权投降称臣，我们却要讨伐人家，这样就会使天下愿意归附我们的人产生疑心，不如暂且接受吴的归降，袭击刘备的后路。刘晔又说：如果刘备听说我们攻击他，他就不会再去攻吴，一定会退军回守，而我们距离蜀地遥远，很难制服刘备。我们距离吴地相对不远，攻击东吴更加方便快捷，如果刘备听说我军伐吴，知吴必亡，将会非常高兴地向孙权发起攻击。将来击败东吴，只是个疆土分割问题。魏文帝曹丕不听，"遂受吴降"。一次灭吴的绝好机遇就这样被曹丕丧失了！这是曹丕登基称帝之后所犯的事关魏国大局和前途命运的第一个严重错误。

黄初二年（公元221年），魏文帝派遣河间郡鄚县人、掌宗庙礼仪的太常邢贞奉诏书赴东吴封孙权为吴王，为表示尊礼，又加赐他"九锡"。"九锡"是我国古代皇帝赐给诸侯、大臣有殊勋者的九种礼器，是最高礼遇的表示。在邢贞出发之前，刘晔再次劝谏曹丕说：魏王在世时，他拼搏奋斗打天下，已经占有了全国五分之四的土地，威震海内，陛下受汉献帝禅让而称帝，德合天地，声名远扬。孙权虽有雄才大略，但只是汉朝的一个骠骑将军、南昌侯而已，官位不重，势力不强，其辖地的百姓都有畏惧朝廷的心理，很难强迫他们与我们一路同行。我们不得已接受了孙权的归降，可以晋封他将军称号，但不能一下子就封他为王。皇帝和王相比，只是高一级，所使用的礼乐、车马、服饰等级混乱不堪。如果我们相信孙权的假投降，给予他崇高的地位，为他加上王的称号，那就等于给猛虎增添了双翼！可以说，战略家刘晔的政治意识、政治眼光和政治见解在曹魏阵营中独树一帜，但是，在一个政治集团里，任何高过一把手的政治谋略和政治见解，往往会遭到一把手的打压或弃之不用。曹丕根本不理会刘晔的正确意见，他手下的大臣们也大都认为孙权把刘备打出了荆州，孙权已经投降归附，应该给他封王，而不应该把人家当贼来防。这是曹丕上台之后在政治上所犯的第二个严重错误。

东吴的大臣和将领听说朝廷派遣太常邢贞来封王的消息，便在一起议论说，孙权应该自称大将军、九州伯，而不应该接受曹魏的封号。孙权对他们说，从前汉高祖刘邦也曾经接受过项羽封给的汉王，这只是权宜之计，没有什么不可以！于是孙权决定接受曹魏的封王，俯首称臣。孙权到都城驿站等候邢贞，邢贞面有骄色，进了大门也不下车。孙权的大谋士张昭走上前去，对他说：礼无不敬，法无不行。先生竟敢妄自尊大，是不是以为我们江南寡弱，没有方寸之刀的缘故？邢贞只好当即下车。吴将徐盛看着其他将领，大声说，有意让邢贞听见：难道我们就不能拼出性命为吴国兼并了许都、洛阳，吞并了巴、蜀？！现在却使君王与邢贞结盟，难道我们这些做将领的不感到耻辱吗？徐盛说完便泪流满面。邢贞听到这些话，私下对随从说：东吴有这样的将领，他们是不会甘心久居人下的。

吴王孙权为感谢曹丕对他的赐封，便派遣善于辩论的中大夫赵咨（南阳人，今河南南阳市人）作为特使入朝致谢。三十四岁的魏文帝曹丕接见了赵咨，向赵咨打听三十九岁的孙权究竟是一位什么样的君王。赵咨借机向魏国宣传说，吴王是一位聪明、仁厚、智慧、有雄才大略的君王。曹丕说：何以见得？赵咨回答说：从平民百姓中选拔鲁肃，并委以重任，可以说是"聪"；从军旅中提拔吕蒙为统率，应该说是"明"；俘获于禁而不加害，可谓"仁厚"；夺取荆州（南郡）而兵不血刃，可曰"智慧"；仅占扬、交、荆三州之地，却对天下虎视眈眈，是他的"雄才"；屈尊于陛下俯首称臣，这是他的"大略"。曹丕又问：吴国怕不怕魏国？赵咨听了这种具有侮辱性的问话，心里感到气愤。但作为吴国的使者，他不矜不盈、不亢不卑地回答说：吴国有战船万艘、军队百万，有江汉天险护卫，尽管大国有征伐的武力，但小国也自有应对的良策，有什么可怕的！此时，曹丕转移了话题，他又问：吴王很有学问吗？赵咨回答说：任用贤能，志在治理天下，闲暇时博览群书，阅读史籍，吸收其中的精华，但不死记硬背，重在学以致用，不像一般的读书人只是寻章摘句而已。赵咨滔滔不绝的雄辩、从从容容的对答使曹丕十分叹服，他不得不改用恭敬的口气发问说：像你这样有才能的人，东吴有多少？赵咨回答说：聪明智慧、有杰出才能的，不下八九十人，像我这样的，那简直是用车装、用斗量，数也数不清！曹丕这次接见东吴使者所提出的问题，为能言善辩的赵咨提供了一次宣传东吴、宣传孙权和展示东吴大臣才干的机会。最后，曹丕称赞赵咨说："使于四方，不辱君命，君当之无愧也。"赵咨返回东吴后，孙权对他幸不辱命、出色完成出使任务非常高兴，提拔他为骑都尉。

不久，魏文帝曹丕派遣使臣到吴国，要求吴国进贡翡翠、象牙、犀角、雀头香、明珠、大贝、孔雀、玳瑁、长鸣鸡、斗鸭等。吴国的大臣们都说，荆州、扬州已经按照常规向朝廷进贡了，魏国索要的这些东西都是珍玩之物，不符合礼制，不能给。吴王孙权以大政治家的思维和眼光分析说：目前我们正在与蜀国对峙，不能再得罪魏国了，他们索要的这些东西对我们来说犹如坷垃、碎石，有什么值得吝啬的呢！况且曹丕正在守丧期间，却要求我们贡献珍玩宝物，怎么跟他谈礼制呢？这从一个侧面也能看得出其玩物丧志啊！于是，吴国按要求不折不扣地如数献上。

　　魏文帝曹丕对吴王孙权顺从自己的旨意、及时足额上缴特殊贡品非常满意，于是任命孙权的长子孙登为东中郎将，封万户侯。孙权以孙登只有十二岁为由上疏推辞，同时还派遣沈珩（吴郡吴县人，今江苏苏州市人，少时博览儒家经书，尤其对《春秋》较为精通，足智多谋，口才好，反应快）出使曹魏，献上江南地方特产，以示感谢。曹丕接见沈珩时询问：吴国是不是怀疑我们会向东发起攻击？沈珩回答说：吴国相信以前的盟约，两国已言归于好。所以，我方不会背叛盟约，也不怀疑魏国会背叛。如果魏国背叛，我们也早有准备。曹丕又问：听说吴王太子将要来魏，这个消息属实吗？沈珩回答说：我在吴国不是什么大人物，既不上朝，也不参加宴会，从来没有听说过这样的议论。这次沈珩出使魏国，以外交辞令与曹丕交流，应对自如，回答得体，既没有在送王太子入侍曹魏上屈服，又未使吴魏联盟过早破裂。沈珩回到东吴向孙权汇报说：我与魏国侍中刘晔谈话，几次给他设下圈套，但我担心很快会被他识破，兵法说"用兵之法，无恃其不来，恃吾有以待也；无恃其不攻，恃吾有所不可攻也"。他还建议：现在，我们应该专注于农桑，扩充军资，修缮舟车，增加武器装备，使其都充足起来；同时应关心照顾出军的民户，让他们各获所需、各安其所；招揽贤俊，封赏将士。这样，就可以图谋天下了。沈珩因出使所取得的成果和提出的建议，得到孙权的赞赏，于是被封为永安乡侯。

　　一段时间以来，孙权密集的外交活动和先后将俘获的朱光、于禁送回魏国，还满足魏国的特殊要求，及时足额进献奇异物品，使魏文帝对孙权的好感不断加深，两国关系也趋向于友好，这就为吴王孙权集中兵力回击刘备攻吴创造了相对稳定的外部环境。(据《资治通鉴》第六九卷,《三国志·魏书·程郭董刘蒋刘传》《三国志·吴书·吴主传》《三国志·魏书·文帝纪》)

七、吴蜀两国敲定地盘,刘备欲夺失地梦碎夷陵

随着关羽大意失荆州和东吴与曹魏关系的修好,吴军将领中曾一度出现麻痹大意、骄傲轻敌等现象。孙权发现这个问题后,于黄初二年(公元 221 年)八月下发文书,要求诸将牢牢记住"存不忘亡,安必虑危"这一古代有益的教诲。他说:汉代名臣隽不疑(渤海郡人,今河北沧州市人,汉武帝时期的青州刺史,因发觉并击破齐孝王之孙刘泽勾结郡国豪杰的阴谋反叛,被重用为京兆尹。隽不疑常说:剑是君子的武器,是用来护身的,不能随便解下来)居太平年代而刀剑不离身,这是君子不能松弛武备的缘故。何况当今处于魏、蜀争战之地,岂能不顾虑到突发的事变!近来听说各位将军崇尚谦虚约简,出入时不带兵器、侍从,这并非周全考虑、爱护自身的行为。保全自己以留名后世,使君王与家人都放心,与崇尚谦虚约简相比,哪一个更使自己处于危险受辱的位置?应该深以为戒,从大处着想,这才符合我的意愿。孙权下发这一文书,充分说明他已经汲取了父亲孙坚、哥哥孙策和弟弟孙翊不注意自身防护、被敌人刺杀的教训,并以此来提醒和教育自己的属将。在消灭了关羽、其武装势力被清除出荆州的新形势下,这个告诫就显得非常必要和及时。

正如魏国侍中刘晔所分析的那样,已在成都登基称帝的刘备

对孙权袭杀关羽是不会善罢甘休的。他虽然已六十一岁了，但仍欲亲率大军东征，夺回荆州，替关羽报仇。可以说，这时刘备的怨恨和气愤使他丧失了理智，他脑子想的都是消灭敌人，而对千变万化的战场形势以及战争中可能遇到的困难和问题等，缺乏全面、系统、深入、细致的思考。所以"以怒兴师"乃是兵家之大忌。善于学习和思考的蜀军名将、诩军将军赵云劝谏刘备：应该明白，国贼是曹操，而不是孙权。如果先灭掉曹魏，孙权自然就会臣服。现在曹操虽然死了，但他的儿子曹丕篡夺了帝位，这种大逆不道的行为已经引起全国吏民的公愤，我们应该顺应民意，先去攻占关中，占据黄河、渭水上游。这样，关东的义士就会自带粮草和战马去迎接王师。不应该置曹魏而不顾，而先去攻打东吴。一旦与东吴开战，短期内不会结束，在人家地盘上打仗，时间越久对我们越不利。所以，我认为伐吴绝对不是上策。应该说，赵云的这个建议关乎蜀汉的大局和长远，也是正确的、有利的，但愤怒的刘备犹如一头饿急眼的雄狮，他不听谏言，执意东征。"群臣谏者甚众，汉主皆不听。"广汉郡绵竹人、益州牧府从事祭酒秦宓上疏刘备说：此时伐吴"天时必无其利"。刘备不但不听，还将其逮捕关押，事后才赦免。

章武元年（公元 221 年）七月，刘备命令丞相诸葛亮留守成都，翊军将军赵云在江州为后军督，随时准备增援，自己亲自统领四万大军沿江东进，征伐东吴，打响了历史上著名的夷陵之战。此战是东汉末和三国初继官渡之战、赤壁之战的又一场大战役。

刘备心里明白，这次蜀军伐吴定是一场攻坚战，于是他调集各路兵马开赴前线。车骑将军、司隶校尉、西乡侯张飞也奉命率领一万人马从阆中出发，赶赴江州，与刘备大军会合。在开赴江州之前，张飞的部将张达、范强将张飞杀死，并割下他的首级，带在身上，顺江而下投奔了孙权。张飞军营中的都督骑马飞驰报告刘备这一突发事件。由于刘备急于开赴前线，什么也顾不上想，仅仅说了四个字："噫，飞死矣！"

张飞之所以被部下杀死，与他的火爆脾气和虐待下属有直接关系。刘备的两员猛将在为人处世上各有短板。一个傲上谦下，一个巴上踩下，正好相反。关羽对待下属和士卒很和善，而对上层士大夫很傲慢；张飞敬重上层人物，却对士卒和百姓随意打骂。以前刘备经常告诫张飞：你滥用刑法，随意鞭打将士，还把那些被打的人安排在自己身边，会自招祸害的！但张飞始终不予悔改，终被下属杀害。

孙权听说蜀国大军即将来伐，迅速派遣使臣向刘备求和，但刘备拒不答应。吕蒙死后，以绥南将军身份兼任南郡太守、驻守公安的诸葛瑾，给刘备写了一封信。他在信中说：陛下与关羽之间的感情，是否比您同汉献帝刘协的感情更为深厚？荆州这块土地与全国相比究竟如何？曹操、孙权都是您的敌人，哪个在先，哪个在后？如果把这些问题都想明白了，究竟该怎么办就易如反掌了。诸葛瑾的意思很明确，曹操才是你的主要敌人不要把主要敌人与次要敌人搞颠倒了。然而，刘备对诸葛瑾的来信置之不理。

诸葛瑾写信在刘备那里没有起到任何作用，却在东吴内部为自己招惹了麻烦。有人借题发挥，制造谣言说，在大战一触即发的关键时刻，蜀丞相、录尚书事兼司隶校尉的诸葛亮的哥哥诸葛瑾，派遣亲信与刘备互通消息。这种传言被别有用心的人有意识地传到孙权的耳朵里。可是,孙权不是听风就是雨的人,他说:我同诸葛瑾发过誓,君臣神交,生死不易。他不会背叛我,就如同我不会抛弃他一样。可是,流言蜚语仍然四处传播。陆逊听到这种传言后上表孙权说:据我判断,诸葛瑾绝对不会做对不起您的事,但您对流言应该有一个鲜明的态度,以解除诸葛瑾心中的顾虑。孙权给陆逊回信说:我同诸葛瑾共事多年,情同骨肉,相互了解至深。他为人处世的风格是,不合乎道德的事不做,不合乎礼义的话不说。过去,刘备曾派诸葛亮来到吴地。我对诸葛瑾说:你与诸葛亮是同胞兄弟,弟弟顺从兄长是合乎礼义的,你应该把他留下来,我会给刘备写信做出解释(那个时候,刘孙抗曹联盟尚未破裂,刘备还是孙权的妹夫),我想他会同意的。诸葛瑾对我说,我弟弟一时缺乏慎重考虑而为刘备效力,现在彼此都有了君臣名分,按照礼义就不应该再有二心。弟弟不留在这里,如同我不投降刘备是一个道理。诸葛瑾的话,足贯神明,如今他怎么会做出那种事情呢!以前我也曾经收到过诽谤诸葛瑾的上疏,我就写上批语立即转给他。我同诸葛瑾是推心置腹之交,绝非他人的流言蜚语所能离间的。我已经明白了你的想法,这就将你的奏疏封起来转给诸葛瑾,使他也了解你的意思。孙权这样做使诸葛瑾不仅对陆逊的为人处世有了深刻了解,也使他放下了思想顾虑,不再为投杼之惑所苦恼,轻装上阵,全力组织南郡吏民做好战备工作。

在这次刘备亲自率领蜀汉大军大规模、大气势的伐吴行动中,作为先锋部队出战的将领是吴班和冯习。吴班是陈留郡人,其父吴匡为原外戚大将军何进的部下，族兄吴懿也是蜀汉的重要将领。吴班为人豪爽，行侠仗义，多次跟随刘备征战，著称于当时。冯习是南郡人，建安十六年（公元211年），冯习随刘备应益州牧刘璋之邀入蜀，协助刘璋讨伐盘踞汉中的张鲁。刘璋失败后，冯习留驻益州。

在东吴方面，孙权以镇西将军陆逊为大都督，统领昭武将军、西安乡侯朱然，建武将军兼庐江太守、都亭侯徐盛，偏将军、益州永昌郡太守韩当，安东中郎将孙桓，和将领宋谦、鲜于丹等各路军队总共五万人；另派步骘领兵万人左右镇守益阳，以防止武陵郡五溪蛮夷出兵助蜀。

这里需要说明的是，建安十五年（公元210年），交州刺史赖恭被苍梧太守吴巨驱逐到零陵郡，赖恭向孙权求援。孙权为控制交州，立即提拔当年给焦征羌送瓜受辱、后逐步升迁为鄱阳太守的步骘为交州刺史、立武中郎将，让他带领武射吏千余人南行接管交州。后来，步骘被加拜为平戎将军。延康元年（公元220年），孙权任命吕岱接替了步骘的交州刺史职务，于是步骘率领一万名当地义士离开了他为官十余年的交州，进驻长沙。此时，正遇上刘备率领蜀汉大军东征孙权，而荆州武陵郡的百越已接受蜀汉招降。为应对百越起事，孙权对步骘作出了上述安排。

蜀将吴班、冯习的先头部队夺占了位于今湖北宜昌市西十三公里的峡口，进入吴境，在南郡巫县（今重庆市巫山县）击破了吴军第一道防线的李异、刘阿所部（李异曾受陆逊派遣，与谢旌等率军三千人攻打蜀将詹晏、陈凤所部，打败詹晏，活捉陈凤，后又打败刘备任命的房陵太守邓辅、南乡太守郭睦。刘阿的情况史书记载很少）。刘备率领四万余人的大军向秭归挺进，并顺利占领了该县。此时，五溪蛮夷等少数民族部落都派出使者请求出兵，协同刘备攻打孙权。武陵郡作为赤壁之战后刘备夺得的荆南四郡之一，经过他几年深耕，当地百姓特别是五溪蛮夷对刘备很有感情，他们仍然希望刘备继续统治这块土地。刘备见原来统治区的人主动要求参战，当然非常高兴。

蜀汉章武二年（公元222年）春，刘备率军从秭归出发，寻求机会与吴军主力交战。蜀国治中从事黄权建议说：吴人强悍善战，而我们的水军顺江而下，前进容易而回撤难。我请求陛下派我当先锋，向吴军发起攻击，陛下应该在后方坐镇指挥。刘备没有采纳黄权的建议，但任命黄权为镇北将军，安排他统领长江以北的各路蜀军；自己则率领主力部队翻山越岭、风尘仆仆地到达了夷道县猇亭（今湖北宜昌市代管宜都市之北，长江东岸）。

此时，吴军将领纷纷向总指挥陆逊建议，要求出兵迎战。陆逊说：刘备率军沿长江东下，锐气正盛，而且他们现在又占据高山，坚守险要。如果我军对他们发起攻击，即使成功，也不能保证把他们彻底打垮。如果出师不利，就会折损我军主力。目前，我军的主要任务就是褒奖和激励士卒，多方采纳攻敌方略，进一步完善灭敌方案，耐心观察形势的发展变化，等待他们暴露出软肋以后，再发起攻击。

《荀子·议兵》曰："后之发，先之至，此用兵之要术也。"《孙子兵法》也明确指出："后人发，先人至者，知迂直之计者也。"陆逊运用的是你急我不急、等你急累了，暴露出软肋之后，我再跟你急的后发制人战术。然而，陆逊所统领的将领们都不理解他的战略意图，以为陆逊害怕刘备率领的蜀汉大军。

当时，蜀汉大军驻扎在佷山（古县名，东汉属南郡，三国吴属宜都郡。治所在今湖北宜昌市长阳土家族自治县西三十六公里），刘备派遣襄阳宜城（今湖北襄阳宜城市）人、侍中马良到武陵郡活动，为那些少数民族首领送去爵位、任命诏书和大量黄金、锦帛，以利益来引诱他们迅速出兵，一起攻打吴军。

吴军将领李异、刘阿在巫县被蜀军挫败后，退至夷陵、猇亭一带，这就等于把数百里峡谷让给了刘备，使得刘备的兵马越拉越长，刘备还在峡谷中设立了数十座营垒，蜀军的软肋开始暴露。

以怒兴军的刘备直到推进至夷道县猇亭时，才想起来建立正式的作战指挥体系。他任命冯习为大都督（总指挥），张南（广陵海陵人）为前锋（前军指挥）；任命辅匡（荆州襄阳人）、廖淳（襄阳中卢人，今湖北襄阳市人，一说襄阳市南漳县人）、傅肜（义阳人，今湖北襄阳枣阳市人）、赵融（出生地等不祥）为各分部都督（别督）。

从正月开始一直到闰六月，陆逊的主力始终不出军迎战。刘备非常着急，打算以计引蛇出洞，而后一举围歼之。于是他命令吴班带领数千人在平地扎营，并在山谷中设置了八千名伏兵。此时，吴军将领纷纷要求出击，陆逊说："此必有谲，且观之。"陆逊坚守不战，破坏了刘备倚仗优势兵力速战速决的意图，于是刘备只好命令伏兵从山谷中出来。事后陆逊对其将领们说："所以不听诸君击班者，揣之必有巧故也。"刘备此计落空之后，又遣前部督张南率部分兵力进攻驻守夷道的吴将孙桓，以引诱陆逊主力出兵施救，而后蜀军再聚而歼之。

孙桓，字叔武，系孙河的第三子。他仪容端正，聪明豁达，博学强记，能言善辩，甚得孙权喜爱，将他称为"宗室颜渊 ①"。最初，孙桓被提拔为武卫都尉。建安二十四年（公元 219 年），他参与了由吕蒙指挥的偷袭南郡的战役，跟随大部队在华容道击败了关羽，收降了关羽的残兵败将近五千人，缴获了大量的牛马辎重。年二十五岁，孙桓被任命为安东中郎将，随陆逊抗击蜀军犯吴，被安排固守夷道前线。在这里，他表现得非常勇敢和坚强。尽管刘备军众甚盛，但孙桓毫不畏惧，"投刀奋命，与逊勠力"。可是，当刘备的前军指挥张南率军将夷道包围之后，孙桓压力很大，于是他赶紧派人向陆逊求救。陆逊回应他说：目前不行，你们要挺住。吴军将领们都说，孙桓是宗室的人，见他被围困为什么不救呢？陆逊说：孙桓很得士兵信赖，工事坚固，粮食充足，无须担忧。等我实施计策之后，就算我不去救他，他也会自然解围。

　　经过几个月的空耗，便进入酷暑时节，"天地一大窑，阳炭烹六月"。蜀军将士们酷热难耐，尤其是夜里"飞蚊伺暗声如雷"，咬得他们睡不好觉，大家心烦意乱，无精打采，厌战情绪日增，立功

---

　　① 春秋时期鲁国人，孔子的学生。姓颜，名回，字子渊，亦称颜渊。颜回家境贫寒，食不果腹，居于陋巷，而不改其乐。他勤奋好学，性格和善，"不迁怒，不贰过"。师事孔子，言无不从，以德行著称于世。孔子赞曰："贤哉，回也。"因早卒，孔子甚为悲伤。

意识下降，有人甚至开了小差。刘备无奈，只好把军营移置于深山密林之中，依傍溪涧，屯兵休整，打算等待天气凉爽之后再发起进攻。

陆逊发现反攻蜀军的大好时机已到，于是向孙权上奏说：夷陵是东吴的重要关隘，虽为易得，亦易失。失去夷陵并非只是损失一城一地，而是会威胁到整个荆州的安全。为臣虽然不才，但凭借上天的威灵和陛下的声威，以正义之师讨伐无道之军，打败和消灭他们就在眼前。纵观刘备带兵作战的历史，他总是败多胜少，没有什么可怕的！为臣起初担心他水陆并进，如今他反而舍弃舟船专以步兵作战，而且扎营相连，察其布置，必无他变。伏请至尊可高枕无忧，不必挂念！

吴军将领们都说，进击刘备应当在他刚刚进入边境之时，如今让他深入吴境五六百里，我们相守已达七八个月，很多要害关隘都被蜀军控制坚守，现在组织反攻肯定对我军不利。陆逊说：刘备是个奸狡对手，他经历的世故多，经验丰富，"其军始集，思虑精专"，我们不可轻易与他交战。如今他们驻扎久了，没有占到我们的便宜，军队疲惫，情绪沮丧，再也想不出新的招数来对付我们。此时我们展开大规模反攻，恰到好处。"掎角此寇，正在今日"！于是陆逊先遣小分队进攻蜀军一处营寨，但未能取胜。此时，将领们开始当着陆逊的面发牢骚、讲怪话，大家都说，这不是明摆着让士卒们白白去送死吗！

陆逊年轻，资历较浅，当时他的认可度并不高，而他所统领的诸位将领，有的是跟随孙策、孙权多年的老将，有的是宗室成员或其亲友，各有背景和权势，骄傲自负，刚愎自用。陆逊虽说是总指挥，但将领们并不拿他当回事。在这种情况下，陆逊手握剑柄对大家发话：刘备天下闻名，连曹操都对他有所畏惧，今天，我们在这里与此强相对。各位将领都深受东吴厚恩，应当团结一致，共同歼灭刘备这个强敌，以回报主恩。如果互不服气，不听号令，一盘散沙，就不能实现我们的目标。我虽然是一介书生，但受命于主上。主上认为我还有一些长处可用，所以就让我挑起这副重担，委屈各位来听从我的指挥。我肩负着统领全局的职责，各位将领也都承担着自己的责任，岂能互不服气，不听号令？军令有常，无论是谁，切不可犯！陆逊讲这番话柔中有刚，将士们受到很大震动，从此，大家不再七嘴八舌地瞎议论了，开始服从陆逊的命令。

　　陆逊派遣小股部队试探性地攻击蜀军一个营垒，虽然失败了，但通过深入虎穴，发现了敌军的"七寸"——蜀军砍山伐木，连营扎寨，前后搭建营寨数十个，其周边又全是树林、茅草，最怕火攻，一旦起火就会引燃山林，敌人无法逃脱。陆逊胸有成竹地对将领们说：我已经找到了灭敌之策。于是，他命令全军将士每人拿一束干茅柴，准备以火攻战术袭击蜀军连营。安排妥当之后，他们利用夜色作掩护，摸入密林中的蜀军营区，而后顺风放火，顷刻间，四十多处营垒同时起火，熊熊燃烧。在冲天火光的照射下，陆逊率领各部发起猛攻，斩杀了蜀军总指挥、大都督张南和前军指挥冯习等，五溪蛮夷的首领沙摩柯在混乱中骑马奔逃，被乱军杀死。刘备的属将杜路、刘宁等在无法逃脱的情况下，被迫向吴军投降。刘备见蜀军全线崩溃，败局难以挽回，于是逃往夷陵西北的马鞍山，命令残兵败将环山据险自卫。陆逊集中兵力，四面围攻，又歼灭蜀军近万人，彻底击垮了蜀汉大军，其临阵被杀和放下武器投降者达数万人。蜀军从正月到闰六月，经过半年多的艰苦耗战，至此已全线瓦解。

刘备趁夜从马鞍山突围而逃，别督傅肜率部断后。傅肜带领士卒们拼死抵抗，手下兵众全部战死，傅肜也被活捉。吴军将领呵斥傅肜投降，傅肜骂道：吴狗！岂有投降的大汉将军！之后又骂个不停，直到被杀。

孙桓见刘备逃跑，就率部提前出发，在其逃回益州的要道上拦截。当刘备行至石门山（今湖北恩施土家族苗族自治州巴东县东北）时，差点儿被孙桓的部队活捉。当时，蜀汉驿站的官吏自当挑夫，挑着铠甲、铙钹（一种打击乐器）等跟随刘备逃跑。他们为了阻挡吴军追兵，并为刘备逃脱赢得时间，便在山路狭窄的隘口烧化铠甲、铙钹等物，阻断了追兵的道路。刘备趁机加快奔逃的步伐，终于逃入白帝城。刘备到达这里后，感叹道："吾昔初至京城，（孙）桓尚小儿，而今迫孤至此也！"

孙桓把刘备追得无踪无影之后，才回头去见陆逊，他对陆逊说：我以前曾经抱怨您不来救我，直到现在，方知您自有灭敌良策。陆逊指挥吴军各部四面收围紧逼，搜索逃散藏匿的蜀军散卒。

此次夷陵之战，蜀汉四万大军被烧死和被杀死者数以万计，到处都是烧焦和被杀者的尸体，蜀军把那些尸体统统扔进江里，成千上万的尸体随水漂流，壅塞江面，场面惨不忍睹。蜀军丢弃的战船、兵器、车马、辎重等各种物资不计其数。

夷陵之战，以及此前的官渡之战、赤壁之战，赢方都是以火攻取胜，输方皆遭火攻而败。官渡之战，曹操以五千精兵火烧乌巢，焚烧了袁绍的粮草辎重，一举扭转了战局；赤壁之战，黄盖冲着曹操首尾相连的舰船放了一把火，将曹操的残军败将送回北方；夷陵之战，陆逊顺风点火，把蜀军将士烧得焦头烂额。由此来看，火是冷兵器时代最厉害、最具杀伤力的武器之一，我国史书记载的大规模火攻数以百计，历代军事家和名将都很重视并善用火攻战术。在兵学圣典《孙子兵法》中，就有一篇是专门论述火攻的。孙子的火攻方略，是他在二千五百多年前针对当时的战争形态所支的招，以今天的眼光看，虽然有些原始，但火攻思想和战略战术仍具有十分重要的启发和借鉴意义。

在白帝城，一败涂地的刘备羞愧难当。他说：我竟然受到陆逊的折损和侮辱，这难道不是天意吗！诸葛亮大叹道：可惜法正已经去世，否则他必能阻止陛下东征。刘备在白帝城住下之后，总觉得"白帝城"这个名字不吉利，于是将该城改名为"永安"。

但是，吴军将领们不想让他"永安"。建武将军、庐江太守徐盛，平北将军、襄阳太守潘璋等多名将领分别上疏吴王说，目前刘备实力消耗殆尽，犹如日薄西山，此时出兵进击一定能将他擒获，请求下令发兵攻击白帝城。孙权就此事征询陆逊等人的意见。陆逊和朱然、骆统都认为，目前魏文帝曹丕正在大规模集结军队，虽然口头上喊着要助吴讨蜀，而实际上心怀奸计，因此应该果断撤军，以警惕和应对魏军挑战。孙权采纳了陆逊等人的意见，为防范魏军乘机袭击东吴后方，遂下令不再攻打白帝城，主动撤兵。

刘备来到永安后，把被东吴打散的部分残兵败将收集起来，加上当地的守军以及赵云从后方带过来的部队，一共凑起来两万人，打算抵御吴军的攻击。后因吴军担心魏军背后下手而撤走，蜀军白忙活一场，但总比吃败仗要好。不久，病中的刘备听说魏国大举攻吴，便写信给陆逊："贼今已在江汉，吾将复东，将军谓其能然否？"意思是说，目前魏国大军已侵入长江和汉水一带，我将再度率军东下，陆将军认为我能否这样做？刘备这句话充分说明，他已经深刻认识到了自己以前的错误，明白了重建刘孙联盟的重要性和必要性，但所造成的损失和灾难性后果已无法弥补。陆逊回信说，贵军当务之急是养好创伤，修补元气，目前尚不具备对外用兵的条件。如果您还不慎重考虑，欲再次率领残兵败将东下，难逃覆灭的下场。

在夷陵之战中，作为吴军总指挥的陆逊，面对气势汹汹、咄咄逼人的蜀汉大军的强大攻势，以冷静的头脑正确分析军情，审时度势，采取了诱敌深入、疲敌师志的战略方针，在前期果断后退，主动放弃大片土地和战略要地，把五六百里的山地峡谷让给蜀军，自己则避而不战，先隐实力，捕捉战机，以后发制人战术诱敌深入，同时让敌人找不到吴军主力，更是急上加急，就在蜀军"久则顿兵挫锐"之时，陆逊后发制敌，巧用火攻，一拳击中刘备的软肋，出奇制胜，把蜀军打惨。战场上几乎所有的计谋都出自陆逊一人，吴军的将领们这才对陆逊心服口服，对他运筹帷幄的高超计策赞不绝口。吴王孙权听说在战争期间，一些将领不愿听从陆逊指挥的详细情况之后，便对陆逊说：你当时为什么不向我反映呢？陆逊回答说：我蒙受您的厚恩，交给我这么重的担子，完全超过了我的才能。况且这些将领或是陛下亲信，或是我军勇将，或是东吴功臣，都是建立吴国大业的栋梁之材。为臣虽说鲁笨懦弱，但心中暗慕蔺相如和寇恂谦虚居下、屈己待人的良好品行，只有效仿他们，才有利于成就国家大事。孙权听后大笑，连声称好，又加授陆逊为辅国将军，兼任荆州牧，随后又赐封江陵侯。

陆逊创造了由防御转入反攻和巧用火攻的成功战例，体现了他高超的军事智慧和指挥才能。《三国志》作者陈寿在为陆逊作传时就曾评论说："刘备天下称雄，一世所惮，陆逊春秋方壮，威名未著，摧而克之，罔不如志。予既奇逊之谋略，又叹权之识才，所以济大事也。"其大意是说，刘备称雄天下，为世人所忌惮。陆逊年轻力壮，虽威名未显，但刘备摧而克之，没有得成。我既惊奇陆逊的谋略，又感叹孙权识才，所以终成大事。夷陵之战，东吴保住了荆州，蜀汉受到重创，吴蜀多年以来在荆州的争夺以蜀汉的彻底失败和退出而画上句号。（据《资治通鉴》第六九卷，《三国志·吴书·吴主传》《三国志·蜀书·关张马黄赵传》《三国志·蜀书·邓张宗杨传》《三国志·吴书·陆逊传》《三国志·蜀书·先主传》《三国志·蜀书·刘二牧传》，注引《英雄记》，《三国志·吴书·张顾诸葛步传》《三国志·吴书·宗室传》《三国志·蜀书·诸葛亮传》《三国志·蜀书·后主传》）

八、孙权称帝，吴国的历史翻开了新的一页

吴王孙权对魏国在荆州地盘上控制江夏郡北半部分，心里总是

感到不舒服，老想寻找机会把原本为刘琮麾下的江夏太守文聘（刘琮降曹之后，他最晚降曹，曹操念他忠义，重新任命他为江夏太守）打跑，将曹操控制的那块土地夺过来。黄初七年（公元 226 年）七月，孙权获悉魏文帝曹丕去世的消息后，便亲自率领五万人的军队，发起了对魏国所控制的半个江夏郡治所石阳城的围攻。魏国江夏太守文聘率领军队坚守城池，抵御吴军进攻。消息传到魏国，朝中大臣纷纷上疏，请求朝廷立刻发兵救援。魏明帝曹睿对他们说：孙权善用水军作战，这次他们却放弃战船从陆上攻城，应该是他们认为文聘没有准备，想打他一个措手不及。从目前得到的消息看，文聘已据城抗敌，而进攻方必须比防守方的力量大一倍才行，我想孙权最终不敢在石阳城下久留。此前，曹睿曾经派遣治书侍御史荀禹慰劳戍边将士，荀禹在路上得知吴军进犯江夏的消息后，便在沿途召集兵马，加上自己所带领的骑从卫士共计步骑千余人，加速行军，很快抵达了石阳城外。荀禹指挥军队凭借由高到低的山势在夜间举起火把，向吴兵发起攻击。孙权见魏军匆匆流动的火把扑面而来，不知道来了多少人，又觉得石阳城短期内很难拿下，于是动摇了继续攻城的念头。所以，孙权下令撤军，石阳城解围。

　　就在吴王孙权率军围攻石阳城期间，吴国的吴郡、会稽、丹阳三个郡的山越再度聚众叛乱，并攻破了部分属县，令孙权头疼不已。为有效解决山民闹事，孙权在总结以往平定山越叛乱经验的基础上，将三郡的山区县都切出来，单独设立了东安郡，治所设在今浙江杭州富阳区之北九公里一个不知名的地方。孙权任命绥南将军全琮为该郡太守，让他负责平息和治理。

全琮，字子璜，吴郡钱唐（今浙江杭州市）人。在他青年时期，其父全柔在今湖南郴州市担任桂阳太守。全柔让儿子全琮以船载米数千斛，到吴地市场上出售。全琮到达后，将这些米粮全部散发赈济了贫民，而后空船而归。父亲以为他把米卖完了，非常高兴。当全琮把处理米的情况告诉父亲之后，全柔大怒，想揍他一顿，全琮叩头说：我以为您要出售的这些米并非急用之物，而今士大夫们正面临着倒悬之危和累卵之祸，于是我就把这些米赈济了穷人，一时来不及向您老人家禀报。全柔转而又想，儿子这一做法非同常人，也就没有再责备他。当时中原地区有不少士人和百姓到南方避乱，其中依从全琮而居的就数以百计，而全琮倾尽家财赈济他们，"与共有无"，于是远近知名。后来，孙权任命全琮为奋威校尉，拨给他兵卒数千人，要求他剿灭山越。全琮又招募了一批青壮年，共得精兵万余人，出军驻扎在牛渚（今安徽马鞍山市雨山区采石镇），以震慑周边地区的山越。山越闻讯后害怕了，溃散而去。于是孙权提拔他为偏将军。建安二十四年（公元 219 年），关羽围攻魏国在荆州的据点樊城和襄阳时，全琮上疏孙权，对讨伐关羽提出计策建议。由于孙权已与吕蒙暗议袭取南郡之策，唯恐机密泄露，所以并没有对全琮的奏表作出回复。后来吴军擒杀了关羽，孙权在公安县置办酒宴庆功。他对全琮说：你以前给我说的那件事，虽然没有回应你，但如今获得这样的胜利，也有你的一份功劳。于是，封全琮为阳华亭侯。黄武元年（公元 222 年），魏国水军大举出兵洞口，孙权派吕范督率包括全琮在内的几位将领抗击曹军，双方军营对峙相望。魏军数次用轻舟袭击吴军，全琮经常身穿铠甲，手持兵器，带领士卒一直瞭望观察，随时准备击退来犯之敌。不久，魏军数千人出兵江中，全琮将他们击败，并将魏将尹卢斩首。全琮因功被提拔为绥南将军，晋封钱塘侯。黄武四年，孙权任命全琮到九江郡做太守。不久，孙权来到皖城，派遣他与辅国将军陆逊合击曹休。全琮与陆逊一道在石亭（位于今安徽安庆市潜山县东北）将曹休的军队击败。吴王孙权考虑到绥南将军全琮具有治理九江郡的丰富经验，文武全才，就把新成立的东安郡交给了他。全琮兼任东安太守后，明定赏罚，招诱山贼前来归降，很快稳控了局势。

解除了山越之患，东吴的内部局势得以稳定，同时外部环境也发生了巨大变化。北邻魏国曹操死了，曹操的儿子曹丕也死了，曹操的孙子曹睿刚刚上台；西邻蜀汉政权的刘备死了，刘备的儿子刘禅是个小庸主，具有大局观念和统战意识较强的诸葛亮辅政。于是吴王孙权抓住这一难得的历史机遇，对外巩固和发展与蜀国的同盟关系，对内医治战争创伤，恢复和发展国民经济，使吴国逐步走向强盛。

在重建吴蜀联盟工作上，吴王孙权授权陆逊全权负责。凡是涉及吴蜀双边关系问题，都由陆逊一手处理。孙权刻了自己的玉玺放在陆逊的办公室。孙权每次给刘禅、诸葛亮通信，都先征求陆逊意见；给蜀国的公文也先让陆逊过目，有不妥之处，就让陆逊修改后直接发出。君臣互信，相得益彰，不仅有效推进了东吴的治理，与蜀国的关系也越来越好，两国使者相互访问，相互交流和通报情况，不断深化同盟关系，实现了珠联璧合。

在抓战后重建和经济工作上，孙权积极采纳陆逊提出的好建议，有力推动了农业生产。黄武五年（公元 226 年）春，孙权下发命令说：战争多年，百姓荒农，夫妇之间不能体贴，对这些社会问题，我非常关注。如今北方的敌人已退缩逃窜，中原之外已无战事，因此命令各州郡对百姓实行宽容安抚政策。此时，陆逊所驻守的地方出现了粮食短缺问题。陆逊想，不仅自己驻地缺粮，其他地方也都缺粮，这是一个普遍性的粮食危机问题，必须引起东吴政权的高度重视。于是他上疏建议吴王颁发命令，要求驻守各地的将领都要组织军人广开农田，生产粮食。孙权回复说：主意很好！即日起，我父子也要领受一份农田，亲自耕种，与大家一样同等劳动。当年十月，陆逊又上疏，建议吴王应广施恩德，放宽刑罚，减轻税负，停征徭役。陆逊在奏疏最后说：忠诚善良的建议不敢完全彻底向君王陈述，只有那些取悦于君王的小臣，才反复以小利上奏。孙权看了陆逊的奏疏，回信说：我有错误，你帮我改正，你在奏疏中不敢彻底陈述，岂能称为忠诚善良呢！孙权希望陆逊知无不言、言无不尽，为推进吴国治理积极建言献策。

在推进法治建设上，孙权还命令有关官员把起草完毕并将要颁布实施的法律法令草案，派郎中褚逢送给陆逊和诸葛瑾过目，让他们对其中不妥之处进行删改或充实，充分发挥精英贤俊在吴国治理中的重要作用。

经过几年的战后重建，东吴农业生产得到了恢复，经济状况好转，法治推进，社会安定，人心归附，为孙权称帝创造了良好条件。

早在夷陵之战胜利后的第二年，即黄武二年（公元 223 年），孙韶（青州北海国人），与陆逊一起，率领群臣上表，建议吴王称帝，但孙权认为当时条件尚不成熟，因而没有答应。

黄武八年（公元 229 年），吴王孙权赞赏陆逊的功绩，在大将军之上设置了上大将军职位，地位高于"三公"，任命陆逊为上大将军、右都护。当年，东吴文武百官都劝孙权正式称帝。有传言说，夏口、武昌都有黄龙、凤凰出现。在这样的背景下，孙权顺应群臣的呼声，于当年四月十三日在武昌正式登基称帝，建国号为吴，改年号为黄龙，并实行大赦。孙权追谥父亲孙坚为武烈皇帝，母亲吴氏为武烈皇后，哥哥孙策为长沙桓王。立吴王太子孙登为皇太子。文臣武将都晋爵加赏。六月，孙权与前来祝贺其登基的蜀汉使者卫尉陈震（荆州南阳郡人，今河南南阳市人）商议平分曹魏九州，并订立盟书。九月，孙权下诏迁都建业，全部承用原来的宫室、王府，不再增设改建，并命上大将军陆逊辅佐太子孙登统率和监督军国事务，驻守武昌，掌管荆州及豫章等三郡事务，监督全国的军政大事。孙权称帝，标志着三国之一的吴国正式建国，历史已进入三国时代。（据《三国志·吴书·贺全吕周锺离传》《资治通鉴》第七一卷）

后　记

汉阙漫漫隐官道

在曲曲折折的历史长河中，汉朝这段四百一十年的历史对中国政治、军事和文化的影响广泛而深刻，直到今天我们仍然能够看到它的影子和它的元素。之所以重点学习和探讨东汉这段政治、军事斗争史，就是因为它颇具代表性、典型性和多样性。在它的前面，有外戚大将军王莽靠玩弄权术就攫取了国家政权，建立了新朝；在它的后面，有大军阀曹操、孙权、刘备运用各自的政治智慧和军事才能，开疆拓土，鼎足而立，把一个统一的王朝整成了三国。东汉的这段历史很乱，头绪多、人物多、事件多，政治形势变化多端，政治矛盾错综复杂，政治斗争你死我活。东汉处在野蛮政治向文明政治漫长的过渡期，政治斗争既表现出它的原始性、直接性和残酷性，又表现出它的阴暗性、斗智性和曲折性。

东汉前期创造了盛世——民富国强，后期形成了乱世——民不聊生。既出了明君、贤君，重视加强政治建设，坚持任人唯贤，不搞公权私授，不准外戚封侯，不准宦官参政，实行"柔政"，平反冤狱，解放奴婢，减税降费，轻徭薄役，重视发展民生事业，为后世所称颂；也出了昏君、庸君，滥用皇权，"敛天下之财，积无功之家"，对外戚家族封官鬻爵，宠信和重用宦官，听信谗言打击陷害忠臣良吏，残酷地剥削和压榨人民，被后世所诟骂。既有三十余年浴血奋斗、精心治国、奋发图强的开国皇帝；也有三十余年甘做傀儡、悠闲自得、一事无成的末代闲君。在大臣中，既有一心为国，刚正不阿，不怕坐牢、不怕杀头，勇于同邪恶势力作斗争，名垂千古的忠臣；也有狗胆包天，伪造皇帝诏书，动用国家资财，为自己大肆兴建宅第、园林和亭台楼阁，捕风捉影、整人害人、遗臭万年的奸佞。在太后中，既有摄政为国、带头节俭、与官吏和百姓一道共克时艰、积极应对水旱灾害的清明太后；也有擅自任命娘家侄子为位同"三公"的骠骑将军，与宦官一起"共预朝政"，收钱卖官，被下一代太后和外戚整惨的霸道太后。在皇后中，既有通情达理，注重家风家教，管理好后宫事务，不为娘家人一族谋取私利的"贤内助"式的皇后；也有频吹"枕头风"，小肚鸡肠，伤害其他嫔妃及皇子的心狠手辣的皇后。既发生了我国历史上第一次有计划、有组织、有准备，并利用宗教号召和发动的大规模农民大起义；也发生了我国历史上较早的由数千名太学生"举幡"聚集，知识分子出现在政治斗争前线的"太学生宫门请愿运动"。

在东汉政治斗争中屡见不鲜的是，忠臣与奸臣斗，宦官与外戚斗，外戚与外戚斗，宦官与宦官斗，文臣与武将斗，军阀与军阀斗，百姓与官府斗。既有小斗，也有大斗；既有文斗，也有武斗；既有宫廷内斗，也有异域外斗；既有政治舞台上的明争暗斗，也有军事战场的刀光剑影。这些争斗，始终没有跳出"后人复哀后人"的历史怪圈。

历史的悲剧最为可悲的是重演悲剧的历史。汉朝这段历史重演历史悲剧的事情实在是太多了。概括地说，西汉中后期发生的政治错误，东汉中后期的统治者们重犯了，而且这种政治错误一代接一代犯下去，并且越犯越严重。为什么会出现如此糟糕的情况呢？一是作为最高统治者的皇帝大都没有看到王朝的败落，大都是政治上的糊涂虫，看不到国家岌岌可危的大势，反而盲目乐观，以乱为治，以乱为安。二是个别皇帝虽然看到了王朝败落，但没有找到败落的根本原因。他们不注重学习和研究历史，造成前人已经吃过的"堑"，后人接着再吃，在同一类问题上你"吃一堑"，我"吃一堑"，就是不能长上一"智"。三是忘记老祖宗的初心和规矩。西汉开国皇帝刘邦打天下、安天下的初心和立下的规矩，被中后期的皇帝都忘干净了；东汉开国皇帝刘秀当初骑着一头耕牛"闹革命"、武装夺取政权的初心，巩固政权所建立的"朝之大节"，也被中后期的皇帝完全背叛了；西汉末期王莽篡权的历史悲剧又在东汉末期重演了。忘记历史、忘记老祖宗的初心和规矩就等于背叛，找不准败落的真正原因就意味着更快、更彻底的败落。古人吃堑，今人"长智"；前人"吃堑"，后人"长智"。这是多么智慧、多么便宜的事情啊！坚守老祖宗之初心，继承先帝的好规矩，汲取历代王朝衰微灭亡的惨痛教训，这是确保一个朝代长治久安的根本之策。

本书以《资治通鉴》所记载的政治和政治军事斗争事件为主线，吸收《汉书》《后汉书》《三国志》等二十四史中的有关人物传记，把分散的、碎片化的历史事件，本着大事不漏的原则，按照历史逻辑和时间顺序把它们连缀起来，试图复原历史事件的完整性，注重它的真实性、知识性、可读性和实用性。《资治通鉴》是一部编年体史书，主要以时间为纲、事件为目来记述历史事件的，但有些事件当年并不能完结，往往需要跨越多年，而这期间又发生了其他大事，把同一年内发生的大事按编年体逐年记载下来，给人的感觉往往是"一段一跑"，颇具跳跃性；而《汉书》《后汉书》和《三国志》是纪传体史书，主要是以人物为中心线索来记叙人物活动和反映历史事件的，虽然突出了历史人物个人活动的完整性，而对每一具体事件中他人作用的发挥以及事件本来面目的反映不够充分。所以，本书吸收它们各自的优点，试图让东汉这段历史的人和事都"活"起来，使读者在轻松愉快阅读中，了解那段历史以及众多的历史人物和惊心动魄的历史事件，从中受到教益和启发。

还需要说明的是，本书涉及的人物众多，对于有些人物籍贯的记载，史书只是说了某某是某郡人，而某郡下面有几个、十几个，甚至二十多个，最多的三十七个县，作者在没有查到有关史料的情况下，往往按照传统做法，将该郡治所所在县列为某人籍贯，在表述时作某某县人。

由于作者水平所限，难免有这样那样的错误，伏祈有关专家、教授和读者不吝赐教。

2024 年 3 月